KB093621

EGU The Easiest Grammar & Usage 영문법
구문 써먹기

지은이	CEDU 영어연구실
디렉터	인지영
기획·개발·편집	TinyFolds
마케팅	민혜정, 문병철, 장은비, 정재희
영업	공우진, 문병구
제작	정승호
디자인	9th Design, 전수경
일러스트	김혜령
영문교열	Adam Miller, Matthew Williams

펴낸이	김기훈 · 김진희
펴낸곳	(주)쎄듀 / 서울시 강남구 논현로 305 (역삼동)
발행일	2018년 10월 15일 초판 1쇄
내용문의	www.cedubook.com
구입문의	영업본부
	Tel. 02-6241-2007
	Fax. 02-2058-0209
등록번호	제 22-2472호
ISBN	978-89-6806-131-8

EGU
THE EASIEST GRAMMAR & USAGE
영문법

구문 써먹기

PREVIEW

The Easiest Grammar & Usage
구문 써먹기

중학교 2~3학년 교과서에 나오는 구문을 빠짐없이 정리하고, 단계적 연습 문제를 통해
학교 서술형 시험에 효과적으로 대비할 수 있습니다.

• 써먹기 구문과 주제 확인하기
귀여운 캐릭터 Ben과 친구들이 등장하는 재미있는
만화를 통해 학습할 내용을 미리 알아봅니다.

• Structure 알고 써먹기
구문과 주제가 녹아 있는 짧은 글이나 대화를
읽으면서, 구문 학습을 준비합니다.

• Training ❶ 기본 형태 연습하기
구문 형태를 알고 쓰는 연습을 통해
앞에서 학습한 내용을 확인합니다.

• 알기 쉽게 정리한 설명, 도표, 예문 등을 통해
구문을 이해하고 학습합니다.

• 이건 알아두기
예문에 들어있는 중요 표현들을 학습합니다.

Training ❷ 통문장 전환하기

해당 구문을 포함한 문장으로 바꿔 쓰는 연습을 통해, 문장 레벨에서 다시 한번 확인합니다.

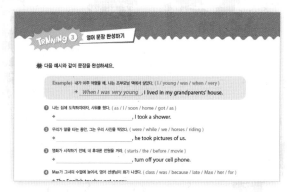

Training ❸ 영어 문장 완성하기

우리말 의미에 맞게 단어를 배열하거나 주어진 표현을 활용하여 영어 문장을 완성합니다.

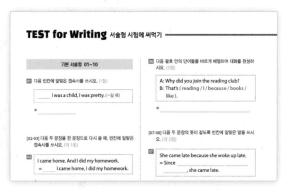

TEST for Writing 서술형 시험에 써먹기

학교 서술형 시험 유형으로 배운 구문을 실전모드에서 활용합니다.

Chapter Review로 복습하기

해당 Chapter에서 배운 써먹기 구문과 어휘들을 한데 모아, Chapter Review에서 마무리합니다.

WORKBOOK

워크북으로 배운 내용을 다시 한번 복습합니다.

부가서비스

www.cedubook.com에서 무료 부가서비스를 다운로드 하세요.

① 어휘리스트　　　② 어휘테스트

교사용 부가서비스

교강사 여러분께는 위 부가서비스를 비롯하여, 문제 출제 활용을 위한 한글 파일, 수업용 PPT 파일, 챕터별 추가 서술형 문제가 수록된 교사용 CD를 제공해 드립니다.

파일 신청 및 문의는 book@ceduenglish.com

CONTENTS

WORKBOOK
정답 및 해설

Chapter 1

접속사 써먹기

부사절 접속사 1

시간을 나타내는 접속사 / 이유를 나타내는 접속사

STRUCTURE 알고 써먹기

When I was a child, I had very short hair.
My friends don't recognize me in my pictures.
That's because I looked just like a boy.
Do you have old pictures as well?

● **시간을 나타내는 접속사**

주절에 대한 시간적 정보를 제공해 줍니다. 접속사 뒤에는 「주어+동사」를 갖춘 완전한 절이 오며, 이를 부사절이라고 합니다.

before	~하기 전에 (시간적 선후관계)	after	~한 후에 (시간적 선후관계)
when	~할 때 (시간 정보)	while	~하는 동안 (동시동작)
until	~할 때까지 (기한)	as soon as	~하자마자 (시간적 선후관계)

ex) When I grow up, I will be a superstar. 나는 자라면 슈퍼스타가 될 거야.

He kept waiting until I came out. 내가 나올 때까지 그는 계속 기다렸다.

● **이유를 나타내는 접속사**

주절에 대한 이유나 원인을 나타내며, because, since, as가 주로 쓰입니다. '~이기 때문에'라고 해석합니다.

ex) They didn't recognize me because I looked very different.
내가 매우 다르게 보여서, 그들은 나를 알아보지 못했다.

Since I was a small kid, I couldn't ride a horse.
내가 작은 아이였기 때문에, 나는 말을 탈 수 없었다.

A 알맞은 것에 ✓ 표시하고, 각 문장을 완성하세요.

① _____ I was a child, I wanted to be a pilot. ☐ When ☐ After

② _____ you graduate from school, what will you do? ☐ After ☐ Because

③ _____ he arrives, we will order some food. ☐ Since ☐ As soon as

④ _____ Dad was doing the dishes, I was eating. ☐ After ☐ While

⑤ Please check the classroom _____ you leave. ☐ while ☐ before

⑥ You'll like the club _____ you like swimming. ☐ because ☐ until

⑦ _____ I'm a teenager, I can't go on a trip by myself. ☐ As ☐ After

⑧ Andy will be late, _____ he woke up late. ☐ as soon as ☐ since

B 괄호 안에 주어진 말을 참조하여 빈칸에 알맞은 접속사를 쓰세요.

① _____ you join a club, think of your hobbies. (~하기 전에)

② _____ Mark was 10, both of his parents worked. (~일 때)

③ _____ I entered middle school, I started learning Chinese. (~하자마자)

④ I lived with my grandfather _____ I was eight. (~할 때까지)

⑤ What happened _____ she was sleeping? (~하는 동안)

⑥ Does Claire wear a uniform _____ she goes to school? (~할 때)

⑦ What should we do _____ we solve the problems? (~한 후에)

⑧ _____ you like science, you'd better take the class. (~이기 때문에)

이건 알아두기!

EXPRESSIONS ▪ look like: ~처럼 보이다 ▪ as well: 또한, 역시 ▪ come out: 나오다
▪ ride a horse: 말을 타다 ▪ graduate from: ~을 졸업하다 ▪ do the dishes: 설거지를 하다
▪ by oneself: 혼자서 ▪ wake up: 잠에서 깨다 ▪ join a club: 동아리에 가입하다 ▪ both of+복수명사: ~ 둘 다
▪ had better: ~하는 것이 좋다

✹ 다음 예시와 같이 문장을 바꿔 쓰세요.

> **Example)** I was 8. I entered elementary school. (when)
> → ___**When** I was 8, I entered elementary school.___

❶ Tommy was 5. His baby sister was born. (when)

→ _____

❷ We entered middle school. We joined a sports club. (as soon as)

→ _____

❸ I took the class. I was not good at science. (before)

→ _____

❹ Greta graduated from law school. She became a lawyer. (after)

→ _____

❺ I was cooking dinner. My brother was setting the table. (while)

→ _____

> **Example)** They couldn't go on a field trip. It was raining. (because)
> → ___They couldn't go on a field trip **because** it was raining.___

❻ We did the dishes after dinner. We wanted to help Mom. (since)

→ _____

❼ I was late for class. The bus didn't come on time. (as)

→ _____

❽ You'd better go to see a doctor. You look so sick. (because)

→ _____

❾ They didn't recognize me. I changed a lot. (since)

→ _____

❿ Jamie taught me how to make pizza. I was interested in it. (as)

→ _____

💥 다음 예시와 같이 문장을 완성하세요.

> **Example)** 내가 아주 어렸을 때, 나는 조부모님 댁에서 살았다. (I / young / was / when / very)
>
> → ___When I was very young___ , I lived at my grandparents' house.

1 나는 집에 도착하자마자, 샤워를 했다. (as / I / soon / home / got / as)

→ _____ , I took a shower.

2 우리가 말을 타는 동안, 그는 우리 사진을 찍었다. (were / while / we / horses / riding)

→ _____ , he took pictures of us.

3 영화가 시작하기 전에, 너의 휴대전화 전원을 꺼라. (starts / the / before / movie)

→ _____ , turn off your cell phone.

4 Meg가 그녀의 수업에 늦어서, 영어 선생님이 화가 나셨다. (class / was / because / late / Meg / her / for)

→ The English teacher got angry _____ .

5 그들은 그 가수가 무대에 나올 때까지 계속 기다렸다. (the singer / until / the stage / out / came / onto)

→ They kept waiting _____ .

> **Example)** 그가 마치 그의 아빠처럼 보였기 때문에 나는 놀랐다. (look, like)
>
> → I was surprised _because_ he _looked_ just _like_ his father.

6 대학을 졸업한 후에, 너는 무엇을 할 거니? (graduate from)

→ _____ you _____ _____ university, what will you do?

7 그 동아리에 가입하자마자, 나는 많은 친구를 사귀었다. (join, club)

→ As _____ as I _____ the _____ , I made lots of friends.

8 네가 나가 있는 동안에, 나 혼자 집을 다 청소했다. (by oneself)

→ _____ you were out, I cleaned up the house _____ _____ .

9 내가 식탁을 차렸기 때문에, 내 남동생이 설거지를 했다. (do, dishes)

→ _____ I set the table, my brother _____ the _____ .

10 우리는 역사를 좋아하니까, 그 수업을 듣는 것이 좋겠다. (had better)

→ _____ we like history, we _____ _____ take the class.

TEST for Writing 서술형 시험에 써먹기

기본 서술형 01-10

01 다음 빈칸에 알맞은 접속사를 쓰시오. (1점)

_____ I was a child, I was pretty. (~일 때)

➡ _____

[02-03] 다음 두 문장을 한 문장으로 다시 쓸 때, 빈칸에 알맞은 접속사를 쓰시오. (각 1점)

02
I came home. And I did my homework.
= _____ I came home, I did my homework.

➡ _____

03
I took a shower. And I went to bed.
= _____ I went to bed, I took a shower.

➡ _____

[04-05] 다음 주어진 우리말과 일치하도록 빈칸에 알맞은 말을 쓰시오. (각 1.5점)

04
아침을 먹자마자 나는 학교를 향해 떠났다.

➡ _____ _____ _____ I had breakfast, I left for school.

05
우리는 그가 도착할 때까지 역에서 기다렸다.

➡ We waited at the station _____ he arrived.

06 다음 괄호 안의 단어들을 바르게 배열하여 대화를 완성하시오. (2점)

A: Why did you join the book club?
B: It is (reading / I / because / books / like).

➡ _____

[07-08] 다음 두 문장의 뜻이 같도록 빈칸에 알맞은 말을 쓰시오. (각 2점)

07
She came late because she woke up late.
= Since _____ _____ _____ _____, she came late.

08
Danny was riding his bike, and I was jogging.
= _____ _____ _____ _____ his bike, I was jogging.

09 다음 문장에서 밑줄 친 부분과 바꿔 쓸 수 있는 말을 주어진 철자로 시작하여 쓰시오. (1.5점)

After the party was over, I cleaned the room alone.

➡ b_____ m_____

10 다음 문장에서 어색한 곳을 찾아 바르게 고치시오. (1.5점)

When he'll graduate from college, he will become a pilot.

➡ _____ _____

수준별 서술형 11–13

11 괄호 안의 지시대로 문장을 바꿔 쓰시오. (3점)

(1) He became a lawyer at the age of 38.
(when을 써서)

➜ _____

(2) We couldn't go hiking because of the bad weather. (because를 써서)

➜ _____

(3) They entered middle school, and then they joined a club. (after를 써서)

➜ _____

12 다음 영어 문장을 우리말로 바르게 옮기시오. (3점)

(1) Keep silent until the teacher comes.

➜ _____

(2) While we were playing soccer, he was sitting on the bench.

➜ _____

(3) As we're students, we should listen to the teacher.

➜ _____

13 다음 각 질문에 대한 자신의 답을 영어 문장으로 쓰시오. (3점)

(1) Q: What club did you join after you became a middle school student?

A: _____

(2) Q: Why did you join the club?

A: _____

고난도 서술형 14–15

14 다음은 Diane의 진로 계획을 나타낸 표이다. 표를 참고하여, 글에서 주어진 우리말 부분을 영어로 바르게 옮기시오. (3점)

15 years old	now
17 years old	- enter high school - start taking painting classes
19 years old	- graduate from high school - enter an art college

Diane is 15 years old now. (1) <u>그녀가 17살이 될 때,</u> she will enter high school. (2) <u>그녀가 고등학교에 들어가자마자,</u> she'll start taking painting classes. (3) <u>그녀가 고등학교를 졸업한 후에,</u> she will enter an art college.

(1) _____

(2) _____

(3) _____

15 다음은 오늘 오전 Chris에게 일어난 일을 나타낸 그림이다. 이를 참고하여 글에서 <u>틀린 문장</u>을 찾아 밑줄 긋고 바르게 고쳐 쓰시오. (3점)

It was a bad morning for Chris. He woke up late because he didn't hear the alarm. When he got to the bus stop, the bus was leaving. Because Mrs. Doh was upset, Chris was late for her class.

➜ _____

부사절 접속사 2

조건을 나타내는 접속사 / 양보·대조를 나타내는 접속사

STRUCTURE 알고 써먹기

On the weekend, we volunteer at a children's hospital.
We teach them to play musical instruments.
If you have time, you can come with us.
Although it's a small thing, it makes the patients happy.

● 조건을 나타내는 접속사
'~한다면'이라는 조건을 나타내며, if, unless 등을 씁니다.

if	(만일) ~한다면	as long as	~하는 한
unless	~하지 않는다면 (= if ~ not)	once	일단 ~하면

ex) **If** you're **not** at home, please call me. (= **Unless** you're at home, ~.)
만일 네가 집에 없다면, 내게 전화해.

As long as we live in a society, we should help each other.
우리가 사회에서 사는 한, 우리는 서로를 도와야 한다.

Once he participates in the event, he will want to be a volunteer.
그가 일단 그 행사에 참석하면, 그는 자원봉사자가 되길 원할 것이다.

● 양보·대조를 나타내는 접속사
양보의 접속사는 although 등을 쓰며, 대조의 접속사는 while을 씁니다.

although[though/even though]	비록 ~하지만	while	~인 반면에

ex) **Although** they are sick, they want to learn music.
그들은 비록 아프지만, 음악을 배우기를 원한다.

While they taught math, we taught English to kids.
그들이 아이들에게 수학을 가르친 반면, 우리는 영어를 가르쳤다.

A 알맞은 것에 ✔ 표시하고, 각 문장을 완성하세요.

① _____ you're interested in volunteering, call me. ☐ If ☐ Although

② _____ we do good things, nothing will change. ☐ If ☐ Unless

③ _____ you start sharing, you'll want to do it more. ☐ Once ☐ While

④ _____ we live in this community, we should share. ☐ Though ☐ As long as

⑤ _____ you don't help others, they won't help you. ☐ If ☐ Unless

⑥ _____ we have many members, we need extra hands. ☐ Once ☐ Although

⑦ _____ I donated a few, they donated a lot. ☐ While ☐ Unless

⑧ _____ we're from different countries, we work as a team. ☐ Once ☐ Though

B 괄호 안에 주어진 말을 참조하여 빈칸에 알맞은 접속사를 쓰세요.

① As _____ _____ I'm selfish, I can't live with others. (~하는 한)

② _____ I help people in need, I won't be happy. (~하지 않으면)

③ If you _____ make an appointment, you can't meet him. (~하지 않으면)

④ _____ you apply for the job, you'll get more information. (일단 ~하면)

⑤ _____ you want to donate your talent, contact us. (만일 ~한다면)

⑥ _____ _____ we did a small thing, the kids became excited. (비록 ~하지만)

⑦ _____ I like the movie, my sister likes its original novel. (~한 반면에)

⑧ _____ she tried her best, she couldn't save him. (비록 ~하지만)

이건 알아두기!

EXPRESSIONS ▪ participate in: ~에 참가하다 ▪ do a good thing: 선행을 하다 ▪ need a hand: 도움이 필요하다 ▪ as a team: 한 팀으로서 ▪ in need: 도움이 필요한 ▪ make an appointment: 만날 일정을 잡다, 예약을 하다 ▪ apply for: ~에 지원하다 ▪ try one's best: 최선을 다하다

☀ 다음 예시와 같이 문장을 바꿔 쓰세요.

> Example) You come at 7. Then you can be a volunteer. (if)
> → _**If** you come at 7, you can be a volunteer._

❶ Someone helped you. Then you should help someone else. (if)

→ _____

❷ We participate in the sharing event. Then we can help people in need. (once)

→ _____

❸ You don't want to donate money. Then you can donate your old things. (unless)

→ _____

❹ The children stay in the hospital. Then they can't go to school. (as long as)

→ _____

❺ They work as a team. Then they can help many people. (if ~ not)

→ _____

> Example) You don't need the item. But someone else can use it. (although)
> → _**Although** you don't need the item, someone else can use it._

❻ It may be little money. But it will be a great help to someone. (though)

→ _____

❼ I'm good at playing the piano. But you're good at singing. (while)

→ _____

❽ We are not rich. But we can still help other people. (even though)

→ _____

❾ Mr. Smith teaches English. But Mrs. Smith teaches art. (while)

→ _____

❿ Hans applied for the job. But he couldn't get it. (although)

→ _____

✹ 다음 예시와 같이 문장을 완성하세요.

Example) 네가 누군가에게 도움을 받았다면, 너도 누군가를 도와야 한다. (from / got / someone / help / you / if)
→ _If you got help from someone_ , you should help someone else.

① 만약 네가 줄 돈이 없다면, 네 재능을 기부할 수 있다. (have / unless / money / you / to give)
→ _____, you can donate your talent.

② 우리가 다른 사람들을 돕는 한, 사회는 나아질 것이다. (people / help / as / as / other / long / we)
→ _____, society will get better.

③ 우리는 많은 물건을 공유하는 반면, 차나 집을 나눠 쓰지는 않는다. (share / we / while / things / many)
→ _____, we don't share cars or houses.

④ 네가 영어를 못하더라도, 아이들에게 짧은 단어들을 가르칠 수 있다. (you're / at / though / not / English / good)
→ _____, you can teach the kids short words.

⑤ 그들은 매우 부자이지만, 가난한 사람들을 돕지 않는다. (rich / they / even though / very / are)
→ _____, they don't help the poor.

Example) 그가 그 봉사활동에 참여한다면, 내게 말해줘. (participate in)
→ ___If___ he _participates_ ___in___ the volunteer work, tell me.

⑥ 너는 한번 선행을 하면, 그것을 계속할 것이다. (do, good)
→ _____ you _____ a _____ thing, you'll keep doing it.

⑦ 비록 그들은 도움이 필요했지만, 아무도 도와주지 않았다. (need, hand)
→ _____ they _____ a _____, nobody helped them.

⑧ 절실한 사람들이 있는 한, 나는 그들을 도울 것이다. (in need)
→ As _____ as there are people _____ _____, I'll help them.

⑨ 우리가 한 팀으로 일하지 않는다면, 그 목표를 성취할 수 없다. (as, team)
→ _____ we work _____ a _____, we can't achieve the goal.

⑩ 나는 그 의사와 만날 일정을 잡았지만, 그를 볼 수 없었다. (make, appointment)
→ Even _____ I _____ an _____ with the doctor, I couldn't see him.

TEST for Writing 서술형 시험에 써먹기

기본 서술형 01-10

01 다음 빈칸에 알맞은 접속사를 쓰시오. (1점)

> _____ you have time on Monday, call me.
> (만약 ~하면)

→ _____

[02-03] 다음 두 문장의 뜻이 같도록 빈칸에 알맞은 말을 쓰시오. (각 1점)

02
> If he doesn't have time, he can help later.
> = _____ he has time, he can help later.

03
> Jerry was interested in the volunteer work, but he couldn't do it.
> = Even _____ Jerry was interested in the volunteer work, he couldn't do it.

[04-05] 다음 주어진 우리말과 일치하도록 빈칸에 알맞은 말을 쓰시오. (각 1.5점)

04
> 네가 거짓말을 하는 한, 나는 너를 도울 수 없다.

→ _____ _____ _____ you are telling lies, I can't help you.

05
> 일단 그녀가 너를 만나면, 너를 좋아할 것이다.

→ _____ she _____ you, she'll like you.

06 다음 괄호 안의 단어들을 바르게 배열하여 대화를 완성하시오. (2점)

> A: Did Tom participate in the event?
> B: (he / sick / was / although), he came.

→ _____

07 다음 두 문장의 빈칸에 공통으로 들어갈 말을 쓰시오. (1.5점)

> • If you _____ a hand, I can help you.
> • There are a lot of children in _____.

→ _____

08 다음 대화의 밑줄 친 우리말을 영어로 바르게 옮기시오. (2점)

> A: Can your brother dance well like you?
> B: No. 나는 춤을 잘 출 수 있는 반면, he can sing well.

→ _____

09 다음 밑줄 친 부분과 바꿔 쓸 수 있는 말을 주어진 철자로 시작하여 쓰시오. (2점)

> <u>Although</u> she did a good thing, nobody helped her.

→ T_____

10 다음 문장에서 <u>어색한</u> 곳을 찾아 바르게 고치시오. (1.5점)

> Unless you don't apply for the job, you will lose the chance.

_____ → _____

수준별 서술형 11-13

11 괄호 안의 지시대로 문장을 바꿔 쓰시오. (3점)

(1) You want to do volunteer work. Visit the office. (if를 써서 한 문장으로)

→ _____

(2) She tried her best. But she failed the test.
(although를 써서 한 문장으로)

→ _____

(3) I like learning English. But my sister likes learning Chinese. (while을 써서 한 문장으로)

→ _____

12 다음 영어 문장을 우리말로 바르게 옮기시오. (3점)

(1) Once they share things, they will do it again.

→ _____

(2) As long as we help others, others will help us.

→ _____

(3) Even though they are staying in the hospital, they want to learn.

→ _____

13 다음 각 질문에 대한 자신의 답을 영어 문장으로 쓰시오.
(3점)

(1) Q: If school finishes early today, what will you do?
A: _____
_____

(2) Q: Once you become 20, what do you want to do?
A: _____
_____

고난도 서술형 14-15

14 다음은 학급 나눔 행사에 Sara가 가져갈 물건에 관한 표이다. 이를 참고하여 글을 완성하시오. (3점)

Items	Descriptions
(mug)	- bought it one year ago but almost new - big but very light
(bag)	- looks weak but strong - very handy

First, I'll bring a mug to the event. Although
(1) I _____, it is almost new. While it's big, (2) _____.
Second, I'll bring a bag. (3) _____, it's strong and very handy.

15 다음 그림을 참고하여, 글에서 틀린 문장을 두 개 찾아 밑줄 긋고 바르게 고쳐 쓰시오. (3점)

Marie and Laura are twins, but they are very different. While Marie is very short, Laura is tall. Although Marie has long straight hair, Laura has short curly hair. While Marie likes reading books, Laura likes playing soccer.

(1) _____

(2) _____

명사절 접속사

목적절과 보어절을 이끄는 접속사 / 간접의문문

STRUCTURE 알고 써먹기

People long ago believed that the Earth was flat.
Now we all know if it is round or flat.
So, can you explain how it works?

목적절과 보어절을 이끄는 접속사

동사의 목적어나 보어 자리에 절(주어+동사 ～)이 오면 앞에 that, whether, if와 같은 접속사가 옵니다.

접속사	의미	함께 쓰이는 동사
that	～을/를	think, know, believe, say, tell, learn, explain 등
if/whether (~ or not)	～인지 아닌지	know, ask, question, wonder 등

* 목적절을 이끄는 that은 생략할 수 있습니다.

ex) The fact is <u>that all planets turn round the Sun</u>. 사실은 모든 행성이 태양 주위를 돈다는 것이다.
　　　　　　　주격보어절 (= The fact)

They didn't know <u>that the Sun is the center of the universe</u>. 그들은 태양이 우주의 중심
이라는 것을 알지 못했다.　　　　　　　　　　　　목적절

He asked <u>whether we knew the fact or not</u>. 그는 우리가 그 사실을 아는지 모르는지 질문했다.
　　　목적절 (= Did you know the fact?)

간접의문문

목적절로 의문사가 있는 의문문 형태가 올 때는 「의문사+주어+동사 ～」의 순서가 됩니다.

ex) She asked Galileo <u>why he thought so</u>. 그녀는 갈릴레오에게 왜 그렇게 생각하는지 물었다.
　　　　　　　간접의문문 (= Why did he think so?)

A 알맞은 것에 ✔ 표시하고, 각 문장을 완성하세요.

❶ Copernicus said _____ the Earth is moving. ☐ this ☐ that

❷ I wonder _____ I can go into space or not. ☐ if ☐ if not

❸ He learned _____ Saturn has beautiful rings. ☐ it ☐ that

❹ The problem is _____ I'm not good at science. ☐ that ☐ this

❺ Mr. Lee asked _____ or not we learned the theory. ☐ what ☐ whether

❻ People believed _____ they couldn't go across the sea. ☐ whether ☐ that

❼ Do you know _____ far the Sun is from the Earth? ☐ what ☐ how

❽ We didn't know _____ he agreed with that opinion. ☐ why ☐ because

B 괄호 안에 주어진 말을 참고하여 빈칸에 알맞은 접속사를 쓰세요.

❶ They found _____ he was right in the end. (~을/를)

❷ He didn't know _____ happened to the people. (무엇이)

❸ The problem is _____ we can get rid of yellow dust. (어떻게)

❹ The teacher taught us _____ days and nights occur. (왜, 어째서)

❺ They wondered _____ discovered the Americas first. (누가)

❻ Do you know _____ the spaceship can go to Pluto or not? (~인지 아닌지)

❼ Did you learn _____ the Earth is rotating by itself? (얼마나 빨리)

❽ I asked _____ oceans are on the Earth. (얼마나 많은)

이건 알아두기!

EXPRESSIONS ▪ turn round: ~주위를 돌다 ▪ the center of: ~의 중심 ▪ go across: ~을 건너 가다 [횡단하다] ▪ far from: ~에서 멀리 떨어진 (↔ close to: ~에 가까운) ▪ agree with: ~에 동의하다 ▪ in the end: 결국에 ▪ happen to: ~에게 일어나다[발생하다] ▪ get rid of: ~을 제거하다 ▪ rotate by oneself: 스스로 회전하다

✳ 다음 예시와 같이 문장을 바꿔 쓰세요.

> Example) People didn't know. His idea was true. (that)
> → ___ *People didn't know **that** his idea was true.* ___

❶ Mr. Kim taught us. The Sun also rotates by itself. (that)
→ _____

❷ Today, we learned. Days get longer in summer. (that)
→ _____

❸ People asked him. Was it possible? (whether)
→ _____

❹ He asked me. Did she pass the exam? (whether or not)
→ _____

❺ I wonder. Can I see the North Star tonight? (if ~ or not)
→ _____

> Example) I want to know. Why does the planet have rings?
> → ___ *I want to know **why the planet has rings**.* ___

❻ I wonder. When can we see the red moon?
→ _____

❼ They don't know. Why does he agree with that opinion?
→ _____

❽ He asked Kelly. Where did she find the information?
→ _____

❾ I want to know. Who made the scientific theory?
→ _____

❿ Do you know? How long did people live a thousand years ago?
→ _____

💥 다음 예시와 같이 문장을 완성하세요.

> **Example)** 갈릴레오는 지구가 태양 주위를 돈다는 것을 알았다. (round / the Earth / that / the Sun / turns)
> → Galileo knew _that the Earth turns round the Sun_ .

① 사람들은 콜럼버스가 아메리카를 발견했다고 믿는다. (the Americas / discovered / Columbus / that)

→ People believe _____ .

② 어제 네게 무슨 일이 일어났는지 내게 말해줘. (happened / to / what / yesterday / you)

→ Please tell me _____ .

③ 그들은 태양이 둥근지 아닌지 알지 못했다. (not / is / or / round / the Sun / if)

→ They didn't know _____ .

④ 너는 왜 낮과 밤이 발생하는지 아니? (and / days / occur / why / nights)

→ Do you know _____ ?

⑤ 우리는 왜 계절이 바뀌는지 궁금했다. (change / we / seasons / why / wondered / .)

→ _____

> **Example)** 진실은 그가 대서양을 횡단했다는 것이다. (go across)
> → The fact is _that_ he _went_   _across_ the Atlantic.

⑥ 너는 태양이 우주의 중심이라는 것을 알았니? (center of)

→ Did you know _____ the Sun is the _____ _____ the universe?

⑦ 사람들은 결국에 그가 옳았다는 것에 동의했다. (in, end)

→ People agreed _____ he was right _____ the _____ .

⑧ 우리는 그 행성들이 스스로 회전한다는 것을 배웠다. (rotate, oneself)

→ We learned _____ the planets _____ by _____ .

⑨ 나는 우리가 지구상의 쓰레기를 제거할 수 있는지 없는지 궁금하다. (get rid of)

→ I wonder if we can _____ _____ _____ waste on the Earth.

⑩ 너는 천왕성이 금성에서 얼마나 멀리 떨어져 있는지 아니? (far, from)

→ Do you know _____ _____ Uranus is _____ Venus?

TEST for Writing 서술형 시험에 써먹기

기본 서술형 01-10

01 다음 빈칸에 알맞은 말을 쓰시오. (1점)

> Now people believe _____ it was true.

→ _____

[02-03] 다음 괄호 안에서 알맞은 것을 골라 쓰시오. (각 1점)

02
> I don't know (that / who) discovered the planet.

→ _____

03
> The fact is (that / where) he passed the exam.

→ _____

[04-05] 다음 주어진 우리말과 일치하도록 빈칸에 알맞은 말을 쓰시오. (각 1.5점)

04
> 사람들은 지구가 둥글다는 것을 알지 못했다.

→ People didn't _____ the Earth is round.

05
> 너는 왜 계절이 바뀌는지 배웠니?

→ Did you _____ seasons change?

06 다음 대화의 빈칸에 알맞은 말을 쓰시오. (2점)

> A: Do you know _____ I can find the theory?
> B: Yes. It is in the textbook.

→ _____

07 다음 문장의 밑줄 친 우리말을 영어로 바르게 옮기시오. (주어진 표현을 쓸 것) (2점)

> I don't know 그가 올지 안 올지. (if, or not)

→ _____

08 다음 두 문장의 빈칸에 공통으로 알맞을 말을 쓰시오. (1.5점)

> • The tower is in the center _____ the city.
> • We wondered how they got rid _____ the waste.

→ _____

09 다음 괄호 안의 단어들을 바르게 배열하여 대화를 완성하시오. (2점)

> A: I wonder (we / and nights / have / why / days).
> B: It is because the Earth is rotating by itself.

→ _____

10 다음 문장에서 어색한 곳을 찾아 바르게 고치시오. (1.5점)

> Mr. Brown asked why changes the moon its shape.

→ _____ → _____

수준별 서술형 11-13

11 괄호 안의 지시대로 문장을 바꿔 쓰시오. (3점)

(1) I didn't know. He won the Nobel Prize.
(that을 써서 한 문장으로)

→ _____

(2) We wonder. Will it be sunny tomorrow?
(whether를 써서 한 문장으로)

→ _____

(3) Frank asked me. Where did she work?
(간접의문문을 써서 한 문장으로)

→ _____

12 다음 영어 문장을 우리말로 바르게 옮기시오. (3점)

(1) The people didn't know that the Earth turns round the Sun.

→ _____

(2) Can you tell me what time it is now?

→ _____

(3) I wonder what happened to them in the end.

→ _____

13 주어진 우리말을 참고하여 각 대화를 완성하시오. (3점)

(1) A: Will she come to the science museum?
B: Well, I'll ask her _____ .

(그녀가 과학관에 올지 안 올지 / whether ~ or not)

(2) A: When can we see the supermoon?
B: I don't know _____ .

(우리가 언제 슈퍼문을 볼 수 있는지 / when)

고난도 서술형 14-15

14 다음은 미나가 알고 있는 내용과 오늘 과학 시간에 배운 내용이다. 이를 참고하여 글을 완성하시오. (보기의 어구를 활용할 것) (3점)

- 알고 있는 내용: 물은 100°C에서 끓는다.
- 오늘 배운 내용: 서로 다른 종류의 액체는 서로 다른 온도에서 끓는다.
- 실험 후 알게 된 내용: 기름은 180°C에서 끓는다.

〈보기〉 know, find, water, oil, boil at, that

Today, Mina learned that different kinds of liquid boil at different temperatures. She

(1) _____ .

After an experiment, she (2) _____ .

15 다음 그림을 참고하여, 글에서 틀린 문장을 두 개 찾아 밑줄 긋고 바르게 고쳐 쓰시오. (3점)

I know that the Earth is round. But I wonder how can we stand on it. I asked Ms. Han why don't we fall from the Earth. She told me that the Earth is like a huge magnet and we're like a small nail.

(1) _____

(2) _____

Word Review

01
- alarm 경보음, 알람
- arrive 도착하다
- club 동아리, 동호회
- elementary 초등의
- enter 들어가다, 입학하다
- field trip 현장 학습
- graduate 졸업하다
- jogging 조깅
- join 합류하다, 가입하다
- over 끝난
- recognize 알아보다, 인지하다
- silent 고요한, 조용한
- uniform 교복, 제복
- university (종합) 대학
- upset 화가 난

02
- achieve 달성하다
- apply 지원하다
- appointment 일정, 약속
- community 공동체, 지역사회
- donate 기부하다
- extra 여분의
- fail 실패하다
- handy 편리한
- musical instrument 악기
- participate 참여하다
- patient 환자
- save 구하다
- selfish 이기적인
- share 나누다
- sharing 나눔
- society 사회
- volunteer 자원봉사를 하다; 자원봉사자

03
- agree 동의하다
- center 중심
- discover 발견하다
- fact 사실
- flat 평평한
- occur 일어나다, 발생하다
- ocean 대양, 바다
- opinion 의견
- planet 행성
- rotate 회전하다
- Saturn 토성
- spaceship 우주선
- the North Star 북극성
- theory 이론
- universe 우주
- yellow dust 황사

More Words 알고 써먹기

● 반대의 뜻을 가진 동사들 | **arrive** (도착하다) ↔ **leave** (떠나다) | **enter** (들어가다, 입학하다) ↔ **graduate** (졸업하다) | **succeed** (성공하다) ↔ **fail** (실패하다) | **agree** (동의하다) ↔ **disagree** (반대하다)

She will [1]_____ an art college. 그녀는 미대에 입학할 것이다.

I didn't know why he [2]_____ with it. 나는 그가 왜 그것에 동의했는지 몰랐다.

● 행성 이름 | **Earth** (지구) | **Mars** (화성) | **Venus** (금성) | **Mercury** (수성) | **Saturn** (토성)

They believed that the [3]_____ was flat. 그들은 지구가 평평하다고 믿었다.

I know [4]_____ has beautiful rings. 나는 토성이 아름다운 고리들을 가지고 있다는 걸 안다.

Grammar Review 주어진 우리말을 참고하여 각 빈칸에 알맞은 말을 쓰세요.

써먹기 구문 | 01 부사절 접속사 1

- 시간의 접속사

  [1] _____ I was a child, I read the story.

  나는 어린아이였을 때, 그 이야기를 읽었다.

  He goes to bed [2] _____ he takes a shower.

  그는 샤워를 한 후에 잠자리에 든다.

- 이유의 접속사

  We decided to take the class [3] _____ we liked the teacher.

  우리는 그 선생님을 좋아해서 그 수업을 듣기로 했다.

  [4] _____ we're teenagers, we can't see the movie.

  우리는 십대이기 때문에, 그 영화를 보지 못한다.

써먹기 구문 | 02 부사절 접속사 2

- 조건의 접속사

  [5] _____ you want to help someone, you can begin now.

  만약 네가 누군가를 돕길 원한다면, 너는 지금 시작할 수 있다.

  [6] _____ we have you, we can't finish the work.

  우리에게 네가 없다면, 우리는 그 일을 끝내지 못한다.

- 양보·대조의 접속사

  [7] _____ it was little help, we made them happy.

  비록 그것은 작은 도움이었지만, 우리는 그들을 기쁘게 만들었다.

  [8] _____ they have lots of money, they don't have many friends.

  그들은 돈을 많이 가진 반면, 친구는 많지 않다.

써먹기 구문 | 03 명사절 접속사

- 명사절 접속사

  The fact is [9] _____ the Earth is a round planet.

  사실은 지구가 둥근 행성이라는 것이다.

  Did they learn [10] _____ there's no air on the planet?

  그들은 그 행성에 공기가 없다는 것을 배웠니?

- 간접의문문

  I wonder [11] _____ they were so upset about it.

  나는 그들이 그것에 대해 왜 그렇게 화가 났었는지 궁금하다.

  Do you know [12] _____ fast they can run?

  너는 그들이 얼마나 빨리 달릴 수 있는지 아니?

Chapter 2

관계사 써먹기

관계대명사

사람을 나타내는 관계대명사 / 사물을 나타내는 관계대명사

STRUCTURE 알고 써먹기

Suzy is my best friend who lives next door.
We have many things in common.
Yesterday, we went to see a horror movie which we both liked.
It was not a horror but a comedy which was about monsters.

● 사람을 나타내는 관계대명사

두 문장에 '동일한 사람'을 나타내는 명사/대명사가 있으면, 관계대명사를 써서 한 문장으로 나타낼 수 있습니다. 선행사(앞 문장의 동일 명사)가 뒤 문장에서 어떻게 쓰이는지에 따라 주격/목적격/소유격을 씁니다.

who/that	주격 (~이/가)
whom/that	목적격 (~을/를) / 생략 가능
whose	소유격 (~의)

ex) I have a friend. I like her very much. 나는 친구가 한 명 있다. 나는 그녀를 많이 좋아한다.
        └─ 동일 인물 ─┘

→ I have a friend whom I like very much. (목적격) 나는 내가 많이 좋아하는 한 친구가 있다.
        └─ 선행사

● 사물을 나타내는 관계대명사

선행사가 사물일 경우 다음과 같은 관계대명사를 씁니다.

which/that	주격 (~이/가) / 목적격 (~을/를)	whose	소유격 (~의)

ex) We went to see a movie. It was about a friendship. 우리는 영화를 보러 갔다. 그것은 우정에 관한 것이었다.
        └─ 동일 사물 ─┘

→ We went to see a movie which/that was about a friendship. (주격)
        └─ 선행사
우리는 우정에 관한 영화를 보러 갔다.

A 알맞은 것에 ✔ 표시하고, 각 문장을 완성하세요.

❶ Jen has a good friend _____ always helps her.　　☐ she　☐ who

❷ This is Mr. Jung _____ is our math teacher.　　☐ who　☐ whom

❸ The girl _____ was sitting next to me is my sister.　　☐ which　☐ who

❹ Do you have any friends _____ you meet often?　　☐ whom　☐ whose

❺ That is the boy _____ I told you about.　　☐ which　☐ whom

❻ I made friends with those _____ interest is games.　　☐ whose　☐ which

❼ I made pasta _____ you liked very much.　　☐ it　☐ that

❽ Do you remember the book _____ cover is green?　　☐ whose　☐ which

B 빈칸에 알맞은 관계대명사를 써서 각 문장을 완성하세요.

❶ I know the girl _____ is good at playing basketball.

❷ Terry sent a text to a friend _____ borrowed his bike.

❸ Did you say sorry to the boy _____ you fought with?

❹ I'm looking for a friend _____ I can share many things with.

❺ Do you have any friends _____ hobby is taking pictures?

❻ She thanked him for the present _____ he bought for her.

❼ Did you see the movie _____ Mary recommended?

❽ They'll move into the house _____ rooms are big enough.

이건 알아두기!

EXPRESSIONS ▪ have many things in common: 공통점이 많다　▪ not A but B: A가 아니라 B인
▪ next to: ~옆에　▪ make friends with: ~와 친구가 되다　▪ send a text (message): 문자를 보내다
▪ say sorry: 사과하다　▪ fight with: ~와 싸우다　▪ look for: ~을 찾다　▪ thank A for B: B에 대해 A에게
감사하다　▪ move into: ~로 이사하다

💥 다음 예시와 같이 문장을 바꿔 쓰세요.

> **Example)** I have a friend. She is very kind to me. (who)
> → _____ *I have a friend **who** is very kind to me.* _____

① Tommy was a tall boy. He was good at basketball. (who)

→ _____

② We made many friends. They are interested in cooking. (who)

→ _____

③ I need some friends. I can talk to them. (whom)

→ _____

④ He is the singer. I wanted to meet him. (whom)

→ _____

⑤ She was looking for a man. His last name was Grey. (whose)

→ _____

> **Example)** This is the book. I read it last month. (which)
> → _____ *This is the book **which** I read last month.* _____

⑥ I will move into the house. The house is in your village. (which)

→ _____

⑦ David also watched the movie. I watched the movie last weekend. (which)

→ _____

⑧ Do you know the game? The game is very popular with teens. (which)

→ _____

⑨ She has the same dress. I'm wearing the dress now. (that)

→ _____

⑩ We decided to buy the bag. Andrew wanted to have it. (that)

→ _____

✸ 다음 예시와 같이 문장을 완성하세요.

Example) 너는 오늘 싸운 친구에게 사과하지 않았다. (today / with / you / whom / fought)

→ You didn't say sorry to the friend *whom you fought with today* .

① 나는 다른 국가 출신의 여러 사람들을 만나길 원한다. (countries / from / who / different / are)

→ I want to meet many people _____ .

② 선생님은 좋은 우정에 관한 책 한 권을 우리에게 추천하셨다. (about / is / friendship / which / good / a)

→ The teacher recommended us a book _____ .

③ Andy는 자신의 말을 들어줄 누군가가 필요하다. (listens / someone / him / to / who)

→ Andy needs _____ .

④ Lisa는 내가 많은 것을 함께 나누는 나의 친한 친구다. (things / I / with / whom / share / many)

→ Lisa is my close friend _____ .

⑤ 우리는 그곳에서 미소가 환한 한 소녀를 만났다. (was / a / whose / girl / bright / smile)

→ There, we met _____ .

Example) 너는 네가 좋아하는 남학생에게 문자를 보낼 수 있어. (send, text)

→ You can ___ *send* ___ a ___ *text* ___ to the boy ___ *whom* ___ you like.

⑥ 우리는 공통점이 많은 가장 친한 친구이다. (in common)

→ We are best friends _____ have many things _____ _____ .

⑦ 나는 지난달에 이사를 들어온 나의 집이 마음에 든다. (move into)

→ I like my house _____ I _____ _____ last month.

⑧ 너는 너와 같은 관심사를 가진 친구들을 사귈 수 있다. (make friends)

→ You can _____ _____ _____ have the same interests as you.

⑨ 그녀는 내가 보내준 선물에 대해 감사했다. (thank, for)

→ She _____ me _____ the present _____ I sent her.

⑩ 그는 긴 갈색 머리의 소녀를 찾고 있니? (look for)

→ Is he _____ _____ the girl _____ hair is long and brown?

TEST for Writing 서술형 시험에 써먹기

기본 서술형 01-10

[01-02] 다음 빈칸에 알맞은 관계대명사를 쓰시오. (각 1점)

01
> I have a friend _____ listens to me.

→ _____

02
> Yumin read the book _____ she bought last weekend.

→ _____

[03-04] 다음 주어진 우리말과 일치하도록 빈칸에 알맞은 말을 쓰시오. (각 1.5점)

03
> 나는 너의 옆집에 사는 소년을 안다.

→ I know _____ _____ _____ lives next door to you.

04
> 나는 네가 내게 사준 선물이 아주 마음에 들어.

→ I love _____ _____ _____ you bought me.

05 다음 괄호 안의 단어들을 바르게 배열하여 대화를 완성하시오. (2점)

> A: What kind of people do you like?
> B: I like people (are / in / who / sports / interested).

→ _____

[06-07] 다음 두 문장을 한 문장으로 만들 때, 빈칸에 알맞은 말을 쓰시오. (각 1.5점)

06
> Chris found the girl. He was looking for her.
> = Chris found the girl _____ he was looking for.

07
> We don't know the boy. He is standing at the door.
> = We don't know the boy _____ is standing at the door.

08 다음 빈칸 (A), (B)에 들어갈 말을 각각 쓰시오. (1.5점)

> • We know the twins who have many things __(A)__ common.
> • Do you like the house that you'll move __(B)__ ?

(A) _____ (B) _____

09 다음 문장의 밑줄 친 우리말을 영어로 바르게 옮기시오. (주어진 어구를 사용할 것) (2점)

> You'll meet someone 자신의 관심사가 여행인.
> (whose, interest, traveling)

→ _____

10 다음 문장에서 어색한 곳을 찾아 바르게 고치시오. (1.5점)

> A good friendship is not a thing that grow by itself.

_____ → _____

수준별 서술형 11-13

11 괄호 안의 지시대로 문장을 바꿔 쓰시오. (3점)

(1) The boy is my brother. He was standing next to me. (who를 써서 한 문장으로)

→ _____

(2) I wrote a letter to the girl. I met her in China. (whom을 써서 한 문장으로)

→ _____

(3) She liked the boy. His hobby was playing soccer. (whose를 써서 한 문장으로)

→ _____

12 다음 영어 문장을 우리말로 바르게 옮기시오. (3점)

(1) You should say sorry to someone whom you fought with.

→ _____

(2) Thank you for the help you gave us.

→ _____

(3) Is he looking for the man who is wearing a black jacket?

→ _____

13 다음 각 질문에 대한 자신의 답을 영어 문장으로 쓰시오. (주어진 말을 포함할 것) (3점)

(1) Q: Who do you think is a good friend?
A: A good friend is a person _____
_____. (who(m))

(2) Q: What kind of movies do you like?
A: I like movies _____
_____. (which)

고난도 서술형 14-15

14 다음 표를 참고하여, Hani가 새로 사귄 친구인 Sora에 대해 소개하는 글을 완성하시오. (3점)

Name / Age	Sora / 15
City	the same city as Hani
Hobby	playing the cello (same as Hani)
Good Point	helps her friends a lot

Hani made a new friend, Sora. She is a girl who (1) _____ old. Sora lives in the city which (2) _____. She also likes playing the cello like Hani. Sora is a good girl (3) _____.

15 다음은 오늘 민수에게 있었던 일을 나타낸 그림이다. 이를 참고하여, 민수의 글에서 <u>틀린 곳을 두 군데</u> 찾아 바르게 고치시오. (3점)

Today, I learned about friendship at school. After school, I bought a book who the teacher recommended. It was about two friends which was very close. The lesson was, "A good friendship is a thing that we build together."

(1) _____ → _____

(2) _____ → _____

관계부사와 관계대명사 what

관계부사 / 관계대명사 what

STRUCTURE 알고 써먹기

I enjoyed the week when I stayed in Spain.
It was a beautiful country where I saw famous buildings.
The weather was lovely and the food was great!
I'll never forget what I experienced there!

In Spain

● **관계부사** 관계대명사처럼 선행사를 가지며 두 절을 연결해 줍니다. 시간, 장소, 이유, 방법을 나타내는 부사의 역할을 합니다. (「전치사 + 관계대명사」로 바꿀 수 있습니다.)

when (= in / at / on / during which)	시간 (선행사: the time 등)	**where** (= in / at which)	장소 (선행사: the place ~ 등)
why (= for which)	이유 (선행사: the reason 생략)	**how** (= in which)	방법 (선행사: the way 삭제)

ex) Do you know (the reason) why he left Paris? 너는 그가 왜 파리를 떠났는지 알아?

She showed me the way/how I could get the ticket. 그녀는 내가 표를 얻을 수 있는 방법을 알려주었다.

● **관계대명사 what** what이 이끄는 절은 '~하는 것'으로 해석되며, 문장에서 주어, 목적어, 보어의 역할을 합니다.

ex) What I wanted to do was to visit the beautiful church. (주어)
내가 하기 원했던 것은 그 아름다운 교회를 방문하는 것이었다.

We didn't know what we should do there. (목적어)
우리는 그곳에서 무엇을 해야 할지 몰랐다.

A 알맞은 것에 ✔ 표시하고, 각 문장을 완성하세요.

❶ Do you remember the day _____ we left Seoul? ☐ which ☐ when

❷ London is the city _____ I spent last Christmas. ☐ when ☐ where

❸ We didn't know the reason _____ she left alone. ☐ why ☐ which

❹ He wants to know _____ I study English. ☐ what ☐ how

❺ I can't forget the night _____ the stars were shining. ☐ when ☐ where

❻ Sean will go to the park _____ he got lost. ☐ which ☐ where

❼ _____ I want to say is to realize your dream. ☐ What ☐ Which

❽ The ticket was _____ I wanted to buy for a long time. ☐ which ☐ what

B 빈칸에 알맞은 관계대명사 또는 관계부사를 써서 각 문장을 완성하세요.

❶ The town _____ he was born is small and peaceful.

❷ The restaurant _____ we ate dinner is very famous.

❸ We use travel websites. This is _____ we make plans for holidays.

❹ I couldn't get up at the time _____ I set the alarm.

❺ That's the reason _____ she can't take airplanes.

❻ Don't forget the day _____ we will go on a field trip.

❼ _____ I need now is a little money and a car.

❽ Mom was pleased at _____ I prepared for her trip.

이건 알아두기!

EXPRESSIONS ▪ get lost: 길을 잃다 ▪ realize one's dream: ~의 꿈을 실현하다 ▪ for a long time: 오랫동안 ▪ be born: 태어나다 ▪ make plans for: ~의 계획을 세우다 ▪ set the alarm: 알람을 맞추다 ▪ go on a field trip: 현장 학습을 가다 ▪ prepare A for B: B를 위해 A를 준비하다

🌟 다음 예시와 같이 문장을 바꿔 쓰세요.

> Example) I know the hotel. They're staying in the hotel now. (where)
> → _I know the hotel **where** they're staying now._

1 We forgot the time. The train would leave at the time. (when)

→ _____

2 He told us the reason. He was late for the reason. (why)

→ _____

3 Amy remembers the beautiful castle. She took pictures there. (where)

→ _____

4 Spring is the season. Most students go on field trips in spring. (when)

→ _____

5 They went to the lake. They would take a boat there. (where)

→ _____

> Example) That café is the place **at which** I buy iced tea.
> → _That café is the place **where** I buy iced tea._

6 I'll never forget the time during which I was in Rome.

→ _____

7 July is the month in which my vacation starts.

→ _____

8 Do you know the reason for which he left suddenly?

→ _____

9 Yuna didn't understand the way in which the people spoke.

→ _____

10 We visited the house in which Van Gogh painted "Sunflowers."

→ _____

✹ 다음 예시와 같이 문장을 완성하세요.

> **Example)** 선생님은 우리에게 그 사진을 찍으신 방법을 설명하셨다. (way / he / picture / took / the / the)
> → The teacher explained to us _____*the way he took the picture*_____.

① 우리는 멋진 전망을 보았던 그 성을 다시 방문할 것이다. (the / where / view / saw / great / we)
→ We'll visit the castle _____ again.

② 그는 버스를 타야 할 시간에 도착하지 못했다. (the / should / bus / he / take / when)
→ He couldn't arrive at the time _____.

③ 너는 선생님께 네가 늦은 이유를 설명했니? (late / reason / you / the / why / were)
→ Did you explain to the teacher _____?

④ 우리가 피크닉을 할 수 있는 장소로 가자. (have / can / where / a / we / picnic)
→ Let's go to a place _____.

⑤ 네가 여행 동안 무엇을 하고 싶은지 생각해 봐. (do / what / you / to / want)
→ Think about _____ during the trip.

> **Example)** 셰익스피어가 태어난 마을은 작았다. (be born)
> → The town _____*where*_____ Shakespeare _____*was*_____ _____*born*_____ was small.

⑥ 그녀는 베트남에 있을 날들을 위한 계획을 짜는 중이다. (make plans)
→ She's _____ _____ for the days _____ she'll be in Vietnam.

⑦ 사람들이 많은 그 도로에서 우리는 길을 잃었다. (get lost)
→ We _____ _____ on the street _____ there were a lot of people.

⑧ 나는 그에게 왜 그가 오랫동안 돌아오지 않는지 물었다. (for, long time)
→ I asked him _____ he didn't come back _____ a _____ _____.

⑨ 그녀는 여동생이 알람을 설정한 방법을 모른다. (set, alarm)
→ She doesn't know _____ her sister _____ the _____.

⑩ 나는 여행을 위해 무엇을 준비해야 할지 모르겠다. (prepare, for)
→ I don't know _____ I need to _____ _____ the trip.

TEST for Writing 서술형 시험에 써먹기

기본 서술형 01-10

[01-02] 다음 빈칸에 알맞은 관계부사를 쓰시오. (각 1점)

01
Do you remember the time _____ we went to Tokyo?

→ _____

02
I don't know the place _____ he was born.

→ _____

03 다음 두 문장의 뜻이 같도록 빈칸에 알맞은 말을 쓰시오. (1.5점)

Do you know the way he solved the problem?
= Do you know _____ he solved the problem?

→ _____

[04-05] 다음 주어진 우리말과 일치하도록 빈칸에 알맞은 말을 쓰시오. (각 1.5점)

04
우리가 한 것은 여행 계획을 짜는 것이었다.

→ _____ _____ did was to make plans for the trip.

05
엄마께 네가 그 옷이 필요한 이유를 말씀 드려.

→ Tell your mom _____ _____ why you need the clothes.

06 다음 괄호 안의 단어들을 바르게 배열하여 대화를 완성하시오. (2점)

A: Where is the place in the picture?
B: It is the beach (summer / we / last / went / where).

→ _____

07 다음 두 문장의 빈칸에 공통으로 들어갈 말을 쓰시오. (1.5점)

• This is what I wanted to have _____ a long time.
• Don't tell him the reason _____ which I was absent.

→ _____

08 다음 대화의 밑줄 친 우리말을 영어로 바르게 옮기시오. (주어진 어구를 사용할 것) (2점)

A: Do you know where the restaurant is?
B: Yes. It is near the park 우리가 조깅하러 가는.
(where, go jogging)

→ _____

09 다음 밑줄 친 부분과 바꿔 쓸 수 있는 말을 두 단어로 쓰시오. (1.5점)

The days when I was a student were the happiest in my life.

→ _____

10 다음 문장에서 어색한 곳을 찾아 바르게 고치시오. (1.5점)

I wrote about the way how I realized my dream.

_____ → _____

수준별 서술형 11-13

11 괄호 안의 지시대로 문장들을 바꿔 쓰시오. (3점)

(1) I visited the café. Many artists gathered in the café. (where을 써서 한 문장으로)

→ _____

(2) We know the day. She will return from Japan. (when을 써서 한 문장으로)

→ _____

(3) You didn't tell me the reason why you were late. (「전치사 + 관계대명사」를 써서)

→ _____

12 다음 영어 문장을 우리말로 바르게 옮기시오. (3점)

(1) What I need for the trip is a map of Europe.

→ _____

(2) This is a place where people can get lost.

→ _____

(3) The way she cooks the food is amazing.

→ _____

13 다음 각 질문에 대한 자신의 답을 영어 문장으로 쓰시오. (관계부사를 포함할 것) (3점)

(1) Q: When was the best moment in your life?

A: It was the day _____

_____.

(2) Q: Where is the best place in your village?

A: It is _____.

고난도 서술형 14-15

14 다음 표는 Semi에게 가장 기억에 남는 순간과 장소에 대한 내용이다. 이를 참고하여 글을 완성하시오. (3점)

The Days	she was in Paris
The Place	the Eiffel Tower – she took pictures there
What She Liked the Most	eating delicious French chocolate

Semi remembers the days (1) _____

_____. She can't forget the Eiffel Tower (2) _____.

What she liked the most was eating (3) _____.

15 다음 그림을 참고하여, 글에서 틀린 곳을 두 군데 찾아 바르게 고치시오. (3점)

Jenny lost her dog Jo last weekend. To find him, she went to the park what she walked him. When she went near the bench, she found Jo! She'll never forget the day which she got him back.

(1) _____ → _____

(2) _____ → _____

계속적 용법과 복합관계사

계속적 용법 / 복합관계사

STRUCTURE 알고 써먹기

Whenever I take pictures, I post them on social media.

Whatever Ben does, he posts his stories online, too.

We are always on social media, which is popular with teens.

Wherever we go, we take our smartphones with us.

● **계속적 용법** 관계사가 이끄는 절이 선행사에 대한 부가적인 정보를 제공할 때, 관계사절 앞에 콤마(,)를 씁니다.
(문장 중에 삽입될 때는 관계사절 앞뒤에 콤마를 씁니다.)
관계대명사 that, 관계부사 why, how는 계속적 용법으로 쓸 수 없습니다.

ex) Sam is using social media, which(= and it) is very popular with teens.
Sam은 소셜 미디어를 하고 있는데, 그건 십대에게 매우 인기 있다.

The new cell phone, which has great picture quality, is too expensive.
그 새 휴대폰은 좋은 화질을 가지고 있는데, 너무 비싸다.

● **복합관계사** 「의문사+-ever」의 형태로 '~하든지/하더라도'라는 의미를 가집니다.

whatever (일/사물)	무엇을 ~하든지 / ~하는 건 무엇이든	who(m)ever (사람)	누가(누구를) ~하든지 / ~하는 건 누구든
whenever (시간)	언제 ~하든지 / ~할 때는 언제든	wherever (장소)	어디서 ~하든지 / ~하는 건 어디든

ex) Whenever she is free, she plays mobile games. (= No matter when)
그녀는 한가할 때는 언제든, 휴대폰 게임을 한다.

Whatever you want, you can buy it online. (= No matter what)
네가 무엇을 원하든, 너는 그것을 온라인으로 구매할 수 있다.

TRAINING ① 기본 형태 연습하기

A 알맞은 것에 ✓ 표시하고, 각 문장을 완성하세요.

❶ Many people use tablet PCs, _____ are very handy. ☐ who ☐ which

❷ The man, _____ we passed by, was a celebrity. ☐ that ☐ who

❸ The library, _____ I found this old book, is famous. ☐ where ☐ which

❹ Look up words in the online dictionary, _____ is fast. ☐ it ☐ which

❺ _____ you have time, come to see me. ☐ Whatever ☐ Whenever

❻ _____ he goes, Tom takes his laptop with him. ☐ Wherever ☐ Whoever

❼ _____ you meet online, you shouldn't trust them. ☐ Wherever ☐ Whomever

❽ _____ you tell me, I will keep it a secret. ☐ Whatever ☐ What

B 괄호 안에 주어진 말을 참고하여 빈칸에 알맞은 관계사를 쓰세요.

❶ We learned about netiquette, _____ is important these days. (= and it)

❷ I became friends with Hyojin, _____ likes playing games. (= and she)

❸ We like going to that café, _____ we can use free WiFi. (= and there)

❹ I have a friend called Jay, _____ interests are also movies. (= and his)

❺ _____ you are, you can talk with me. (어디에서 ~하든지)

❻ _____ you search for online, you'll get a lot of results. (무엇을 ~하든지)

❼ _____ I want, I post my pictures on social media. (언제 ~하든지)

❽ _____ you are, you can log in to the website. (누가 ~하든지)

이건 알아두기!

EXPRESSIONS ■ popular with: ~에게 인기 있는 ■ buy ~ online: 온라인으로 ~을 구매하다
■ pass by: ~을 지나치다 ■ look up ~ in ...: ~을 ···에서 찾다[검색하다] ■ keep ~ a secret: ~을 비밀로 하다
■ search for: ~을 검색하다 ■ log in to: ~을 접속하다, ~에 로그인하다

🌟 다음 예시와 같이 문장을 바꿔 쓰세요.

> **Example)** She collects magnets, **and** she puts **them** on her refrigerator. (which)
> → *She collects magnets, **which** she puts on her refrigerator.*

❶ He wanted to change his old computer, and he used it for 7 years. (which)
→ _____

❷ We became friends with Sam, and his blog is famous. (whose)
→ _____

❸ I joined the online community, and there I could make many friends. (where)
→ _____

❹ The cell phone was not expensive, and he got it from his mom. (which)
→ _____

❺ The news was about a mobile game, and I heard it this morning. (which)
→ _____

> **Example)** **No matter when** they're in class, they should turn off their phones.
> → *__**Whenever** they're in class, they should turn off their phones.__*

❻ No matter whom you meet, try to listen to them.
→ _____

❼ No matter where you go, take your smartphone with you.
→ _____

❽ No matter when I have free time, I update my blog.
→ _____

❾ No matter what he eats, he takes a picture of the food.
→ _____

❿ No matter what you need, you can buy it online.
→ _____

✸ 다음 예시와 같이 문장을 완성하세요.

> **Example)** 나는 내 스마트폰을 사용할 때마다 눈이 아프다. (my / I / smartphone / whenever / use)
>
> → ___*Whenever I use my smartphone*___ , my eyes hurt.

❶ 네가 온라인에서 무엇을 읽든, 그것은 사실이 아닐 수 있다. (online / read / whatever / you)

→ _____ , it might not be true.

❷ Roy는 내게 많은 사진들을 보냈는데, 그것들은 대부분 그의 셀피였다. (mostly / were / selfies / which / his)

→ Roy sent me many photos, _____ .

❸ 스마트폰은 유용한데, 학교에서 문제를 일으킨다. (are / useful / which)

→ Smartphones, _____ , cause problems in schools.

❹ 당신이 어디로 여행하고 싶든지, 당신은 그곳에 24시간 이내에 도착할 수 있다. (to / you / travel / wherever / want)

→ _____ , you can get there within 24 hours.

❺ 우리는 도서관으로 갔는데, 그곳에서 우리는 인터넷을 사용할 수 있었다. (use / where / the Internet / could / we)

→ We went to the library, _____ .

> **Example)** 네가 필요할 때는 언제든 그 단어들을 사전에서 검색해라. (look up)
>
> → ___Look___ ___up___ the words in the dictionary *whenever* you need to.

❻ 네가 어디에서 접속하든, 그 파일들을 내려받을 수 있다. (log in)

→ _____ you _____ _____ , you can download the files.

❼ 내가 누구를 만나든, 나는 그것을 비밀로 할 것이다. (keep, secret)

→ _____ I meet, I'll _____ it a _____ .

❽ 나는 태블릿 PC를 하나 샀는데, 그것은 젊은 사람들에게 인기 있다. (popular with)

→ I bought a tablet PC, _____ is _____ _____ young people.

❾ 너는 Eric의 새 티셔츠를 봤니? 그건 그가 온라인으로 구매한 건데. (buy, online)

→ Did you see Eric's new T-shirt, _____ he _____ _____ ?

❿ 우리가 지나쳐 간 그 남자들은 배우들임이 틀림없다. (pass by)

→ The men, _____ we _____ _____ , must be actors.

TEST for Writing 서술형 시험에 써먹기

[01-02] 다음 빈칸에 알맞은 관계사를 쓰시오. (각 1점)

01

She likes social media, _____ is very popular today.

→ _____

02

We went to the public building, _____ we could use free wifi.

→ _____

03 다음 괄호 안에서 알맞은 것을 골라 쓰시오. (1점)

(Whenever / Whatever) you have time, please visit my blog.

→ _____

[04-05] 다음 주어진 우리말과 일치하도록 빈칸에 알맞은 말을 쓰시오. (각 1.5점)

04

네가 내게 무엇을 말하든, 나는 그것을 믿지 않을 것이다.

→ _____ _____ tell me, I won't believe it.

05

우리가 오늘 만난 그 남자는 유명인이었다.

→ The man, _____ we _____ today, was a celebrity.

06 다음 괄호 안의 단어들을 바르게 배열하여 대화를 완성하시오. (2점)

A: What's wrong with you?
B: (computer / use / my / I / whenever), my neck hurts.

→ _____

07 다음 문장의 밑줄 친 우리말을 영어로 바르게 옮기시오. (주어진 표현을 쓸 것) (2점)

The skirt, 내가 온라인으로 샀는데, is big for me.
(buy, online)

→ _____

08 다음 두 문장의 빈칸에 공통으로 들어갈 말을 쓰시오. (1.5점)

• She logged _____ to the website, where she read stories.
• Whenever I study English, I look up words _____ the dictionary.

→ _____

09 다음 두 문장의 뜻이 같도록 빈칸에 알맞은 말을 쓰시오. (2점)

No matter where she goes, she takes her tablet PC.
= _____ _____ _____, she takes her tablet PC.

10 다음 문장에서 어색한 곳을 찾아 바르게 고치시오. (1.5점)

I saw your pictures, that were mostly food.

_____ → _____

수준별 서술형 11-13

11 괄호 안의 지시대로 문장을 바꿔 쓰시오. (3점)

(1) I visited his website, and there I found his old pictures. (계속적 용법의 where를 써서)

→ _____

(2) She has a son named Ken, and he is a musician. (계속적 용법의 who를 써서)

→ _____

(3) Most people use smartphones, and they are convenient. (계속적 용법의 which를 써서)

→ _____

12 다음 영어 문장을 우리말로 바르게 옮기시오. (3점)

(1) Whenever you need my help, I'll help you.

→ _____

(2) Dad didn't buy me whatever I wanted.

→ _____

(3) Wherever the place is, I can find it online.

→ _____

13 괄호 안의 주어진 어구를 모두 사용하여 각 대화를 완성하시오. (필요하면 단어를 보충할 것) (3점)

(1) A: Do you like online shopping?
   B: Yes. I can _____.
   (buy, whatever, want, online)

(2) A: Do you think smartphones are useful?
   B: Yes. With a smartphone, I can _____
   _____.
   (log in to, websites, which, useful)

고난도 서술형 14-15

14 다음은 인터넷의 장단점에 대해 정리한 표이다. 이를 참고하여 글을 완성하시오. (계속적 용법의 관계사절을 쓸 것) (3점)

Good	it is very useful – we can search for anything that we want
Bad	we don't use our real names – we can do bad things

Every day we use the Internet, (1) _____
_____. We can search for whatever we want online. But sometimes it causes problems. In the online community, (2) _____
_____, we can do bad things.

15 다음 그림을 참고하여, 글에서 <u>틀린 곳을 두 군데</u> 찾아 바르게 고치시오. (3점)

My friend Dasom loves to take pictures of food. Whatever we go to a restaurant, she takes her camera with her. Whenever the food is, she takes a picture of it first. I like her pictures, but sometimes I feel a little upset.

(1) _____ → _____

(2) _____ → _____

Word Review

04
- ☐ borrow 빌리다
- ☐ build 쌓다, 커지다
- ☐ close 가까운, 친밀한
- ☐ common 공통의
- ☐ cover 표지
- ☐ friendship 우정
- ☐ interest 관심사, 흥미
- ☐ lesson 교훈
- ☐ recommend 추천하다
- ☐ thank 감사하다
- ☐ text 문자 (메시지)
- ☐ twin 쌍둥이 (한 명)
- ☐ village 마을

05
- ☐ absent 결석한
- ☐ amazing 멋진, 놀라운
- ☐ church 교회
- ☐ experience 경험하다
- ☐ forget 잊어버리다
- ☐ holiday 휴일
- ☐ peaceful 평화로운
- ☐ pleased 만족한
- ☐ prepare 준비하다
- ☐ realize 실현시키다
- ☐ return 돌아오다
- ☐ shine 빛나다
- ☐ suddenly 갑자기
- ☐ vacation 방학

06
- ☐ cause 일으키다, 야기하다
- ☐ community 커뮤니티
- ☐ dictionary 사전
- ☐ download (웹) 내려받다
- ☐ file (컴퓨터) 파일
- ☐ laptop 휴대용[노트북] 컴퓨터
- ☐ magnet 자석
- ☐ mobile 모바일(의)
- ☐ mostly 대부분
- ☐ netiquette 네티켓
- ☐ online 온라인(상으로)
- ☐ post 올리다, 게시하다
- ☐ quality 질
- ☐ result 결과(물)
- ☐ selfie 셀피 (스스로 찍은 자기 사진)
- ☐ social media 소셜 미디어
- ☐ tablet PC 태블릿 PC
- ☐ trust 믿다, 신뢰하다
- ☐ update 갱신하다, 업데이트 하다

More Words 알고 써먹기

● **형용사 + -ly → 부사** ∣ **sudden** (갑작스런) → **suddenly** (갑자기) ∣ **peaceful** (평화로운) → **peacefully** (평화롭게) ∣ **most** (대부분의) → **mostly** (주로, 대부분) ∣ **social** (사회적인) → **socially** (사회적으로)

Do you know why she left [1]＿＿＿＿＿? 너는 그녀가 왜 갑자기 떠났는지 아니?

The photos on his blog are [2]＿＿＿＿＿ his selfies. 그의 블로그에 있는 사진들은 대부분 그의 셀피다.

● **SNS 관련 용어** ∣ **blog** (블로그) ∣ **social media** (소셜 미디어) ∣ **post** (게시하다) ∣ **upload** (업로드하다) ∣ **download** (다운로드하다, 내려받다) ∣ **follow** (팔로우하다) ∣ **like it** (좋아요)

I [3]＿＿＿＿＿ my diary on social media. 나는 소셜 미디어에 일기를 게시한다.

You can [4]＿＿＿＿＿ useful files from the website. 너는 그 웹사이트에서 유용한 파일들을 내려받을 수 있다.

Grammar Review 주어진 우리말을 참고하여 각 빈칸에 알맞은 말을 쓰세요.

써먹기 구문 | 04 관계대명사

- 사람을 나타내는 관계대명사

  James is my friend [1] _____ lives next door.
  James는 옆집에 사는 내 친구이다.

  I met a boy [2] _____ first name is the same as mine.
  나는 이름이 나와 같은 한 소년을 만났다.

- 사물을 나타내는 관계대명사

  We forgot the present [3] _____ was for Mom.
  우리는 엄마께 드릴 선물을 잊어버렸다.

  Did you see the movie [4] _____ he recommended?
  너는 그가 추천한 영화를 봤니?

써먹기 구문 | 05 관계부사와 관계대명사 what

- 관계부사

  I really enjoyed the month [5] _____ I was in Paris.
  나는 내가 파리에 있었던 달을 정말 즐겼다.

  Do you know the store [6] _____ he bought the clothes?
  너는 그가 옷을 산 가게를 알고 있니?

  He didn't tell us [7] _____ why he moved to Seoul.
  그는 그가 서울로 이사한 이유를 우리에게 말하지 않았다.

- 관계대명사 what

  This bag is not [8] _____ I wanted to have.
  이 가방은 내가 갖고 싶었던 게 아니다.

써먹기 구문 | 06 계속적 용법과 복합관계사

- 계속적 용법

  Ted uploads his stories, [9] _____ are mostly about his trips.
  Ted는 그의 이야기들을 업로드하는데, 그것들은 대부분 그의 여행에 관한 것이다.

  My friend Jisu, [10] _____ studied in the U.S., speaks English well.
  내 친구 지수는, 미국에서 공부했는데, 영어를 잘한다.

- 복합관계사

  [11] _____ you live, please tell me your address.
  네가 어디에 살든, 내게 네 주소를 말해줘.

  My grandma cooks [12] _____ I want to eat.
  나의 할머니는 내가 먹고 싶어 하는 것은 무엇이든 요리해 주신다.

Chapter 3

5형식 문장 써먹기

사역동사

동사원형 목적격보어 / to부정사 목적격보어

STRUCTURE 알고 써먹기

On Wednesday, I ran out of money, as usual.
When I asked Mom for some money, she made me do the dishes.
She also let me do other house chores.
I earned a quarter of a week's allowance!

● **사역동사**　　상대방에게 '〜하도록 시키다'라는 뜻을 나타내는 동사를 '사역동사'라고 합니다.
사역동사는 동사원형이나 to부정사를 목적격보어로 취합니다.

● **동사원형 목적격보어**　　have, make, let은 목적격보어로 동사원형을 취하는 사역동사입니다.

> have / make / let +목적어(사람)+동사원형

ex) Mom **had** me **plant** the flowers. 엄마는 나에게 꽃을 심게 시키셨다.
　　Teachers will **let** us **clean** the hallway. 선생님들은 우리가 복도를 청소하게 하실 거야.

● **to부정사 목적격보어**　　get, help, force는 목적격보어로 to부정사를 취하는 사역동사입니다.
help는 목적격보어로 동사원형과 to부정사를 모두 취합니다.

> get / help / force +목적어(사람)+to부정사

ex) I **got** my brother **to set** the table. 나는 내 남동생이 식탁을 차리도록 시켰다.
　　Dad **helped** me **(to) solve** math problems. 아빠는 내가 수학 문제 푸는 것을 도와주셨다.
　　He **forced** us **to sit** down. 그는 우리에게 앉으라고 강요했다.

A 알맞은 것에 ✔ 표시하고, 각 문장을 완성하세요.

❶ Mom makes me _____ a record of my spending. ☐ keep ☐ keeps

❷ He made me _____ money instead of giving me some. ☐ to earn ☐ earn

❸ Tara had us _____ some food for the party. ☐ buy ☐ buying

❹ The teacher didn't let us _____ during class. ☐ to play ☐ play

❺ My big sister got me _____ her on the weekend. ☐ to help ☐ help

❻ Will you help Jerry _____ the desks and chairs? ☐ moving ☐ to move

❼ Dad forced me _____ in my room as a punishment. ☐ stay ☐ to stay

❽ Do your parents help you _____ your homework? ☐ do ☐ doing

B 괄호 안에 주어진 말을 활용하여 각 문장을 완성하세요.

❶ Don't let the children _____ the boxes. (move)

❷ Dad had me _____ some money for the future. (save)

❸ The man got us _____ up the garbage on the street. (pick)

❹ I helped my grandma _____ the laundry. (do)

❺ Mom didn't let me _____ a lot of money at once. (spend)

❻ Does Ms. Kang make her students _____ by themselves? (study)

❼ Who forced you _____ in the classroom after school? (stay)

❽ The event helped us _____ our things with each other. (share)

이건 알아두기!

EXPRESSIONS ▪ run out of: ~을 다 써버리다 ▪ ask A for B: A에게 B를 요청하다[요구하다] ▪ do house chores: 집안일을 하다 ▪ keep a record: ~을 기록해 두다 ▪ earn money: 돈을 벌다 ▪ instead of: ~대신에 ▪ as a punishment: 벌로 ▪ do the laundry: 빨래를 하다 ▪ at once: 한꺼번에, 즉시

💥 다음 예시와 같이 문장을 바꿔 쓰세요.

> **Example)** My brother **had** me **clean** my room. (get)
> → _____ *My brother **got** me **to clean** my room.* _____

❶ The teacher made us study for the exam. (force)

→ _____

❷ Dad lets me earn my own allowance. (get)

→ _____

❸ Mom had me make a bank account and save money. (help)

→ _____

❹ The police didn't let us enter the office. (force)

→ _____

❺ Mr. Han will have you collect the answer sheets. (get)

→ _____

> **Example)** The man **forced** me **to sit** down. (have)
> → _____ *The man **had** me **sit** down.* _____

❻ Mom gets me to fold the laundry. (make)

→ _____

❼ The teacher gets us to play outside after lunch. (let)

→ _____

❽ Dad forced us to stay home all day as a punishment. (have)

→ _____

❾ Daniel doesn't get his brother to wait for him. (make)

→ _____

❿ She won't help you to get a part-time job. (let)

→ _____

TRAINING ③ 영어 문장 완성하기

💥 다음 예시와 같이 문장을 완성하세요.

> **Example)** 그는 내게 그 가방을 가지고 오라고 시켰다. (bag / the / me / he / bring / had / .)
> → _____*He had me bring the bag.*_____

① 그녀는 내가 얼마의 돈을 저축하도록 도와주었다. (money / me / she / some / helped / save / .)
→ _____

② 엄마는 어제 우리에게 TV를 보게 허락하지 않으셨다. (yesterday / us / let / mom / didn't / watch TV / .)
→ _____

③ 너희 부모님은 네게 집안일을 하게 시키시니? (to / house / do / you / do / parents / your / chores / get / ?)
→ _____

④ 그 선생님은 네가 봉사활동을 하게 하실 거야. (do / you / the teacher / have / will / volunteer work / .)
→ _____

⑤ 누가 너에게 이 편지를 쓰도록 강요했니? (to / forced / who / write / letter / you / this / ?)
→ _____

> **Example)** 엄마는 내가 모든 음식을 한 번에 다 먹게 하지 않으신다. (at once)
> → Mom doesn't let me ___*eat*___ up all food ___*at*___ ___*once*___ .

⑥ 그 선생님은 벌로 내게 운동장 트랙을 뛰게 하셨다. (as, punishment)
→ The teacher had me _____ around the track _____ a _____ .

⑦ 지난 주말에 나는 언니가 빨래하는 것을 도왔다. (do the laundry)
→ I helped my sister _____ _____ _____ last weekend.

⑧ 너희 부모님은 네가 돈을 버는 것을 허락하시니? (earn money)
→ Do your parents _____ you _____ _____ ?

⑨ 아빠는 내게 내 지출을 기록해 두라고 시키셨다. (keep, record)
→ Dad got me _____ _____ a _____ of my spending.

⑩ 그녀는 내게 설거지를 하는 대신, 식탁을 차리도록 시켰다. (instead of)
→ She made me set the table _____ _____ _____ the dishes.

TEST for Writing 서술형 시험에 써먹기

기본 서술형 01-10

[01-02] 다음 괄호 안에서 알맞은 것을 골라 쓰시오. (각 1점)

01

He had me (do / doing) his homework.

→ _____

02

Mom got me (fold / to fold) the laundry.

→ _____

[03-04] 다음 문장에서 밑줄 친 부분을 바르게 고치시오. (각 1점)

03

The police man forced him <u>tell</u> the truth.

→ _____

04

I helped my father <u>washing</u> his car.

→ _____

05 다음 우리말과 일치하도록 빈칸에 알맞은 말을 쓰시오.
(괄호 안에 주어진 동사를 쓸 것) (2점)

내 언니는 내게 그 TV 쇼를 보게 허락하지 않았다. (let)

→ My big sister _____ _____ _____
_____ the TV show.

06 다음 괄호 안의 단어들을 바르게 배열하여 대화를 완성하시오. (1.5점)

A: How did you get the money?
B: Mom (dishes / do / me / made / the)
and gave me the money.

→ _____

07 다음 두 문장의 빈칸에 공통으로 들어갈 말을 쓰시오. (1.5점)

• I'm running out _____ money.
• He had us bring flowers instead _____ food.

→ _____

08 다음 두 문장의 뜻이 같도록 빈칸에 알맞은 말을 쓰시오. (2점)

Mr. Lee let the students pick up the garbage.
= Mr. Lee got _____ _____
_____ _____ up the garbage.

09 다음 대화의 밑줄 친 우리말을 영어로 바르게 옮기시오. (2점)

A: <u>내가 돈을 저축하는 것을 도와줄 수 있니?</u>
B: Sure. First, keep a record of your spending.

→ Can you _____ ?

10 다음 문장에서 <u>어색한</u> 곳을 찾아 바르게 고치시오. (2점)

He made me to wait for him at the door.

_____ → _____

수준별 서술형 11-13

11 다음 우리말과 일치하도록 괄호 안의 어구를 모두 사용해 영어 문장을 완성하시오. (필요하면 형태를 바꿀 것) (3점)

(1) 엄마는 내게 내 방을 치우라고 시키셨다.
(mom, have, me, clean, my room)

→ _____

(2) 그 선생님은 우리가 그 문제를 풀게 만드실 거야.
(the teacher, make, us, solve the problem)

→ _____

(3) 그는 우리가 빨래하는 것을 도와주었다.
(he, help, us, do the laundry)

→ _____

12 다음 영어 문장을 우리말로 바르게 옮기시오. (3점)

(1) Dad made me clean the windows as a punishment.

→ _____

(2) Mom didn't let me ask her for money.

→ _____

(3) Will you help me to do my part-time job?

→ _____

13 다음 각 질문에 대한 자신의 답을 영어 문장으로 쓰시오. (3점)

(1) Q: What can you help your friends do?

A: _____

(2) Q: What does your teacher force you to do as a punishment?

A: _____

고난도 서술형 14-15

14 다음은 제과점 주인이 시간제 점원인 Jason에게 시킨 일을 나타낸 표이다. 이를 참고하여 글을 완성하시오. (3점)

Time	What Jason Did
8-9 a.m.	cleaned the store
9-10 a.m.	made the dough with the owner
10-11 a.m.	cut the bread for the customers

Jason worked his part-time job at the bakery today. From 8 to 9 a.m., the owner had him (1) _____. From 9 to 10 a.m., he helped the owner (2) _____. From 10 to 11 a.m., the owner got (3) _____

_____ .

15 다음은 정 선생님께 배운 내용을 바탕으로 Lily가 저축을 위해 실천한 일들이다. 글에서 틀린 곳을 두 군데 찾아 바르게 고치시오. (3점)

Ms. Jung's Secrets to Saving Money
☑ keep a record of spending
☑ do not spend lots of money at once
☑ make a bank account

Ms. Jung taught us three things to do to save money. First, she had us to keep a record of spending. Second, she told us not to spend lots of money at once. Last, she made us making a bank account.

(1) _____ → _____

(2) _____ → _____

지각동사

동사원형 목적격보어 / 현재분사 목적격보어

STRUCTURE 알고 써먹기

My town held a singing contest last Saturday.
Famous singers came to celebrate the event.
I saw them sing and dance on the stage.
I felt my heart beating fast.

● **지각동사**
'느끼다, 듣다, 보다'와 같이 감각기관을 통해 대상을 인식하는 것과 관련된 동사를 말합니다.
지각동사의 목적격보어는 동사원형 또는 현재분사를 씁니다.

● **동사원형 목적격보어**   목적어의 행동이 완료되었을 때는 목적격보어로 동사원형을 씁니다.

feel / hear / listen to / see / watch / look at / notice＋목적어＋동사원형

ex) I heard my mom call me from the crowd.
나는 군중 속에서 엄마가 나를 부르는 것을 들었다.

The judge listened to all the participants sing in the contest.
그 심사위원은 대회에서 모든 참가자들이 노래하는 것을 들었다.

● **현재분사 목적격보어**   목적어의 행동이 진행 중임을 강조할 때는 목적격보어로 현재분사를 씁니다.

feel / hear / listen to / see / watch / look at / notice＋목적어＋현재분사 (동사원형＋-ing)

ex) We watched the singers dancing to the music.
우리는 그 가수들이 음악에 맞춰 춤추고 있는 것을 보았다.

A 알맞은 것에 ✔ 표시하고, 각 문장을 완성하세요.

❶ I saw the man _____ pictures at the concert. ☐ take ☐ to take

❷ Did you listen to Fred _____ in the contest? ☐ spoke ☐ speak

❸ They heard the musician _____ in person. ☐ sing ☐ sang

❹ We didn't notice the guy _____ to himself. ☐ to talk ☐ talking

❺ I listened to a street musician _____ the cello. ☐ play ☐ played

❻ My parents won't come to see me _____. ☐ dance ☐ to dance

❼ We heard the audience _____ for us. ☐ cheered ☐ cheering

❽ I felt my body _____ to the exciting music. ☐ moves ☐ moving

B 각 문장에서 밑줄 친 부분을 바르게 고쳐 쓰세요.

❶ We heard a baby <u>cried</u> from somewhere. → _____

❷ I watched him <u>won</u> first prize in the contest. → _____

❸ They looked at the clown <u>to blow</u> up a toy balloon. → _____

❹ The girl felt something <u>climbed</u> up on her leg. → _____

❺ I listened to them <u>to singing</u> along with each other. → _____

❻ Did you see someone <u>to chase</u> after us? → _____

❼ We watched the team <u>lost</u> the soccer game. → _____

❽ The celebrity noticed me <u>to take</u> pictures of him. → _____

이건 알아두기!

EXPRESSIONS ▪ hold a contest: 대회를 열다 ▪ in person: 직접 ▪ talk to oneself: 혼잣말하다
▪ cheer for: 응원하다 ▪ from somewhere: 어딘가로부터 ▪ win first prize: 일등상을 타다
▪ blow up a balloon: 풍선을 불다 ▪ sing along with: ~와 함께 노래하다 ▪ chase after: ~을 뒤쫓다
▪ lose a game: 경기를 지다

☀ 다음 예시와 같이 문장을 바꿔 쓰세요.

> **Example)** I **saw him** at the festival. **He danced** to the music.
> → _____ I **saw him dance** to the music at the festival. _____

❶ We listened to the choir. They sang beautifully.

→ _____

❷ Tim watched his sister. She played drums.

→ _____

❸ Craig looked at his mom. Mom cheered for him.

→ _____

❹ Mary noticed her dad. He took a picture of her.

→ _____

❺ They watched their children. The children chased after each other.

→ _____

> **Example)** We **watched the girls**. They **were selling** cookies.
> → _____ We **watched the girls selling** cookies. _____

❻ The judge listened to us. We were speaking in English.

→ _____

❼ Jason felt something. It was climbing up his arm.

→ _____

❽ The audience watched the boys. They were holding a parade.

→ _____

❾ We heard someone. He was shouting to a participant.

→ _____

❿ I watched my brother. He was scoring a goal in the soccer game.

→ _____

✺ 다음 예시와 같이 문장을 완성하세요.

> **Example)** 나는 그녀가 나에 대해 이야기하고 있는 것을 들었다. (talking / I / me / her / heard / about / .)
> → _____ *I heard her talking about me.* _____

❶ 그녀는 그녀의 심장이 뛰고 있는 것을 느꼈다. (felt / her / beating / she / heart / .)
→ _____

❷ Greg은 한 남자가 솜사탕을 만들고 있는 것을 보았다. (cotton candy / Greg / a man / making / saw / .)
→ _____

❸ 나는 그 악단이 음악을 연주하는 것을 듣지 못했다. (the band / the music / I / play / hear / couldn't /.)
→ _____

❹ 우리는 그가 실수하고 있는 것을 알아챘다. (him / we / a / making / noticed / mistake / .)
→ _____

❺ 너는 Jin이 대회에서 말하는 것을 보았니? (you / contest / Jin / did / speak / the / watch / in / ?)
→ _____

> **Example)** 너는 Ben이 혼잣말하는 것을 들었니? (talk, himself)
> → Did you ___*hear*___ Ben ___*talk*___ to ___*himself*___ ?

❻ 그의 부모님은 그가 대회에서 일등상을 타는 것을 지켜보셨다. (win, prize)
→ His parents _____ him _____ first _____ in the contest.

❼ 나는 그 여배우가 연기하는 것을 직접 보지 못했다. (in person)
→ I couldn't see the actress _____ _____ _____.

❽ 우리는 누군가가 노래하는 것을 어디선가 들었다. (from somewhere)
→ We heard someone _____ _____ _____.

❾ 그들은 경찰이 그 여자를 뒤쫓는 것을 알아챘다. (chase after)
→ They _____ the police _____ _____ the woman.

❿ 너는 어제 우리 팀이 경기에서 지는 것을 봤니? (lose, game)
→ Did you _____ our team _____ the _____ yesterday?

TEST for Writing 서술형 시험에 써먹기

기본 서술형 01-10

[01-02] 다음 주어진 동사를 알맞은 형태로 쓰시오. (각 1점)

01

I saw him _____ basketball yesterday. (play)

→ _____

02

We listened to her _____ a speech. (make)

→ _____

[03-04] 다음 주어진 우리말과 일치하도록 빈칸에 알맞은 말을 쓰시오. (각 1.5점)

03

Tom은 그녀가 공원을 걷고 있는 것을 보았다.

→ Tom saw _____ _____ in the park.

04

그들은 Anna가 노래하는 것을 듣지 못했다.

→ They couldn't _____ Anna _____ a song.

05 다음 괄호 안에서 알맞은 것을 골라 쓰시오. (1점)

Did you notice David (to hide / hiding) something from us?

→ _____

06 다음 괄호 안의 단어들을 바르게 배열하여 문장을 완성하시오. (1.5점)

A: What did you do at the festival?
B: I (dancing / the / watched / children) to the music.

→ _____

07 다음 빈칸 (A), (B)에 들어갈 말을 각각 쓰시오. (2점)

• I heard him talking __(A)__ himself.
• We watched her chasing __(B)__ the boy.

(A) _____ (B) _____

08 다음 두 문장을 한 문장으로 만들 때, 빈칸에 알맞은 말을 쓰시오. (1.5점)

I felt something. It was climbing up my leg.

→ I _____ my leg.

09 다음 대화의 밑줄 친 우리말을 주어진 〈조건〉에 맞게 영어로 옮기시오. (2점)

A: Whom are you looking at?
B: 나는 Brad가 높이 뛰는 것을 보고 있어.

〈조건〉 동사 look at과 jump high를 써서 현재진행형으로 쓸 것

→ _____

10 다음 문장에서 어색한 곳을 찾아 바르게 고치시오. (2점)

Didn't you hear someone called you?

_____ → _____

수준별 서술형 **11-13**

11 다음 우리말과 일치하도록 괄호 안의 어구를 모두 사용해 영어 문장을 완성하시오. (필요하면 형태를 바꿀 것) (3점)

(1) 나는 그 소년들이 야구를 하는 것을 보았다.
(I, see, the boys, play, baseball)

→ _____

(2) 우리는 그녀가 우는 것을 듣지 못했다. (we, hear, her, cry)

→ _____

(3) 그들은 내가 우승하는 것을 지켜볼 것이다.
(They, watch, me, win)

→ _____

12 다음 영어 문장을 우리말로 바르게 옮기시오. (3점)

(1) She noticed Terry talking to himself.

→ _____

(2) Mom watched me running in the race.

→ _____

(3) I want to see them sing along with each other.

→ _____

13 다음 대화의 밑줄 친 우리말을 영어로 바르게 옮기시오.
(괄호 안에 주어진 어구를 활용할 것) (3점)

> A: Did you go to the singing contest?
> B: Yes. (1) 우리는 Sue가 일등상을 타는 것을 봤어.
>   (win first prize)
> A: Cool! I'm sorry I couldn't go there!
> B: (2) 너는 내 스마트폰으로 그녀가 노래 부르는 것을
>   들을 수 있어. (listen to, my smartphone)

(1) _____

(2) _____

고난도 서술형 **14-15**

14 다음은 학교 문화의 날 행사에서 도민이의 모습을 나타낸 그림이다. 이를 참고하여 글을 완성하시오. (주어진 어구를 활용할 것) (3점)

watch, dance, stage, listen to, choir, sing

Domin had lots of fun on the school culture day.
He (1) _____.
He felt his body moving to the music. Then, he
(2) _____. He was
moved by their song.

15 다음 그림을 참고하여, 글에서 틀린 곳을 두 군데 찾아 바르게 고치시오. (3점)

An old man sat on the bench and watched
people at the park. He saw a boy stole a
woman's bag. The police heard the woman
to shout. Other people watched the police
chasing after the boy.

(1) _____ → _____

(2) _____ → _____

기타 5형식 동사

to부정사 목적격보어

STRUCTURE 알고 써먹기

My brother always tells me to lose weight.

Sadly, when I get stressed, I eat more and more.

Mom wants me to eat healthy food.

She advises me not to keep skinny but to keep healthy.

● **to부정사 목적격보어**   다음 동사들은 목적어(~가 / ~에게) 뒤에 목적격보어로 to부정사가 옵니다.

want+목적어+to부정사: ~하기를 원하다	advise+목적어+to부정사: ~하라고 충고하다
ask+목적어+to부정사: ~하도록 요청하다	allow+목적어+to부정사: ~하는 것을 허락하다
teach+목적어+to부정사: ~하는 것을 가르치다	require+목적어+to부정사: ~하는 것을 요구하다
tell+목적어+to부정사: ~하라고 말하다	encourage+목적어+to부정사: ~하도록 격려하다
expect+목적어+to부정사: ~하기를 기대하다	enable+목적어+to부정사: ~할 수 있게 하다

ex) Mom wants me to eat three meals a day. 엄마는 내가 하루에 세 끼 식사를 하길 원하신다.

The doctor advised him to exercise regularly. 의사는 그에게 규칙적으로 운동하라고 충고했다.

Dad allowed me to play mobile games. 아빠는 내가 모바일 게임을 하는 것을 허락해 주셨다.

The dentist told her not to eat sweets. 치과의사는 그녀에게 단 것을 먹지 말라고 말했다.

He taught us not to break the rules. 그는 우리에게 규칙들을 어기면 안 된다고 가르쳤다.

TRAINING ① 기본 형태 연습하기

A 알맞은 것에 ✔ 표시하고, 각 문장을 완성하세요.

① My friend advised me _____ on a diet.　　☐ go　　☐ to go

② The doctor told me _____ vitamin D.　　☐ to take　　☐ taking

③ He encouraged them _____ a healthy diet.　　☐ keeping　　☐ to keep

④ Henry allowed his sister _____ his bike.　　☐ to ride　　☐ rides

⑤ Can I ask you _____ with me?　　☐ exercising　　☐ to exercise

⑥ A sound body requires us _____ a sound mind.　　☐ to have　　☐ has

⑦ Dad advised me not _____ up late at night.　　☐ stayed　　☐ to stay

⑧ Mr. Brown expects his son not _____ games.　　☐ to play　　☐ plays

B 괄호 안에 주어진 활용하여 각 문장을 완성하세요.

① Doing yoga enables her _____ healthy. (stay)

② We will tell him _____ care of his skin. (take)

③ My grandmother taught me _____ positive. (be)

④ He doesn't allow his son _____ soft drinks. (drink)

⑤ Can you teach him _____ the game? (play)

⑥ Mom told my younger sister _____ _____ meals. (not, skip)

⑦ He advised me _____ _____ too stressed. (not, get)

⑧ I want my dad _____ _____ many late night snacks. (not, have)

이건 알아두기!!

EXPRESSIONS ▪ lose (one's) weight: ~의 체중을 줄이다　▪ get stressed: 스트레스를 받다
▪ keep healthy: 건강을 유지하다　▪ go on a diet: 식이요법을 하다　▪ keep a(n) ~ diet: ~한 식단을 유지하다
▪ stay up late: 늦게까지 깨어 있다　▪ take care of: ~을 돌보다　▪ be positive: 긍정적으로 생각하다

✻ 다음 예시와 같이 문장을 바꿔 쓰세요.

> Example) My mom **wanted**. + **I go** on a diet.
>
> → _My mom **wanted me to go** on a diet._

❶ My friend told. + I get enough sleep.

→ _____

❷ I expect. + He will lose 5 kilograms in a month.

→ _____

❸ Will you teach? + The boys play baseball.

→ _____

❹ The teacher asked. + We drink two liters of water every day.

→ _____

❺ Dad doesn't allow. + I use my smartphone for 3 hours.

→ _____

> Example) Tim **advised** her **to do** some exercises. (teach)
>
> → _Tim **taught** her **to do** some exercises._

❻ My friends encouraged me to exercise regularly. (want)

→ _____

❼ The dentist told us to brush our teeth after every meal. (teach)

→ _____

❽ I asked my brother not to eat fast food. (advise)

→ _____

❾ A healthy diet will enable you to avoid gaining weight. (allow)

→ _____

❿ My parents expect me not to stay up late at night. (want)

→ _____

💥 다음 예시와 같이 문장을 완성하세요.

> **Example)** 그는 내게 그의 개를 산책시키도록 부탁했다. (walk / me / he / dog / asked / to / his / .)
> → _____*He asked me to walk his dog.*_____

① 그녀는 내가 야식을 먹을 것이라고 예상했다. (to / late night snacks / she / me / expected / have / .)
→ _____

② 아빠는 내가 늦게 일어나는 것을 허락하지 않으신다. (allow / doesn't / me / late / Dad / get up / to / .)
→ _____

③ Jane은 나에게 요가를 하라고 충고했다. (me / Jane / to / advised / yoga / do / .)
→ _____

④ 그는 내게 밤에 늦게까지 깨어 있지 말라고 말했다. (stay / he / late / up / me / told / night / at / to / not / .)
→ _____

⑤ 너는 Ben이 그 게임을 그만두도록 격려했니? (you / playing / encourage / quit / did / Ben / the game / to / ?)
→ _____

> **Example)** 그는 그의 아버지가 건강을 유지하시길 원한다. (keep healthy)
> → **He wants his dad ____*to*____ ____*keep*____ ____*healthy*____ .**

⑥ 그 의사는 우리에게 건강을 돌보라고 충고했다. (take care of)
→ The doctor advised us _____ _____ _____ _____ our health.

⑦ 나는 Hana가 체중을 줄일 수 있도록 격려했다. (lose weight)
→ I encouraged Hana _____ _____ _____ .

⑧ 우리는 그녀에게 건강한 식단을 유지하라고 말했다. (keep, diet)
→ We told her _____ _____ a healthy _____ .

⑨ Kelly는 그녀의 딸에게 긍정적이 되라고 가르쳤다. (be positive)
→ Kelly taught her daughter _____ _____ _____ .

⑩ 내 친구는 나에게 스트레스를 받지 말라고 충고했다. (not, get stressed)
→ My friends advised me _____ _____ _____ _____ .

TEST for Writing 서술형 시험에 써먹기

기본 서술형 01–10

[01-02] 다음 문장의 밑줄 친 동사를 알맞은 형태로 바꾸시오.
(각 1점)

01
The doctor advised me take vitamins.

→ _____

02
Mom didn't want me play the mobile game.

→ _____

[03-04] 다음 괄호 안에서 알맞은 것을 골라 쓰시오. (각 1점)

03
They encouraged me (doing / to do) some exercise.

→ _____

04
Gary advised them (quitting / to quit) eating unhealthy food.

→ _____

05 다음 주어진 우리말과 일치하도록 빈칸에 알맞은 말을 쓰시오. (1점)

그녀는 내가 수영을 할 수 있게 했다.

→ She enabled _____

06 괄호 안의 단어들을 바르게 배열하여 대화를 완성하시오. (2점)

A: Do you like the yoga class?
B: Yes. But (to / it / do / me / requires) difficult moves.

→ _____

07 다음 두 문장의 뜻이 같도록 빈칸에 알맞은 말을 쓰시오. (2점)

She told me, "Do not get up late."
= She told _____ _____ _____ _____ late.

08 다음 두 문장의 빈칸에 공통으로 들어갈 말을 쓰시오. (주어진 철자로 시작하여 쓸 것) (2점)

• Grandma, I want you to _____ healthy.
• She advised me to _____ a good diet.

→ k _____

09 다음 대화의 밑줄 친 우리말을 주어진 〈조건〉에 맞게 영어로 바르게 옮기시오. (2점)

A: When will Mina come back to Korea?
B: 나는 <u>그녀가 5월에 돌아올 거라 예상해</u>.

〈조건〉 expect, come back을 포함해 5형식으로 쓸 것

→ I _____.

10 다음 문장에서 <u>어색한</u> 곳을 찾아 바르게 고치시오. (2점)

Mom didn't allow me going out at night.

→ _____ → _____

수준별 서술형 11-13

11 주어진 어구를 순서대로 모두 사용해 영어 문장을 완성하시오. (필요하면 형태를 바꾸거나 단어를 추가할 것) (3점)

(1) (I, encouraged, she, take care of, her teeth)

→ _____

(2) (David, told, I, not, watch TV, all day)

→ _____

(3) (she, asked, they, not, get stressed)

→ _____

12 다음 영어 문장을 우리말로 바르게 옮기시오. (3점)

(1) I enabled him to go on a healthy diet.

→ _____

(2) Who taught you to play tennis?

→ _____

(3) He told me not to eat fast food.

→ _____

13 다음 각 질문에 대한 자신의 답을 영어 문장으로 쓰시오. (3점)

(1) Q: What do your parents not allow you to do?

A: _____

_____

(2) Q: What will you advise your friends to do for their health?

A: _____

고난도 서술형 14-15

14 다음 대화의 내용과 일치하도록 빈칸에 알맞은 말을 쓰시오. (3점)

Mira: Somi, I want to lose weight. What should I do?

Somi: You should do some exercise. And you should go on a healthy diet.

Mira: A healthy diet?

Somi: Yes. Try to eat fresh food like fruits and vegetables.

Somi told Mira how to lose weight. Somi told Mira (1) _____ .

And she advised Mira (2) _____

like fruits and vegetables.

15 다음은 지훈이가 반려견 보리를 위해 한 일들이다. 글에서 틀린 곳을 두 군데 찾아 바르게 고치시오. (3점)

Things to Do for Bori

☑ washing once a week

☑ feeding twice a day

☑ walking him every day

My parents told me to take care of our dog, Bori. They taught me wash and feed him by myself. They also expected me walking him every day. I realized Bori requires me to do many things.

(1) _____ → _____

(2) _____ → _____

Word Review

07
- [ ] allowance 용돈
- [ ] bank account 은행 계좌
- [ ] bakery 제과점
- [ ] chore (정기적인) 일
- [ ] dough 반죽
- [ ] earn 돈을 벌다
- [ ] hallway 복도
- [ ] laundry 세탁(물)
- [ ] owner 주인
- [ ] part-time job 시간제 일자리
- [ ] punishment 벌, 처벌
- [ ] quarter 4분의 1
- [ ] record 기록
- [ ] save 저축하다, 아끼다
- [ ] spending 지출
- [ ] track 경주로, 트랙
- [ ] truth 진실
- [ ] usual 평소의, 보통의
- [ ] volunteer work 봉사활동

08
- [ ] act 연기하다
- [ ] audience 관중
- [ ] beat (심장이) 고동치다
- [ ] blow 불다
- [ ] celebrate 축하하다
- [ ] contest 대회
- [ ] crowd 군중
- [ ] culture day 문화의 날
- [ ] moved 감동받은
- [ ] participant 참가자
- [ ] prize 상
- [ ] score 득점(하다)
- [ ] shout 소리치다
- [ ] speech 연설, 웅변
- [ ] steal 훔치다

09
- [ ] avoid 회피하다
- [ ] dentist 치과 의사
- [ ] diet 다이어트, 식이요법
- [ ] feed 먹이를 주다
- [ ] healthy 건강한
- [ ] late night snack 야식
- [ ] mind 정신, 마음
- [ ] mobile game 모바일 게임
- [ ] positive 긍정적인
- [ ] skinny 마른, 여윈
- [ ] skip 거르다, 빼먹다
- [ ] soft drink 탄산음료
- [ ] sound 건강한
- [ ] stressed 스트레스를 받은
- [ ] regularly 규칙적으로
- [ ] unhealthy 건강에 안 좋은
- [ ] weight 무게, 체중

More Words 알고 써먹기

● -un이 붙어 반대의 뜻을 나타내는 단어들 | usual (평소의, 보통의) ↔ unusual (이상한) | happy (행복한) ↔ unhappy (불행한) | healthy (건강에 좋은) ↔ unhealthy (건강에 안 좋은)

Mom told me not to eat ¹ _____ food. 엄마는 내게 건강에 안 좋은 음식을 먹지 말라고 말씀하셨다.

● 과거분사 형용사 (사람의 감정) | moved (감동받은) | stressed (스트레스 받은) | surprised (놀란) | interested (흥미 있는) | bored (지루한) | scared (겁에 질린) | excited (신나는)

We were ² _____ by their songs. 우리는 그들의 노래에 감동받았다.

I eat sweets when I get ³ _____. 나는 스트레스를 받을 때 달콤한 음식들을 먹는다.

Grammar Review 주어진 우리말을 참고하여 각 빈칸에 알맞은 말을 쓰세요.

써먹기 구문 | 07 사역동사

- 동사원형
  목적격보어

  My mom made me ¹ _____ the dishes.
  엄마는 내게 설거지를 하도록 시키셨다.

  The teacher had us ² _____ the problem.
  그 선생님은 우리가 그 문제를 풀게 하셨다.

- to부정사
  목적격보어

  Dad got me ³ _____ my allowance by myself.
  아빠는 내 용돈을 내 스스로 벌게 시키셨다.

  Did she force you ⁴ _____ in the room?
  그녀가 너를 방에 있도록 강요했니?

써먹기 구문 | 08 지각동사

- 동사원형
  목적격보어

  I heard someone ⁵ _____ my name.
  나는 누군가 내 이름을 부르는 것을 들었다.

  We saw the teacher ⁶ _____ down the word on the board.
  우리는 선생님이 그 단어를 보드에 적는 것을 보았다.

- 현재분사
  목적격보어

  The judge watched the participants ⁷ _____ on the stage.
  그 심판은 참가자들이 무대 위에서 춤추고 있는 것을 보았다.

  Mary noticed someone ⁸ _____ after her.
  Mary는 누군가 그녀의 뒤를 쫓고 있는 것을 알아챘다.

써먹기 구문 | 09 기타 5형식 동사

- to부정사
  목적격보어

  Mom wants me ⁹ _____ weight.
  엄마는 내가 체중을 줄이기를 원하신다.

  The doctor advised us ¹⁰ _____ meals regularly.
  그 의사는 우리에게 규칙적으로 식사하라고 충고했다.

  He expected me ¹¹ _____ a good score on the exam.
  그는 내가 시험에서 좋은 점수를 받길 기대했다.

Chapter 4

수동태와 분사구문 써먹기

3형식 문장의 수동태

수동태 전환 / 다양한 수동태

This pancake was made by Susan.
It was made of flour, sugar, egg, and butter.
It's very delicious, so it will be loved by everyone.
If she sells her food, I'm willing to pay for it.

● **수동태**   주어가 행위의 주체가 아닌 대상일 때 '수동태'로 나타냅니다.

● **수동태 전환**   타동사의 목적어가 문장의 주어가 되고, 동사를 「be+과거분사(p.p.)」 형태로 써서 나타냅니다.
(능동태의 주어는 「by+행위자」로 덧붙일 수 있습니다.)

능동태	Susan baked this bread. Susan이 이 빵을 구웠다. 　　주어　　　　목적어
수동태	This bread was baked _by Susan_. 이 빵은 Susan에 의해 구워졌다. 　주어(능동태의 목적어)　　　　by+행위자(능동태의 주어)

● **다양한 수동태**   수동태는 조동사나 진행형과도 함께 쓰일 수 있습니다.

조동사 수동태 (조동사+be+과거분사)	The onion soup can be eaten with fresh bread. 이 양파 수프는 신선한 빵과 함께 드실 수 있습니다.
진행형 수동태 (be동사+being+과거분사)	Your order is being processed in the kitchen. 당신의 주문은 지금 주방에서 처리되는 중입니다.

A 알맞은 것에 ✓ 표시하고, 각 문장을 완성하세요.

❶ The table was _____ by me, not by my sister. ☐ clean ☐ cleaned

❷ The sauce _____ mixed with olive oil and vinegar. ☐ was ☐ be

❸ This tea, which was _____ in Japan, is tasty. ☐ made ☐ make

❹ The flowers _____ delivered to Mrs. Brown. ☐ wasn't ☐ weren't

❺ Those mushrooms aren't _____ on a local farm. ☐ grew ☐ grown

❻ Fresh salad will be _____ as a starter. ☐ provided ☐ to provide

❼ Should the meat _____ cooked over high heat? ☐ is ☐ be

❽ Your food is _____ prepared in the kitchen. ☐ be ☐ being

B 괄호 안에 주어진 말을 활용하여 각 문장을 완성하세요.

❶ The chicken was just _____ _____ the chef. (cook, by)

❷ The cheese was _____ into cubes _____ me. (cut, by)

❸ The presents were _____ _____ us. (prepare, by)

❹ The pork can _____ _____ for grilling. (be, cut)

❺ The beef should _____ _____ cold for a while. (be, keep)

❻ Juice will _____ _____ with the sandwich. (be, serve)

❼ Eggs are _____ _____ in the pan over low heat. (be, scramble)

❽ The dishes were _____ _____ in the machine. (be, wash)

이건 알아두기!

EXPRESSIONS ▪ be made of: ~로 만들어지다(재료) ▪ be willing to: 기꺼이 ~하다
▪ pay for: ~의 값을 지불하다 ▪ mix A with B: A와 B를 섞다 ▪ be made in: ~에서 만들어지다 (생산지)
▪ over high[low] heat: 강한[약한] 불에서 ▪ cut into: ~ 모양으로 자르다 ▪ for a while: 잠시 동안
▪ serve A with B: B와 함께 A를 제공하다

✹ 다음 예시와 같이 문장을 바꿔 쓰세요.

> Example) Daisy **made** *the apple pie*.
> → _____*The apple pie* **was made by** *Daisy.*_____

❶ Dad caught the fish and cooked it.

→ _____

❷ We added toppings to the pizza.

→ _____

❸ They will order beef salad for their children.

→ _____

❹ Joe makes sandwiches on the weekend.

→ _____

❺ Jenny prepared a surprise party for her mother.

→ _____

> Example) He **is cooking** *the vegetables* for dinner.
> → _____*The vegetables* **are being cooked** *for dinner (by him).*_____

❻ The waiter was cleaning the table for us.

→ _____

❼ They are serving a variety of desserts to the guests.

→ _____

❽ We're using the space as a dining room.

→ _____

❾ I was making a shopping list for groceries.

→ _____

❿ The people are growing organic fruits on the farm.

→ _____

✳ 다음 예시와 같이 문장을 완성하세요.

> **Example)** 그 생선은 그날 내에 조리되어야 한다. (the day / cooked / should / the fish / be / within / .)
> → _____The fish should be cooked within the day._____

① 오늘 점심은 Sera에 의해 지불되었다. (by / lunch / was / today's / for / Sera / paid / .)

→ _____

② 그 버섯들은 Tom에 의해 길러진 것이 아니다. (mushrooms / grown / weren't / the / Tom / by / .)

→ _____

③ 그 식당은 많은 외국인들에 의해 방문되어진다. (is / foreigners / by / the / a lot of / visited / restaurant / .)

→ _____

④ 주요리와 함께 수프가 제공되나요? (a soup / with / main dish / the / served / be / will / ?)

→ _____

⑤ 이 사과들은 그들에 의해 세척될 것이다. (them / washed / these / be / will / by / apples / .)

→ _____

> **Example)** 이 수프는 소고기와 양파로 만들어졌다. (be made of)
> → This soup ___was___ ___made___ ___of___ beef and onions.

⑥ 이 쿠키는 프랑스에서 만들어진 것이 아니다. (be, made in)

→ This cookie _____ not _____ _____ France.

⑦ 채소들은 약한 불에서 쪄서 조리되어야 한다. (cook, low heat)

→ Vegetables should be steamed and _____ over _____ _____ .

⑧ 닭고기는 주사위 모양으로 썰어져야 하니? (cut into)

→ Should the chicken _____ _____ _____ cubes?

⑨ 밀가루는 물과 섞여서 반죽으로 만들어진다. (mix with)

→ Flour _____ _____ _____ water and made into dough.

⑩ 그것은 잠시 서늘한 곳에 두어야 한다. (keep, a while)

→ It should be _____ in a cool place for _____ _____ .

TEST for Writing 서술형 시험에 써먹기

기본 서술형 01-10

[01-02] 다음 주어진 동사를 활용하여 빈칸을 채우시오. (각 1점)

01

The bread _____ baked yesterday. (be)

→ _____

02

Was this pie _____ in England? (make)

→ _____

03 다음 문장을 수동태로 고쳐 쓸 때 빈칸에 알맞은 말을 쓰시오. (1.5점)

Jamie cleans the room every day.

→ The room _____ _____ by Jamie every day.

[04-05] 다음 주어진 우리말과 일치하도록 빈칸에 알맞은 말을 쓰시오. (수동태로 쓸 것) (각 1.5점)

04

그 생선 요리는 감자와 함께 먹어야 한다.

→ The fish dish should _____ _____ with a potato.

05

그 요리법은 지금 많은 사람들에 의해 사용되고 있다.

→ The recipe _____ _____ used by many people now.

06 다음 괄호 안의 단어들을 바르게 배열하여 대화를 완성하시오. (2점)

A: Can I have the seat by the window?
B: Sorry, but (by / someone / was / else / the seat / taken).

→ _____

07 다음 문장의 밑줄 친 부분을 어법상 올바른 형태로 쓰시오. (1.5점)

The dessert <u>will serve</u> after you finish the main dish.

→ _____

08 다음 빈칸 (A), (B)에 들어갈 말을 각각 쓰시오. (1.5점)

- The pizza's toppings were made __(A)__ ham and cheese.
- The beans were being cooked __(B)__ low heat.

(A) _____ (B) _____

09 다음 문장의 밑줄 친 우리말을 영어로 바르게 옮기시오. (주어진 어구를 사용할 것) (2점)

He is a famous writer, and <u>그의 책들은 많은 사람들에 의해 읽혀진다.</u> (read, lots of)

→ _____

10 다음 문장에서 <u>어색한</u> 곳을 찾아 바르게 고치시오. (1.5점)

The carrots were washed and cutting into pieces.

→ _____ _____

수준별 서술형 11-13

11 괄호 안의 지시대로 문장을 바꿔 쓰시오. (3점)

(1) We made the cake for Andy. (수동태)

→ _____

(2) The flour is mixed with milk. (조동사 will을 써서)

→ _____

(3) Glasses are not washed in the machine.
(현재진행형)

→ _____

12 다음 영어 문장을 우리말로 바르게 옮기시오. (3점)

(1) The drink should be kept in the refrigerator.

→ _____

(2) The tea is being served with a cookie.

→ _____

(3) Salad is not provided with the main dish.

→ _____

13 다음 각 질문에 대한 자신의 답을 영어 문장으로 쓰시오.
(3점)

(1) Q: Is your room cleaned by you?

A: _____

(2) Q: What is cheese toast made of?

A: _____

고난도 서술형 14-15

14 다음은 한 식당의 점심 메뉴이다. 이를 참고하여 밑줄 친 어구들을 사용해 글을 완성하시오. (3점)

Joseph's Restaurant
- Today's Lunch - * Main: Chicken pasta (+ soup or drink) * Dessert: vanilla ice cream

I ate lunch at Joseph's Restaurant today. The main dish was chicken pasta. A soup or drink (1) <u>be, include, on the menu</u>. I chose the soup. After the main dish, vanilla ice cream (2) <u>serve, as dessert</u>. It was delicious.

(1) _____

(2) _____

15 다음 그림을 참고하여, 글에서 <u>틀린</u> 곳을 <u>두 군데</u> 찾아 바르게 고치시오. (3점)

A peanut butter sandwich is made of bread and peanut butter. First, bread is cut into slices. Then it is toasted. Finally, a spoon of peanut butter is spreading on the bread. Sometimes it can eat with jam.

(1) _____ → _____

(2) _____ → _____

4, 5형식 문장의 수동태

4형식 문장의 수동태 / 5형식 문장의 수동태

STRUCTURE 알고 써먹기

Beethoven was given a gift for music.
He was made to learn music by his father.
However, he had a serious hearing problem.
Despite his problem, he wrote lots of excellent music.

● **4형식 문장의 수동태**
2개의 목적어(직접목적어와 간접목적어)를 갖는 4형식 문장은 각각을 주어로 하는 2개의 수동태 문장으로 전환할 수 있습니다.

4형식 문장	God **gave** <u>him</u> **a gift for music.** 신은 그에게 음악에 대한 재능을 주었다.
	간접목적어 직접목적어
수동태 1	He **was given** a gift for music. (간접목적어 him을 주어로)
수동태 2	A gift for music **was given to** him. (직접목적어 a gift for music을 주어로)

● **5형식 문장의 수동태**
목적격보어(to부정사/동사원형)를 가지는 5형식 문장은 수동태로 쓸 때 to부정사를 동반합니다.

5형식 문장	His father **made** <u>him</u> **study music.** 그의 아버지는 그가 음악을 배우게 했다.
	목적어 목적격보어
수동태	He **was made to study** music by his father. (be동사+과거분사+to부정사)

ex) She **was seen to listen** to his music. 그녀가 그의 음악을 듣는 것이 목격되었다.

Beethoven **was taught to play** the piano. 베토벤은 피아노 연주를 하도록 교육받았다.

A 알맞은 것에 ✓ 표시하고, 각 문장을 완성하세요.

① Picasso _____ given a gift for art.　　☐ be　　☐ was

② A gold medal was _____ to Jim in the competition.　　☐ award　　☐ awarded

③ An amazing movie was _____ to us yesterday.　　☐ showed　　☐ shown

④ The students _____ taught music twice a week.　　☐ was　　☐ are

⑤ We were _____ a chance to see his paintings.　　☐ given　　☐ give to

⑥ The athlete was told _____ in the hospital.　　☐ stay　　☐ to stay

⑦ The leader was expected _____ a speech.　　☐ to give　　☐ gave

⑧ Despite mistakes, I was allowed _____ the contest.　　☐ entering　　☐ to enter

B 괄호 안에 주어진 말을 활용하여 각 문장을 완성하세요.

① Some flowers were _____ _____ the winner. **(buy, for)**

② Yesterday, she _____ _____ an invitation to the exhibition. **(be, send)**

③ Was a trophy _____ _____ the musician? **(bring, to)**

④ He was _____ _____ as many novels as possible. **(ask, write)**

⑤ The children were _____ _____ during the concert. **(force, sit)**

⑥ The boy was _____ _____ the viola. **(tell, practice)**

⑦ Artists are _____ _____ masterpieces. **(encourage, create)**

⑧ The man will be _____ _____ the difficulties. **(expect, overcome)**

이건 알아두기!

EXPRESSIONS ▪ a gift for: ~에 대한 재능　▪ despite+명사: ~에도 불구하고　▪ be awarded to: ~에게 수여되다　▪ ~ times a day/week/month/year: 하루/한 주/한 달/일 년에 ~회[번]　▪ stay in the hospital: 병원에 입원하다　▪ give a speech: 연설을 하다　▪ as many ~ as possible: 가능한 많은 ~

💥 다음 예시와 같이 문장을 바꿔 쓰세요.

> Example) She **teaches** me art twice a week.
> → _____ I **am taught** art (by her) twice a week.

❶ Mr. Won showed us a lot of interesting photos.

→ _____

❷ The principal awarded him a trophy for his achievement.

→ _____

❸ The Nobel Prize winner will give us a speech.

→ _____

❹ Nathan brought the winner a bunch of roses.

→ _____

❺ They will show children the movie about Mozart.

→ _____

> Example) Mom **makes me take** piano lessons.
> → _____ I **am made to take** piano lessons (by Mom).

❻ The audience made him play the music to the end.

→ _____

❼ The doctor didn't advise Edith to stop singing.

→ _____

❽ His father expected Beethoven to be a great musician.

→ _____

❾ The coach saw Steve running on the track.

→ _____

❿ Anne taught Helen Keller to touch things and learn them.

→ _____

✹ 다음 예시와 같이 문장을 완성하세요.

Example) 그는 고갱에 의해 위대한 화가가 되도록 격려받았다. (to / encouraged / painter / a / was / be / great)

→ He _____was encouraged to be a great painter_____ by Gauguin.

❶ 그는 하이든과 모차르트에게 음악을 교수 받았다. (by / was / he / music / taught)

→ _____ Haydn and Mozart.

❷ 어려움에도 불구하고, 그는 대통령이 될 것으로 기대되었다. (president / to / was / he / expected / the / be)

→ Despite the difficulties, _____ .

❸ 그 다음 월요일에, 우리에게 한 장의 초대장이 보내졌다. (us / invitation / sent / an / to / was)

→ _____ the next Monday.

❹ 그녀가 강당에서 첼로를 켜는 것이 목격되었다. (play / was / she / to / seen / cello / the)

→ _____ in the hall.

❺ 그 선수들은 경기장에 입장하는 것이 허락되지 않을 것이다. (stadium / allowed / enter / won't / to / the / be)

→ The athletes _____ .

Example) 모네에게는 예술에 대한 재능이 주어졌다. (give, gift)

→ Monet ___was___ ___given___ a ___gift___ for art.

❻ 그 음악가는 병원에 입원하라는 말을 들었다. (stay, hospital)

→ The musician was told _____ _____ in the _____ .

❼ 청중들에게 그녀의 인생에 관한 훌륭한 연설이 들려졌다. (give, speech)

→ The audience _____ _____ a great _____ about her life.

❽ 그는 가능한 많은 연주회를 열 것이 요구되었다. (hold, as possible)

→ He was required _____ _____ as many concerts _____ _____ .

❾ 그 상은 청각 장애를 가진 그 소녀에게 주어졌다. (award, to)

→ The prize _____ _____ _____ the girl with the hearing problem.

❿ 그 모든 어려움에도 불구하고, Janet은 열심히 공부하도록 격려받았다. (despite, encourage)

→ _____ all the difficulties, Janet _____ _____ to study hard.

TEST for Writing 서술형 시험에 써먹기

기본 서술형 01-10

[01-02] 다음 주어진 동사를 활용하여 빈칸을 채우시오. (각 1점)

01

He was _____ a chance to learn music. (give)

→ _____

02

The young musician was seen _____ the piano. (play)

→ _____

03 다음 두 문장의 뜻이 같도록 빈칸에 알맞은 말을 쓰시오. (1.5점)

Ted gave me a book about Beethoven.
= A book about Beethoven was _____ _____ me by Ted.

→ _____

[04-05] 다음 주어진 우리말과 일치하도록 빈칸에 알맞은 말을 쓰시오. (각 1.5점)

04

그는 강당에서 연설을 하도록 요청되었다.

→ He was _____ _____ give a speech in the hall.

05

반 고흐는 시골에서 쉬라는 충고를 받았다.

→ Van Gogh _____ _____ to rest in the countryside.

06 다음 괄호 안의 단어들을 바르게 배열하여 대화를 완성하시오. (1.5점)

A: His father made him a great pianist.
B: Right. He (the piano / made / was / practice / to) every day.

→ _____

07 다음 빈칸 (A), (B)에 들어갈 말을 각각 쓰시오. (2점)

· I was advised to stay __(A)__ the hospital.
· The medal was awarded __(B)__ Anne.

(A) _____   (B) _____

08 다음 대화의 밑줄 친 우리말을 영어로 바르게 옮기시오. (주어진 어구를 활용할 것) (2점)

A: What time should we arrive at the hall?
B: Well, we 그곳에 도착하는 것이 예상된다 by 6.
(expect, get there)

→ _____

09 다음 문장에서 밑줄 친 동사를 알맞은 형태로 쓰시오. (1.5점)

Helen Keller encouraged to overcome difficulties by her teacher.

→ _____

10 다음 문장에서 어색한 곳을 찾아 바르게 고치시오. (1.5점)

Despite his disease, the painter was seen drawing pictures.

→ _____ _____

수준별 서술형 11–13

11 다음 문장들을 모두 수동태로 바꿔 쓰시오. (「by 행위자」는 생략할 것) (3점)

(1) Her mother made her learn to sing.

→ _____

(2) We saw him reading in the library.

→ _____

(3) Her friend encouraged her to write novels.

→ _____

12 다음 문장들을 밑줄 친 부분을 주어로 하는 수동태로 바꿔 쓰시오. (「by 행위자」는 생략할 것) (3점)

(1) God gave Dante a gift for writing.

→ _____

(2) They will send me an invitation.

→ _____

(3) The artist teaches us painting once a week.

→ _____

13 다음 각 질문에 대한 자신의 답을 영어 문장으로 쓰시오. (수동태를 포함할 것) (3점)

(1) Q: What are you told to do during the concert?

A: _____

(2) Q: What are you advised to do to achieve your goal?

A: _____

고난도 서술형 14–15

14 다음은 베토벤의 일생을 정리한 표이다. 이를 바탕으로 글을 완성하시오. (3점)

Childhood	learned to play the piano
Youth	- played music to make money - had a chance to learn music from Mozart and Haydn
Middle	wrote many symphonies

Beethoven was given a gift for music. In childhood, he was made (1) _____ the piano. In his teens, he was forced (2) _____ _____ to make money. Also, he was given a chance (3) _____ from Mozart and Haydn. Later, he wrote many symphonies.

15 다음 그림을 참고하여, 글에서 틀린 문장을 두 개 찾아 밑줄 긋고, 바르게 고쳐 쓰시오. (3점)

We went to the art gallery for a field trip. We were shown to the original paintings of Van Gogh. They were amazing. In the gallery, we were not allow to take pictures. My friends were seen to take some pictures.

(1) _____

(2) _____

분사구문

분사구문 전환 / 현재분사·과거분사 구문

STRUCTURE 알고 써먹기

Walking down the street, we met a group of foreigners.
Wearing green clothes, they marched down the street.
Printed on the flags, the clovers stand for a religious meaning.
St. Patrick's Day is a tradition of the Irish.

● **분사구문 전환**

시간(~ 할 때), 조건(~ 하면), 이유(~ 때문에), 동시동작(~ 하면서) 등을 나타내는 부사절은 분사구문으로 전환할 수 있습니다. 주절과 부사절의 주어가 같은 경우, 접속사와 주어를 생략하고 동사를 분사로 바꿉니다.

● **현재분사·과거분사 구문**

부사절의 주어와 동사와의 관계가 능동일 때, 현재분사 구문을 쓰고, 수동일 때 과거분사 구문을 씁니다.

부사절	**When we** marched down the street, **we** waved the flags. 접속사+주어+동사(능동)
현재분사 구문	Marching down the street, we waved the flags. 현재분사로 시작 (접속사+주어 생략) 거리를 행진할 때, 우리는 깃발을 흔들었다.

부사절	**Because I** was crowded by many people, I couldn't see the parade. 접속사+주어+동사(수동)
과거분사 구문	Crowded by many people, I couldn't see the parade. 과거분사로 시작 (접속사+주어+be동사 생략) 많은 사람들로 붐벼서, 나는 퍼레이드를 못 봤다.

A 알맞은 것에 ✔ 표시하고, 각 문장을 완성하세요.

① _____ Thailand, I enjoyed the Songkran Festival. ☐ Visited ☐ Visiting

② _____ a Spanish friend, I know about La Tomatina. ☐ Had ☐ Having

③ _____ with lights, the city glittered at night. ☐ Decorated ☐ Decorating

④ _____ by films, I went to Cannes Film Festival. ☐ Attracted ☐ Attracting

⑤ _____ the green flags, we celebrate St. Patrick's Day. ☐ Waved ☐ Waving

⑥ _____ as the water festival, it's famous for water fights. ☐ Knowing ☐ Known

⑦ _____ colorful costumes, the women were dancing. ☐ Wearing ☐ Worn

⑧ _____ in the mudflats, the city holds the mud festival. ☐ Locating ☐ Located

B 다음 밑줄 친 부분을 분사구문으로 바꾸어 쓰세요.

① <u>If you see the parade</u>, you'll be surprised. → _____

② <u>When we celebrate the day</u>, we wear green. → _____

③ <u>If you look for winter activities</u>, you should go to Sapporo. → _____

④ <u>While I learn about other cultures</u>, I make mistakes. → _____

⑤ <u>As it was loved by many people</u>, the festival lasted long. → _____

⑥ <u>When I was covered with mud</u>, I felt cool. → _____

⑦ <u>As he was dressed up as a ghost</u>, he scared people. → _____

⑧ <u>As it's surrounded by water</u>, the city is crowded with people. → _____

이건 알아두기!

EXPRESSIONS ▪ march down the street: 가두 행진을 벌이다 ▪ stand for: ~을 상징하다[의미하다]
▪ be attracted by: ~에 마음을 뺏기다 ▪ be known as: ~로 알려져 있다 ▪ be located in: ~에 위치하다
▪ look for: ~을 찾다[구하다] ▪ make a mistake: 실수를 하다 ▪ be surrounded by: ~로 둘러싸이다
▪ be crowded with: ~로 붐비다

💥 다음 예시와 같이 문장을 바꿔 쓰세요.

> Example) **While they were watching** fireworks, they celebrated a new year.
> → ___***Watching fireworks,** they celebrated a new year.___

❶ As they cook pumpkins, people enjoy the festival.

→ _____

❷ When I went to the light festival, I took many pictures.

→ _____

❸ As it started as a religious event, the Christmas festival long continued.

→ _____

❹ If you want to enjoy Halloween, you can go to the party.

→ _____

❺ After we got out of the crowd, we were covered with tomatoes.

→ _____

> Example) **As it is known** as the "tulip festival," it is held in spring.
> → ___***Known** as the "tulip festival," it is held in spring.___

❻ While we were covered with snow, we enjoyed the festival.

→ _____

❼ As he was born in England, St. Patrick was a religious person.

→ _____

❽ As it is celebrated by lots of people, Carnival is the biggest festival in Brazil.

→ _____

❾ After it was built in Paris, the Eiffel Tower became a symbol of the city.

→ _____

❿ Because it is surrounded by green trees, the town is beautiful.

→ _____

💥 다음 예시와 같이 문장을 완성하세요.

> **Example)** 행운을 상징하기에, 네 잎 클로버는 사랑받는다. (good / for / luck / standing)
> → ___*Standing for good luck*___ , the four-leaf clover is loved.

1 마녀 복장을 하고, 나는 그 핼러윈 파티에 갔다. (witch / up / dressed / a / as)

→ _____, I went to the Halloween party.

2 녹색 모자를 쓰고, 그녀는 그 퍼레이드에 참여했다. (hat / green / wearing / a)

→ _____, she participated in the parade.

3 수많은 장미들로 장식되어져, 그 축제는 6월에 열린다. (with / a lot / decorated / roses / of)

→ _____, the festival is held in June.

4 여름에 한국에서 여행하는 동안, 그들은 진흙 축제에 가길 원한다. (during / traveling / Korea / in / summer)

→ _____, they want to go to the mud festival.

5 눈의 축제라고 알려져, 그것은 많은 사람들을 삿포로로 끌어들인다. (as / festival / the / known / snow)

→ _____, it attracts many people to Sapporo.

> **Example)** 아름다운 의상을 입고, 그들은 거리를 행진했다. (march down, street)
> → Wearing beautiful costumes, they ___*marched*___ ___*down*___ the ___*street*___ .

6 '핼러윈'으로 알려진 10월 31일은 아이들에게 인기 있다. (know, as, popular)

→ _____ _____ "Halloween," October 31st is _____ with children.

7 상징으로 사용되면, 초록색은 아일랜드를 의미한다. (use, stand for)

→ _____ as a symbol, the color green _____ _____ Ireland.

8 그녀의 친구를 찾다가, Tara는 군중 속에서 길을 잃었다. (look for, lost)

→ _____ _____ her friend, Tara got _____ in the crowd.

9 실수를 해서, 나는 나의 외국인 친구에게 사과했다. (make a mistake)

→ _____ _____ _____, I apologized to my foreign friend.

10 방문객들로 붐벼서, 그 성은 주중에 혼잡하다. (crowded with, busy)

→ _____ _____ visitors, the castle is _____ on weekdays.

TEST for Writing 서술형 시험에 써먹기

기본 서술형 01-10

[01-02] 다음 주어진 동사를 활용하여 빈칸을 채우시오. (각 1점)

01
_____ down the street, I met my cousin.
(march)

→ _____

02
_____ with snow, the mountain looked nice. (cover)

→ _____

03 다음 괄호 안에서 알맞은 것을 골라 쓰시오. (1.5점)

(Allowed / Allowing) to participate in the festival, I was very excited.

→ _____

[04-05] 다음 주어진 우리말과 일치하도록 빈칸에 알맞은 말을 쓰시오. (분사구문으로 쓸 것) (각 1.5점)

04
카니발을 보면서, 나는 많은 사진을 찍었다.

→ _____ Carnival, I _____ many pictures.

05
많은 사람들로 붐벼서, 그 도시는 매우 분주했다.

→ _____ _____ many people, the city was very busy.

06 다음 괄호 안의 단어들을 바르게 배열하여 문장을 완성하시오. (1.5점)

A: What did you do on Halloween?
B: (up / dressed / vampire / as / a), I scared people.

→ _____

07 다음 문장의 밑줄 친 우리말을 영어로 바르게 옮기시오. (주어진 표현을 활용해 분사구문으로 쓸 것) (2점)

문을 두드리고 나서, the children asked for candy.
(knock on)

→ _____

08 다음 두 문장의 빈칸에 공통으로 들어갈 말을 쓰시오. (1.5점)

• Looking _____ the key, he found a coin.
• Standing _____ "peace," the "V" sign is widely used.

→ _____

09 다음 두 문장의 뜻이 같도록 빈칸에 알맞은 말을 쓰시오. (2점)

While they were singing together, the girls had a fun time.
= _____ _____, the girls had a fun time.

10 다음 문장에서 어색한 곳을 찾아 바르게 고치시오. (1.5점)

Knowing as Songkran, the water festival is very popular.

_____ → _____

수준별 서술형 **11-13**

11 밑줄 친 부분을 분사구문으로 바꾸어 문장을 다시 쓰시오. (3점)

(1) <u>After I danced at the festival,</u> I felt hungry.

→ _____

(2) <u>As he was covered with mud,</u> he couldn't see well.

→ _____

(3) <u>While we were staying in the Netherlands,</u> we experienced the tulip festival.

→ _____

12 다음 영어 문장을 우리말로 바르게 옮기시오. (3점)

(1) Surrounded by the sea, the country is beautiful.

→ _____

(2) Making a mistake, I apologized to Mom.

→ _____

(3) Known as the ice festival, it is held in winter.

→ _____

13 괄호 안에 주어진 말을 모두 사용하여 각 대화를 완성하시오. (필요한 단어를 보충하여 분사구문으로 쓸 것) (3점)

(1) A: Why do people go to the winter festival?

B: _____

(have, lots of snow, exciting, activities)

(2) A: How can you have fun during La Tomatina?

B: _____

(throw tomatoes, each other, have fun)

고난도 서술형 **14-15**

14 다음은 St. Patrick's Day에 관해 조사한 표이다. 이를 참고하여 글을 완성하시오. (3점)

Origin	started in 1737, in Boston
Date	March 17
Symbol	Three-leaf clovers stand for a religious meaning.
What People Do	- wearing green clothes - marching down the street

(1) _____ in Boston, St. Patrick's Day is special. It is on March 17. Standing for (2) _____, three-leaf clovers are used everywhere. (3) _____ _____, people march down the street.

15 다음 그림을 참고하여 글에서 틀린 곳을 두 군데 찾아 바르게 고치시오. (3점)

Stayed in Korea last summer, I went to Boryeong. Being famous for the mud festival, the beach was crowded with people. Covering with mud, we had a great time. Given a chance, I'll visit the festival again.

(1) _____ → _____

(2) _____ → _____

Word Review

10
- [ ] cube 정육면체
- [ ] deliver 배달하다
- [ ] dessert 후식, 디저트
- [ ] dining room 식당
- [ ] farm 농장
- [ ] grocery 식료품
- [ ] grow 기르다, 재배하다
- [ ] local 지역의
- [ ] machine 기계
- [ ] main dish 주요리
- [ ] order 주문(하다)
- [ ] organic 유기농의
- [ ] process 처리하다
- [ ] recipe 조리법
- [ ] scramble 휘저어 스크램블을 만들다
- [ ] serve 제공하다, 차려내다
- [ ] shopping list 쇼핑 목록
- [ ] space 공간
- [ ] spread 펼치다, 바르다
- [ ] starter 전채 요리
- [ ] steam (음식을) 찌다
- [ ] toast 토스트; (토스터에) 굽다
- [ ] topping (위에 얹는) 고명
- [ ] variety 여러 가지, 다양함
- [ ] vinegar 식초

11
- [ ] achievement 성취, 성과
- [ ] athlete 운동선수
- [ ] award 수여하다
- [ ] coach 감독, 코치
- [ ] competition 경쟁
- [ ] countryside 시골, 전원 지역
- [ ] despite ~에도 불구하고
- [ ] difficulty 어려움
- [ ] excellent 뛰어난
- [ ] exhibition 전시회
- [ ] gift 재능
- [ ] hearing 청력, 청각
- [ ] invitation 초대장
- [ ] masterpiece 걸작, 명작
- [ ] original 원래의, 원작의
- [ ] overcome 극복하다
- [ ] president 대통령
- [ ] principal 교장
- [ ] rest 휴식을 취하다
- [ ] stadium 경기장
- [ ] symphony 교향곡

12
- [ ] apologize 사과하다
- [ ] attract 끌어들이다
- [ ] celebrate 기념하다, 축하하다
- [ ] continue 계속하다[되다]
- [ ] costume 의상, 복장
- [ ] fireworks 불꽃놀이
- [ ] glitter 반짝반짝 빛나다
- [ ] march 행진하다
- [ ] mud 진흙, 진창
- [ ] mudflat 갯벌
- [ ] parade 퍼레이드, 행렬
- [ ] participate 참가하다
- [ ] popular 인기 있는
- [ ] religious 종교적인
- [ ] scare 무섭게 하다
- [ ] surround 둘러싸다
- [ ] symbol 상징
- [ ] tradition 전통

More Words 알고 써먹기

- **-tion 형태의 명사** | **competition** (경쟁) | **invitation** (초대장) | **tradition** (전통) | **celebration** (축하) | **participation** (참가)

  The festival is a ¹ _____ in the country. 그 축제는 그 나라 전통이다.

- **요리 관련 동사** | **cut** (썰다, 자르다) | **mix** (섞다) | **fry** (튀기다) | **grill** (굽다) | **boil** (끓이다) | **steam** (찌다) | **toast** (토스터에 빵을 굽다) | **spread** (버터, 잼 등을 펴 바르다)

  The fish should be ² _____ . 그 생선은 쪄야 한다.

Grammar Review 주어진 우리말을 참고하여 각 빈칸에 알맞은 말을 쓰세요.

써먹기 구문 | 10 3형식 문장의 수동태

- **수동태 전환**

  This waffle was ¹ _____ by Yuna.
  이 와플은 유나에 의해 요리되었다.

  His pancakes are loved ² _____ everyone.
  그의 팬케이크는 모두에 의해 사랑받는다.

- **다양한 수동태**

  The soup ³ _____ eaten with this steak.
  이 스테이크와 함께 수프를 드실 수 있습니다.

  Your salad is ⁴ _____ made in the kitchen.
  당신의 샐러드는 주방에서 만들어지는 중입니다.

써먹기 구문 | 11 4, 5형식 문장의 수동태

- **4형식 문장의 수동태**

  The painter ⁵ _____ given a gift for art.
  그 화가는 예술에 대한 재능을 부여 받았다.

  A chance to learn music will be given ⁶ _____ him.
  음악을 배울 기회가 그에게 주어질 것이다.

- **5형식 문장의 수동태**

  They were made ⁷ _____ the math exam.
  그들은 그 수학 시험을 치르도록 만들어졌다.

  She will be ⁸ _____ to sing on the stage.
  그녀가 무대 위에서 노래하는 것이 보여질 것이다.

써먹기 구문 | 12 분사구문

- **현재분사 구문**

  ⁹ _____ down the street, they greeted us.
  길을 걸어 내려가면서, 그들은 우리에게 인사했다.

- **과거분사 구문**

  ¹⁰ _____ with mud, we had a great time at the beach.
  진흙에 뒤덮여, 우리는 그 해변에서 멋진 시간을 보냈다.

Chapter 5

to부정사 구문과
강조구문 써먹기

가주어와 진주어

가주어 it / 의미상의 주어

STRUCTURE 알고 써먹기

It's difficult to talk with foreigners.
Tada! This is a translation app.
But the app doesn't teach us culture or feelings.
So, it's still important for us to learn English.

● **가주어 it**   문장의 주어 자리에 to부정사구가 오는 경우, 주어 자리에 가주어 it을 쓰고 진주어 to부정사구는 문장 뒤로 보냅니다.

> To learn about foreign cultures is very important. 외국 문화에 대해 배우는 것은 매우 중요하다.
> 　　주어(to부정사구)
> → It is very important to learn about foreign cultures.
> 　가주어　　　　　　　　　　　　　진주어(to부정사구)

● **의미상의 주어**   진주어 to부정사 앞에 「for+사람(목적격)」 형태의 의미상의 주어를 표시할 수 있습니다.

ex) It wasn't difficult *for Hojin* to speak in English.
　　호진이가 영어로 이야기하는 것은 어렵지 않았다.

Isn't it easy *for them* to learn the Korean language?
그들이 한국어를 배우는 것은 쉽지 않니?

A 알맞은 것에 ✓ 표시하고, 각 문장을 완성하세요.

❶ _____ is difficult to memorize Chinese characters. ☐ He ☐ It

❷ _____ is helpful for you to speak French in Africa. ☐ It ☐ What

❸ Is it fun to _____ in touch with your foreign friend? ☐ keep ☐ keeps

❹ It's great _____ the culture as well as the language. ☐ learn ☐ to learn

❺ Isn't it easy to _____ Italian into Korean? ☐ translate ☐ translating

❻ It's common _____ them to speak Spanish. ☐ of ☐ for

❼ It was good for _____ to use English at the airport. ☐ us ☐ our

❽ It was hard for _____ to find a Russian translator. ☐ he ☐ him

B 괄호 안에 주어진 말을 활용하여 각 문장을 완성하세요.

❶ _____ isn't easy _____ a British English accent. **(it, understand)**

❷ _____ was simple _____ the app and use it. **(it, download)**

❸ Is _____ useful _____ a translation app? **(it, have)**

❹ _____ wasn't easy for _____ to become familiar with the culture. **(it, they)**

❺ It was difficult for _____ _____ with people in India. **(I, communicate)**

❻ It isn't hard for _____ _____ the English test. **(he, pass)**

❼ Is it important for _____ _____ to learn about their culture? **(we, try)**

❽ It was unusual for _____ _____ friends with foreigners. **(she, become)**

이건 알아두기!

EXPRESSIONS ▪ keep in touch with: ~와 연락을 유지하다 ▪ A as well as B: B뿐만 아니라 A도 ▪ translate A into B: A를 B로 번역하다 ▪ download an app: 앱을 다운로드 하다 ▪ become familiar with: ~에 친숙해지다 ▪ communicate with: ~와 의사소통하다

💥 다음 예시와 같이 문장을 바꿔 쓰세요.

> **Example)** **To talk with a foreigner** is not easy.
> → _____ _It_ is not easy **to talk with a foreigner**.

❶ To learn a foreign language is helpful.

→ _____

❷ To drive in another country is not easy.

→ _____

❸ To know about our own culture is important.

→ _____

❹ To memorize the alphabet within a day is not possible.

→ _____

❺ To speak Spanish is common in those countries.

→ _____

> **Example)** It was not easy to accept the English test result. (Tina)
> → _____ It was not easy **for Tina** to accept the English test result.

❻ It was hard to understand Korean culture at first. (Josh)

→ _____

❼ It is sometimes difficult to communicate at the airport. (foreigners)

→ _____

❽ It wasn't natural to use any language except for English. (she)

→ _____

❾ Was it helpful to have the map application? (you)

→ _____

❿ Is it unusual to invite friends home on the weekend? (they)

→ _____

✹ 다음 예시와 같이 문장을 완성하세요.

> **Example)** 그들의 감정을 이해하는 것이 중요하다.
> (feelings / important / it / their / is / to understand / .)
> → _____*It is important to understand their feelings.*_____

① 외국 문화에 친숙해지는 것은 쉽지 않다. (cultures / to become / isn't / familiar / it / foreign / with / easy / .)

→ _____

② 외국인들이 한국어 단어를 읽는 것은 어렵다. (for / words / difficult / to read / it's / foreigners / Korean / .)

→ _____

③ 그들이 프랑스어로 말하는 것은 쉽지 않았다. (for them / in French / to speak / easy / wasn't / it / .)

→ _____

④ 내가 번역에 그 앱을 사용하는 것이 가능하니? (in translation / it / the app / is / to use / for me / possible / ?)

→ _____

⑤ 그곳에서 네가 스마트폰을 가진 것이 유용하지 않았니?
(to have / useful / it / a smartphone / for you / there / wasn't / ?)

→ _____

> **Example)** 그 사전 앱을 다운로드 받는 것은 쉽다. (download, app)
> → It is easy ____*to*____ *download* the dictionary ___*app*___ .

⑥ 그 언어뿐 아니라 그 문화를 배우는 것도 중요하다. (learn, as well)

→ It's important _____ _____ the culture _____ _____ as the language.

⑦ 온라인으로 외국인 친구들과 연락을 유지하는 것은 쉽다. (keep in touch)

→ It's easy _____ _____ _____ _____ with foreign friends online.

⑧ 너는 그들과 영어로 의사소통하는 것이 가능하니? (communicate with)

→ Is it possible for you _____ _____ _____ them in English?

⑨ 일본어를 한국어로 번역하는 것은 쉽니? (translate, into)

→ Is _____ easy _____ _____ Japanese _____ Korean?

⑩ 그녀는 중국어 억양에 익숙해지는 것이 어렵다. (become familiar)

→ It's difficult for her _____ _____ _____ with Chinese accents.

TEST for Writing 서술형 시험에 써먹기

기본 서술형 01-10

[01-02] 다음 괄호 안에 주어진 말을 활용하여 문장을 완성하시오. (각 1점)

01

It is helpful _____ English. (learn)

→ _____

02

It was not easy for _____ to speak Korean. (they)

→ _____

03 다음 문장을 고쳐 쓸 때 빈칸에 알맞은 말을 쓰시오. (1.5점)

To understand a foreign culture is difficult.

→ _____ is _____ to understand a foreign culture.

[04-05] 다음 주어진 우리말과 일치하도록 빈칸에 알맞은 말을 쓰시오. (각 1.5점)

04

하루 안에 그 영어 단어들을 모두 외우는 것은 불가능하다.

→ It is impossible _____ _____ all the English words within a day.

05

Carrie가 주말에 도서관에 가는 것은 흔치 않다.

→ It is unusual _____ Carrie _____ to the library on the weekend.

06 다음 괄호 안의 단어들을 바르게 배열하여 대화를 완성하시오. (2점)

A: Did you take the English test?
B: Yes. But it's (accept / for / difficult / me / to) the test result.

→ _____

07 다음 문장의 밑줄 친 부분을 어법상 올바른 형태로 쓰시오. (1.5점)

Is it possible <u>he</u> to learn Chinese within 3 months?

→ _____

08 다음 두 문장의 빈칸에 공통으로 들어갈 말을 쓰시오. (1.5점)

- It is important to communicate _____ others.
- Isn't it difficult to become familiar _____ a new culture?

→ _____

09 다음 문장의 밑줄 친 우리말을 영어로 바르게 옮기시오. (주어진 어구를 사용할 것) (2점)

It is sometimes helpful <u>네가 그 앱을 사용하는 것</u>. (you, use, app)

→ _____

10 다음 문장에서 <u>어색한</u> 곳을 찾아 바르게 고치시오. (1.5점)

What is hard for me to learn English writing skills.

_____ → _____

수준별 서술형 11–13

11 「가주어 it, 진주어 to부정사 구문」을 써서 다음 문장들을 다시 쓰시오. (3점)

(1) To make foreign friends is interesting.

→ _____

(2) To write an English journal was helpful.

→ _____

(3) To download the translation app is difficult.

→ _____

12 다음 영어 문장을 우리말로 바르게 옮기시오. (3점)

(1) It's not easy to understand their feelings.

→ _____

(2) It is important to learn the culture as well as the language.

→ _____

(3) Is it possible for you to keep in touch with us?

→ _____

13 다음 각 영어 질문에 대한 답을 완성하시오. (주어진 말을 포함할 것) (3점)

(1) Q: Is it easy for you to learn Chinese?

A: No. It is _____.
(difficult, me, learn)

(2) Q: What makes Chinese difficult to learn?

A: It is _____.
(impossible, memorize, all the characters)

고난도 서술형 14–15

14 다음은 스마트폰 어플리케이션 광고이다. 이를 참고하여 글을 완성하시오. (3점)

> **EZ Translator**
> - for all smartphone users -
> * very easy to download
> * cheaper than using a human translator
> * helpful to use in any foreign country

You don't need to learn foreign languages any more. Just download *EZ Translator* and try it!

It is (1) _____ the app.

It is cheaper than using a human translator.

It will be helpful (2) _____

_____ .

15 다음 그림을 참고하여, 글에서 틀린 문장을 두 개 찾아 밑줄 긋고 바르게 고쳐 쓰시오. (3점)

I went to Gyeongbokgung with my friend, Sumin. A foreigner came up to us and said something. It was difficult for me understand what he said. But Sumin understood him and said okay. It was easy for she to speak in English.

(1) _____

(2) _____

써먹기 구문 | 14

to부정사 구문

의문사+to부정사 / too ~ to부정사, ~ enough to부정사

STRUCTURE 알고 써먹기

I didn't know how to do the vacation homework.
Then I signed up for a volunteer work camp in Thailand.
The weather there was too hot to breathe.
But my will was strong enough to overcome the bad weather!

● **의문사 + to부정사**   문장 안에서 명사를 대신하여 주어, 목적어, 보어로 쓰입니다.
명사절 「의문사+주어+should+동사원형 ~」의 형태로 바꿔 쓸 수 있습니다.

ex) I'm not sure what to do for the people. (= what I should do)
나는 그 사람들을 위해 무엇을 해야 할지 잘 모르겠다.

She taught me how to set up a tent. (= how I should set up)
그녀는 나에게 천막을 어떻게 치는지 가르쳐 주었다.

● **to부정사 구문**   to부정사를 이용한 다음과 같은 구문이 자주 쓰입니다.

구문	의미	유사 구문
too+형용사/부사 + to부정사	너무 ~해서 …할 수 없는	so ~ that+주어+can't+동사원형
형용사/부사 + enough to부정사	~할 정도로 충분히 …한/하게	so ~ that+주어+can+동사원형

ex) The child is too hungry to walk. (= The child is so hungry that he can't walk.)
그 아이는 너무 배가 고파서 걸을 수 없다.

The boy is strong enough to carry the box. (= The boy is so strong that he can carry the box.) 그 남자아이는 그 상자를 옮길 수 있을 만큼 충분히 힘이 세다.

A 알맞은 것에 ✔ 표시하고, 각 문장을 완성하세요.

① At first, I asked him how _____ up for the camp.　　☐ sign　☐ to sign

② Mr. Park let me know _____ to leave for Thailand.　　☐ when　☐ why

③ We didn't know what _____ for the soup kitchen.　　☐ cooking　☐ to cook

④ Do you know _____ set up a tent?　　☐ how about　☐ how to

⑤ We were too tired _____ walk around.　　☐ to　☐ too

⑥ The people were _____ weak to work.　　☐ too　☐ enough

⑦ The food wasn't good enough _____ out to them.　　☐ to giving　☐ to give

⑧ Volunteers were willing enough _____ people.　　☐ to help　☐ helping

B 괄호 안에 주어진 말을 활용하여 각 문장을 완성하세요.

① On arriving, we didn't know _____ _____ first.　**(what, do)**

② Jane taught us _____ _____ with the situation.　**(how, deal)**

③ Did you learn _____ _____ the mud out?　**(how, clean)**

④ I had difficulty in deciding _____ _____.　**(whom, help)**

⑤ The camp was too _____ _____, so I asked for help.　**(far, walk)**

⑥ The weather was too _____ _____ outside.　**(humid, work)**

⑦ The water wasn't clean _____ _____.　**(enough, drink)**

⑧ They were _____ enough _____ me up.　**(kind, cheer)**

이건 알아두기!

EXPRESSIONS ▪ sign up for: ~에 등록하다　▪ be sure: ~을 확신하다　▪ set up: ~을 세우다[설치하다]
▪ at first: 우선, 먼저　▪ give ~ out: ~을 나누어주다　▪ be willing to: 기꺼이 ~하다　▪ on -ing: ~하자마자
▪ deal with: ~을 처리하다　▪ have difficulty (in) -ing: ~하는 데 어려움을 겪다　▪ ask for help: 도움을
요청하다　▪ cheer ~ up: ~에게 용기를 북돋우다

💥 다음 예시와 같이 문장을 바꿔 쓰세요.

> **Example)** We asked him **where to stay** in Thailand.
> → _____*We asked him* ***where we should stay*** *in Thailand.*_____

❶ Frank didn't know what to do in the soup kitchen.

→ _____

❷ We learned how to cook food for the children.

→ _____

❸ The staff taught me when to pull up the rope.

→ _____

❹ They knew where to take the bus to the town.

→ _____

❺ I wasn't sure whom to help first in the village.

→ _____

> **Example)** The weather is **too hot for us to walk** outside.
> → _____*The weather is* ***so hot that we can't walk*** *outside.*_____

❻ The children were too poor to go to school.

→ _____

❼ You are too young to participate in the camp.

→ _____

❽ It's raining too heavily for them to go camping.

→ _____

❾ She is smart enough to remember the word.

→ _____

❿ The people are eager enough to build a school building.

→ _____

TRAINING ③ 영어 문장 완성하기

💥 다음 예시와 같이 문장을 완성하세요.

> **Example)** 너는 봉사활동을 어디서 등록하는지 아니? (volunteer work / to sign / for / up / where)
>
> → Do you know ___*where to sign up for volunteer work*___ ?

1 그는 그 마을에 어떻게 가야 하는지 우리에게 알려 주었다. (the / get / to / how / village / to)

→ He showed us _____ .

2 그곳 날씨는 너무 습해서 빨래를 말릴 수 없다. (the / dry / humid / too / laundry / to)

→ The weather there is _____ .

3 그들은 너무 가난해서 그 약을 살 수 없었다. (poor / the / buy / that / so / couldn't / they / medicine)

→ They were _____ .

4 나는 그 캠프에 무엇을 가져가야 할지 결정할 수 없었다. (should / what / the / I / to / bring / camp)

→ I couldn't decide _____ .

5 그 캠프는 우리가 시내에서 걸어가도 될 만큼 충분히 가까웠다. (walk / for / enough / to / us / close / was)

→ The camp _____ from downtown.

> **Example)** 나는 그들에게 천막을 어떻게 치는지 가르쳐 주었다. (set up, tent)
>
> → I taught them how ___*to*___ ___*set*___ ___*up*___ the ___*tent*___ .

6 그는 누구에게 도움을 청해야 할지 몰랐다. (ask for help)

→ He didn't know whom _____ _____ _____ _____ .

7 너는 내가 그들을 어떻게 위로해야 할지 아니? (cheer up)

→ Do you know how I _____ _____ them _____ ?

8 우리는 무슨 일을 먼저 할지 결정하는 데 어려움을 겪었다. (have difficulty)

→ We _____ _____ in deciding _____ to do first.

9 내 음식은 아이들에게 나누어줄 정도로 맛있지가 않았다. (enough, give out)

→ My food wasn't tasty _____ _____ _____ _____ to the kids.

10 먼저, 우리는 진흙을 닦아 내는 법을 배웠다. (at first, clean)

→ _____ _____ , we learned how _____ _____ the mud out.

TEST for Writing 서술형 시험에 써먹기

기본 서술형 01-10

[01-02] 다음 주어진 동사를 활용하여 빈칸을 채우시오. (각 1점)

01

Do you know how _____ them? (help)

→ _____

02

The tent was too small _____ in. (live)

→ _____

03 다음 두 문장의 뜻이 같도록 빈칸에 알맞은 말을 쓰시오. (1.5점)

The girl is smart enough to remember us.
= The girl is _____ _____ _____ she can remember us.

→ _____

[04-05] 다음 주어진 우리말과 일치하도록 빈칸에 알맞은 말을 쓰시오. (각 1.5점)

04

우리는 그 아이들을 위해 무엇을 먼저 해야 할지 몰랐다.

→ We didn't know _____ _____ _____ first for the children.

05

주말에 날씨가 너무 나빠서 외출할 수 없었다.

→ On the weekend, the weather was _____ bad _____ _____ out.

06 다음 괄호 안의 단어들을 바르게 배열하여 대화를 완성하시오. (2점)

A: Can I drink the water in the bottle?
B: Yes. It (drink / clean / is / enough / to).

→ _____

07 다음 두 문장의 빈칸에 공통으로 들어갈 말을 쓰시오. (1.5점)

• She knows how to sign up _____ the camp.
• Where should I ask _____ help?

→ _____

08 다음 대화의 밑줄 친 우리말을 영어로 바르게 옮기시오. (주어진 어구를 활용할 것) (2점)

A: What can I do for the children in the camp?
B: Well, you can 그들에게 영어로 말하는 법을 가르치다. (teach, how, speak)

→ _____

09 다음 문장에서 밑줄 친 동사들을 각각 알맞은 형태로 쓰시오. (1.5점)

They were too young (A) help us (B) paint the wall.

(A) _____ (B) _____

10 다음 문장에서 어색한 곳을 찾아 바르게 고치시오. (1.5점)

At the airport, we couldn't find where should go.

_____ → _____

수준별 서술형 11–13

11 다음 문장들을 괄호 안의 지시대로 바꿔 쓰시오. (3점)

(1) She knew how she should deal with the situation. (「의문사+to부정사」를 써서)

→ _____

(2) They are too poor to buy new houses.
(「so ~ that+주어+can't…」를 써서)

→ _____

(3) The wall is strong enough to block the wind.
(「so ~ that+주어+can…」을 써서)

→ _____

12 다음 영어 문장을 우리말로 바르게 옮기시오. (3점)

(1) The village was too far to walk from downtown.

→ _____

(2) Her will was strong enough to overcome the problems.

→ _____

(3) I have difficulty in deciding what to bring to the camp.

→ _____

13 다음 각 영어 질문에 대한 답을 완성하시오. (주어진 어구를 포함할 것) (3점)

(1) Q: Do you have any plans for the vacation?
A: No. _____

_____ during the vacation. (I, sure, what, do)

(2) Q: Are you interested in overseas volunteer work?
A: Yes, I am. But I don't know _____

_____. (where, sign up for)

고난도 서술형 14–15

14 다음 봉사활동 계획표를 바탕으로 글을 완성하시오.
(「의문사+to부정사」를 쓸 것) (3점)

Where	a small village in Taiwan
Whom	the people who lost their homes due to the earthquake
What	– help the people set up their tents – learn how to take care of the children

I went to a small village in Taiwan. I asked the teacher (1) _____. She told me to help the people who lost their homes due to the earthquake. She taught me (2) _____. I helped the people set up their tents. Also, I learned (3) _____ care of the children.

15 다음 그림을 참고하여, 글에서 틀린 문장을 두 개 찾아 밑줄 긋고 바르게 고쳐 쓰시오. (3점)

Last Sunday, we worked in a soup kitchen. I helped cook the food. But it wasn't enough delicious to give out. My friend, Juho, carried water bottles. The bottles were to heavy too carry alone. We didn't know how to deal with the situation. It was a long day.

(1) _____

(2) _____

써먹기 구문 | 15

강조구문

It ~ that 강조구문 / 동사 강조

STRUCTURE 알고 써먹기

It is the Big Bang Theory that explains the birth of the universe.
It was Gamow who first created the theory in 1946.
Many other scientists disagreed with his theory.
After some time, his theory did become the most popular theory.

● **It ~ that 강조구문**   문장에서 강조하려는 어구(주어, 목적어, 부사구)를 It is/was ~ that 사이에 넣어 강조구문을 만들 수 있습니다. ('~한 것은 바로 …이다'라고 해석합니다.)

Edwin Hubble discovered the law in 1929. 에드윈 허블은 1929년에 그 법칙을 발견했다.

1. 주어 강조	**It** was Edwin Hubble **that** discovered the law in 1929.
2. 목적어 강조	**It** was **the law that** Edwin Hubble discovered in 1929.
3. 부사구 강조	**It** was **in 1929 that** Edwin Hubble discovered the law.

※ that 대신 강조어가 사람이면 who(m), 사물이면 which, 시간의 부사구이면 when, 장소의 부사구이면 where를 쓸 수 있습니다.

● **동사 강조**   「do(es)/did+동사원형」을 사용해 일반동사를 강조할 수 있습니다.

ex) He thinks that the universe *does* expand.
그는 우주가 확실히 팽창한다고 생각한다.

Some astronomers *did* support the theory, but others were against it.
몇몇 천문학자들은 그 이론을 매우 지지했지만, 다른 이들은 그것에 반대했다.

A 알맞은 것에 ✓ 표시하고, 각 문장을 완성하세요.

❶ _____ was in 1957 that Russians launched the satellite.　☐ It　☐ This

❷ It is not her opinion _____ we stand up for.　☐ this　☐ that

❸ It was James _____ first proposed the question.　☐ who　☐ whom

❹ It was in 1961 _____ the astronaut went to space.　☐ where　☐ when

❺ It wasn't *Voyager 1* _____ landed on the moon.　☐ who　☐ which

❻ It was not in the lab _____ they discovered the law.　☐ where　☐ what

❼ We _____ enjoy the trips to the space museum.　☐ do　☐ to do

❽ The astronomer _____ suggest the theory in 1946.　☐ does　☐ did

B 괄호 안에 주어진 말을 활용하여 각 문장을 완성하세요. (강조구문으로 쓸 것)

❶ It _____ by his name _____ people call the telescope.　(is)

❷ It _____ a big explosion _____ created the universe.　(was)

❸ It _____ in 2018 _____ the physicist died of a disease.　(was)

❹ It _____ a star _____ we observed from the tower.　(wasn't)

❺ _____ it in France _____ the first airplane was made?　(was)

❻ _____ it Einstein _____ suggested the Big Bang Theory?　(wasn't)

❼ We _____ _____ on the full moon last Sunday.　(do, wish)

❽ He _____ _____ the science program, so he watches it every night.　(do, like)

이건 알아두기!

EXPRESSIONS ▪ disagree with: ~에 동의하지 않다　▪ be against: ~에 반대하다　▪ stand up for: ~을 지지하다[옹호하다]　▪ propose a question: 문제를 제기하다　▪ call A by B: A를 B로 부르다　▪ die of: ~로 죽다　▪ wish on: ~에 소원을 빌다

✸ 다음 예시와 같이 문장을 바꿔 쓰세요.

> Example) David is interested in **astronomy**.
> → ___*It is astronomy that[which] David is interested in.*___

① We watched stars in the space museum.

→ _____

② Mars has a similar environment to the Earth.

→ _____

③ Albert Einstein was born in 1879 in Germany.

→ _____

④ She studied the birth of the planets throughout her life.

→ _____

⑤ He was famous for the telescope with his name.

→ _____

> Example) We **know** a lot about the Big Bang Theory.
> → ___We *do know* a lot about the Big Bang Theory.___

⑥ The universe continues to expand with time.

→ _____

⑦ I agree with his opinion about the speed of light.

→ _____

⑧ They supported the theory but didn't have evidence for it.

→ _____

⑨ The physicist made lots of new discoveries.

→ _____

⑩ Hubble's law helps us calculate the age of the universe.

→ _____

✹ 다음 예시와 같이 문장을 완성하세요.

Example) 우주의 탄생을 설명해 주는 것은 바로 그 이론이다. (that / the / it / explains / is / theory)
→ _It is the theory that explains_ the birth of the universe.

① 내 의견에 동의하지 않는 사람은 바로 Harry이다. (is / doesn't / Harry / agree / that / it)
→ _____ with my opinion.

② 우리는 그 법칙을 잘 이해해서 그 문제를 풀 수 있었다. (the / understand / did / we / law)
→ _____ and could solve the problem.

③ 그가 달에 착륙한 것은 1969년이었다. (the moon / landed / in 1969 / on / he / when)
→ It was _____ .

④ 최초로 달에 착륙한 사람은 닐 암스트롱이었니? (it / was / who / Neil Armstrong)
→ _____ first landed on the moon?

⑤ 빛은 우주에서 가장 빠르게 이동한다. (travel / the universe / the fastest / light / in / does / .)
→ _____

Example) 몇몇 과학자들은 빅뱅이론에 확실히 반대했다. (disagree with)
→ Some scientists ___did___ ___disagree___ ___with___ the Big Bang Theory.

⑥ 그 설명에 대해 문제를 제기한 사람은 Sara였다. (propose, question)
→ It was Sara _____ _____ a _____ about the explanation.

⑦ 그의 이론을 지지한 것은 과학자들이 아니었다. (stand up for)
→ It was not the scientists who _____ _____ _____ his theory.

⑧ 그 과학자가 병으로 죽은 것은 1955년이었다. (die of)
→ It was in 1955 _____ the scientist _____ _____ a disease.

⑨ 그녀는 그 프로젝트를 확실히 지지하지만, 다른 사람들은 그것에 반대한다. (be against)
→ She _____ support the project, but others _____ _____ it.

⑩ 사람들이 그 우주선을 부르는 것은 바로 그 신의 이름이다. (by, call)
→ It is _____ the god's name _____ people _____ the spaceship.

TEST for Writing 서술형 시험에 써먹기

기본 서술형 01-10

[01-02] 다음 빈칸에 알맞은 말을 써서 문장을 완성하시오.
(각 1점)

01

It was Neil Armstrong _____ first landed on the moon.

→ _____

02

It was in the 1980's _____ NASA sent the spaceship to Mars.

→ _____

03 다음 밑줄 친 부분을 강조할 때 빈칸에 알맞은 말을 쓰시오.
(1.5점)

The scientist established the theory.

→ _____ _____ the theory _____ the scientist established.

[04-05] 다음 주어진 우리말과 일치하도록 빈칸에 알맞은 말을 쓰시오. (각 1.5점)

04

내가 동의하는 것은 바로 그의 의견이다.

→ It is _____ _____ _____ I agree with.

05

그 우주선이 쏘아 올려진 것은 바로 러시아에서였다.

→ _____ was _____ _____ that the spaceship was launched.

06 괄호 안의 단어들을 바르게 배열하여 대화를 완성하시오.
(1.5점)

A: Who is your favorite scientist?
B: Stephen Hawking. (him / support / do / I / .)

→ _____

07 다음 문장의 밑줄 친 우리말을 영어로 바르게 옮기시오.
(주어진 어구를 사용할 것) (2점)

It was in 1977 보이저 1호가 우주로 날아간 것은.
(*Voyager 1*, flew to)

→ _____

08 다음 빈칸 (A), (B)에 들어갈 말을 각각 쓰시오. (2점)

• It was last year that he died __(A)__ a disease.
• Many scientists stood up __(B)__ the theory.

(A) _____ (B) _____

09 다음 두 문장의 뜻이 같도록 빈칸에 알맞은 말을 쓰시오.
(1.5점)

It was in the U.S. that he was born.
= It was in the U.S. _____ he was born.

10 다음 문장에서 어색한 곳을 찾아 바르게 고치시오. (1.5점)

Rachel do made a mistake when she solved the question.

_____ → _____

수준별 서술형 11-13

11 밑줄 친 부분을 강조하여 문장을 다시 쓰시오. (3점)

(1) <u>Hubble</u> created the law in 1929.

→ _____

(2) The satellite was sent into space <u>in 1957</u>.

→ _____

(3) The astronomer <u>traveled</u> the universe.

→ _____

12 다음 영어 문장을 우리말로 바르게 옮기시오. (3점)

(1) It wasn't from him that we heard the news.

→ _____

(2) Was it the theory that Mr. Kim explained to us?

→ _____

(3) They do believe that Mars has a similar environment to the Earth.

→ _____

13 주어진 말을 모두 사용하여 각 대화를 완성하시오. (필요한 단어를 보충하여 강조구문으로 쓸 것) (3점)

(1) A: What do you use to see something far away?

B: _____

_____

(it, telescope, that, use)

(2) A: When do you wish on the full moon?

B: _____

_____

(it, on Chuseok, that, wish on)

고난도 서술형 14-15

14 다음은 세 과학자와 우주에 대한 그들의 이론을 나타낸 표이다. 이를 참고하여 글을 완성하시오. (강조구문으로 쓸 것) (3점)

Einstein	"The universe doesn't expand."
Hubble	"The universe expands."
Gamow	"A big explosion made the universe."

According to Einstein, the universe doesn't expand. (1) _____ that disagreed with this idea. He said, "The universe (2) _____." After him, Gamow created the Big Bang Theory. According to this theory, it was a big explosion (3) _____

_____.

15 다음 그림을 참고하여, 글에서 <u>틀린</u> 곳을 <u>두 군데</u> 찾아 바르게 고치시오. (3점)

I went to the space museum with my family. My family does like watching stars in the night sky. It is the shooting star that we watched through the telescope. At that moment, we did wished on the star. It was a wonderful night!

(1) _____ → _____

(2) _____ → _____

Word Review

13
- ☐ accent 억양, 강세
- ☐ application 어플리케이션, 앱 (= app)
- ☐ character 글자, 문자
- ☐ common 보통의, 흔한
- ☐ communicate 의사소통하다
- ☐ culture 문화
- ☐ familiar 친숙한
- ☐ feeling 기분, 감정
- ☐ impossible 불가능한
- ☐ journal 일기, 기사
- ☐ language 언어
- ☐ memorize 외우다, 암기하다
- ☐ natural 자연스러운
- ☐ possible 가능한
- ☐ skill 기술, 능력
- ☐ translate 번역하다

14
- ☐ arrive 도착하다
- ☐ breathe 숨을 쉬다
- ☐ carry 나르다, 운반하다
- ☐ downtown 시내
- ☐ eager 열심인
- ☐ earthquake 지진
- ☐ heavily 세차게, 심하게
- ☐ humid 습기 찬
- ☐ overcome 극복하다
- ☐ overseas 해외(의); 해외로
- ☐ remember 기억하다
- ☐ situation 상황
- ☐ soup kitchen 무료 급식소
- ☐ vacation 방학, 휴가
- ☐ volunteer work 봉사활동
- ☐ will 의지

15
- ☐ against ~에 반대하여
- ☐ astronaut 우주 비행사
- ☐ astronomer 천문학자
- ☐ astronomy 천문학
- ☐ calculate 계산하다
- ☐ discovery 발견(물)
- ☐ environment 환경
- ☐ establish 확립하다
- ☐ evidence 증거
- ☐ expand 확장하다, 팽창하다
- ☐ explain 설명하다
- ☐ explanation 설명, 해설
- ☐ explosion 폭발
- ☐ lab 실험실, 연구실
- ☐ land 착륙하다
- ☐ launch 발사하다
- ☐ observe 관찰하다, 관측하다
- ☐ physicist 물리학자
- ☐ propose (문제를) 제기하다
- ☐ satellite 인공위성
- ☐ shooting star 유성[별똥별]
- ☐ suggest 제안하다
- ☐ support 지지하다
- ☐ telescope 망원경
- ☐ theory 이론, 학설
- ☐ throughout ~ 동안 내내

More Words 알고 써먹기

● **동사의 파생어** | translate (번역하다) – **translator** (번역가), **translation** (번역)

| explain (설명하다) – **explanation** (설명) | **explode** (폭발하다) – **explosion** (폭발)

| **communicate** (의사소통하다) – **communication** (의사소통)

He ¹ _____ the situation to us. 그는 우리에게 그 상황을 설명했다.

This program is better than a human ² _____. 이 프로그램은 인간 번역가보다 낫다.

Grammar Review 주어진 우리말을 참고하여 각 빈칸에 알맞은 말을 쓰세요.

써먹기 구문 | 13 가주어와 진주어

- **가주어 it**

  <u>¹   </u> is easy to use the application.

  그 어플리케이션을 사용하는 것은 쉽다.

  It's very important <u>²   </u> foreign languages.

  외국어를 배우는 것은 매우 중요하다.

- **의미상의 주어**

  It was difficult <u>³   </u> to understand his accent.

  내가 그의 억양을 알아듣는 것은 어려웠다.

써먹기 구문 | 14 to부정사 구문

- **의문사＋to부정사**

  I didn't know <u>⁴   </u> to answer his question.

  나는 그의 질문에 어떻게 답해야 할지 몰랐다.

  We asked them where <u>⁵   </u> a bus to the village.

  우리는 그들에게 그 마을에 가는 버스를 어디서 타야 하는지 물었다.

- **to부정사 구문**

  The weather is too hot <u>⁶   </u> around.

  날씨가 너무 더워서 걸어 다닐 수 없다.

  The children were not healthy <u>⁷   </u> play outside.

  그 아이들은 밖에서 놀 만큼 충분히 건강하지 않았다.

써먹기 구문 | 15 강조구문

- **It ~ that 강조구문**

  <u>⁸   </u> was this spaceship that I saw in the movie.

  내가 영화에서 본 것은 이 우주선이었다.

  It is by her name <u>⁹   </u> people call the star.

  사람들이 그 별을 부르는 것은 그녀의 이름이다.

- **동사 강조**

  Although he <u>¹⁰   </u> know the answer, he couldn't say it.

  그는 답을 (정말) 알고 있었지만, 그것을 말할 수 없었다.

Chapter 6

완료 시제와 가정법 써먹기

완료 시제 1

현재완료의 용법 / 현재완료 진행형과 수동태

STRUCTURE 알고 써먹기

For years, the desert has expanded in Africa.
Animals have had difficulty in getting food and water.
To solve this problem, many trees have been planted there.
They will make the Great Green Wall in the desert.

● **현재완료**

과거에 시작된 일이 현재까지 영향을 미칠 때, 현재완료 「have/has+과거분사」를 쓰며, 완료, 경험, 계속, 결과의 용법으로 쓰입니다.

용법	예문	함께 쓰이는 어구
완료	The Great Green Wall Project **has** already **started**! 녹색 대장벽 프로젝트가 이미 시작되었다!	just, already, yet
경험	I **haven't been** to Egypt before. 나는 전에 이집트에 간 적이 없다.	ever, never, before, once(twice …)
계속	African people **have suffered** from hunger for years. 아프리카 사람들은 굶주림으로 인해 수년간 고통받고 있다.	How long ~?, for, since
결과	The animals **have gone** for water. 그 동물들은 물을 찾아 떠나 버렸다.	go, come, lose 등의 동사

● **진행형과 수동태**

현재완료 진행형은 어떤 동작이 과거에서 현재까지 계속 진행 중일 때 쓰며, 「have/has been +동사원형 -ing」로 나타냅니다. 현재완료 수동태는 「have/has been+과거분사」로 씁니다.

ex) The countries **have been trying** to solve the problem. 그 나라들은 그 문제를 풀려고 노력해 오고 있다.
One-third of the wall **has been completed**. 그 장벽의 3분의 1이 완성되었다.

A 알맞은 것에 ✔ 표시하고, 각 문장을 완성하세요.

❶ The desert _____ become bigger and bigger. ☐ is · ☐ has

❷ Green areas have _____ from the map. ☐ disappear ☐ disappeared

❸ I _____ heard about the Great Wall in Africa. ☐ hasn't ☐ haven't

❹ _____ you been interested in climate change? ☐ Do ☐ Have

❺ How long have they _____ trees for? ☐ planted ☐ planting

❻ The Earth's temperature has been _____. ☐ rising ☐ risen

❼ The people have _____ suffering from diseases. ☐ are ☐ been

❽ The animal species haven't been _____. ☐ protect ☐ protected

B 괄호 안에 주어진 말을 활용하여 각 문장을 완성하세요. (현재완료 시제로 쓸 것)

❶ Eleven countries _____ _____ to take measures. **(have, decide)**

❷ Due to climate change, animals _____ _____ their homes. **(have, lose)**

❸ They _____ _____ lots of effort solving the food problem. **(have, spend)**

❹ _____ you ever _____ dead animals in Africa? **(have, see)**

❺ The land has just _____ _____ into a green area. **(be, change)**

❻ The lake _____ _____ in spite of growing deserts. **(have, not, disappear)**

❼ We _____ _____ _____ on the Green Wall Project. **(have, be, work)**

❽ The species _____ _____ _____ extinct on the Earth. **(has, be, go)**

이건 알아두기!

EXPRESSIONS ■ suffer from: ~로 고통받다 ■ one third: 3분의1[분수: 기수(분자)+서수(분모)]
■ 비교급 and 비교급: 점점 더 ~한/하게 ■ take measures: 조치를 취하다 ■ due to: ~로 인해(= because of)
■ spend+돈/시간/노력+(in) -ing: ~하는 데 …을 쓰다 ■ be changed into: ~로 바뀌다 ■ in spite of: ~에도
불구하고 ■ go extinct: 멸종하다

✹ 다음 예시와 같이 문장을 바꿔 쓰세요.

> Example) They **decide** to take measures.
> → _____ They **have decided** to take measures. _____

❶ The Sahara Desert becomes bigger and bigger.

→ _____

❷ They complete one-third of the wall.

→ _____

❸ He goes to Africa to help people.

→ _____

❹ The animals suffer from water shortages.

→ _____

❺ The lake becomes smaller and disappears.

→ _____

> Example) The project **has been completed**. (부정문)
> → _____ The project **hasn't[has not] been completed**. _____

❻ You have heard of the green policy of the country. (의문문)

→ _____

❼ They have built the wall for years. (수동태)

→ _____

❽ The country has had a lot of rain. (부정문)

→ _____

❾ We have suffered from climate change. (진행형)

→ _____

❿ The green areas on the map have increased. (의문문)

→ _____

✹ 다음 예시와 같이 문장을 완성하세요.

> **Example)** 전 세계에 지구 온난화가 계속되어 왔다. (world / the / has / global warming / in / continued / .)
> → ___Global warming has continued in the world.___

1 그 비가 얼마나 오랫동안 지속되었니? (the / how / lasted / rain / long / has / ?)

→ _____

2 우리는 아직 그 프로젝트를 끝내지 않았다. (the / finished / we / yet / project / haven't / .)

→ _____

3 그들은 해결책에 대해 생각해 오는 중이다. (solution / the / thinking / they / about / been / have / .)

→ _____

4 아프리카에서는 물 부족이 해결되지 않고 있다. (solved / in Africa / been / shortages / water / haven't / .)

→ _____

5 그 종은 기후 변화로 인해 멸종되고 말았다. (gone / the / has / species / extinct / climate change / due to / .)

→ _____

> **Example)** 그들은 오랫동안 질병들로 고통받아 왔다. (suffer from)
> → They ___have___ ___suffered___ ___from___ diseases for a long time.

6 그곳 기후는 점점 더 건조해져 가고 있다. (become, dry)

→ The climate there has been _____ _____ and _____ .

7 그들은 막 그 문제를 바로잡기 위한 조치를 취했다. (take measures)

→ They _____ just _____ _____ to fix the problem.

8 우리의 노력들에도 불구하고, 사막은 점점 넓어지고 있다. (in spite of)

→ _____ _____ _____ our efforts, deserts _____ been growing.

9 그 정책 이후로, 사막은 녹지로 바뀌어져 왔다. (change into)

→ Since the policy, the desert has _____ _____ _____ a green area.

10 그들은 나무를 심는 데 많은 돈을 들이지 않아 왔다. (spend, plant)

→ They _____ _____ much money _____ trees.

TEST for Writing 서술형 시험에 써먹기

기본 서술형 01-10

[01-02] 다음 괄호 안에서 알맞은 것을 골라 쓰시오. (각 1점)

01

Many people have (die / died) of diseases.

→ _____

02

The wall has (been / being) built for years.

→ _____

[03-04] 다음 문장에서 밑줄 친 부분을 바르게 고치시오. (각 1.5점)

03

The green areas haven't <u>disappear</u> from the map.

→ _____

04

The desert has been <u>grow</u> in Africa.

→ _____

05 다음 우리말과 일치하도록 빈칸에 알맞은 말을 쓰시오. (주어진 어구를 쓸 것) (2점)

기후 변화는 점점 더 나빠져 왔다. (have, become, worse)

→ Climate change _____ _____ _____ _____ .

06 다음 괄호 안의 단어들을 바르게 배열하여 대화를 완성하시오. (1.5점)

A: How's the green policy going?
B: It (areas / the / has / green / increased) in the desert.

→ _____

07 다음 두 문장의 빈칸에 공통으로 들어갈 말을 쓰시오. (대소문자는 무시할 것) (1.5점)

• They have spent effort ____ planting trees.
• ____ spite of global warming, the plants have been alive.

→ _____

08 다음 두 문장의 뜻이 같도록 빈칸에 알맞은 말을 쓰시오. (1.5점)

The project started last year. It is continuing now.
= The project _____ _____ _____ since last year.

09 다음 대화의 밑줄 친 우리말을 영어로 바르게 옮기시오. (주어진 어구를 쓸 것) (2점)

A: What happened to the species?
B: Well, <u>그들은 멸종되어 버렸어.</u> (have, go extinct)

→ _____

10 다음 문장에서 <u>어색한</u> 곳을 찾아 바르게 고치시오. (1.5점)

They have been taken measures against water shortages.

_____ → _____

수준별 서술형 11-13

11 다음 문장들을 괄호 안의 지시대로 바꿔쓰시오. (3점)

(1) We plant trees on the mountain. (현재완료)

→ _____

(2) They suffer from food shortages.
(현재완료 진행형)

→ _____

(3) They have completed the Green Wall.
(현재완료 수동태)

→ _____

12 다음 영어 문장을 우리말로 바르게 옮기시오. (3점)

(1) Have you heard about the Great Green Wall?

→ _____

(2) We have already finished our school project.

→ _____

(3) They have been trying to solve the problem.

→ _____

13 다음 각 질문에 대한 답을 완성하시오. (주어진 어구를 포함하여 현재완료 시제로 쓸 것) (3점)

(1) Q: Have you heard about desert growth?
A: Yes, _____.
(have, hear about)

(2) Q: What has caused desert growth?
A: Desert growth _____
_____. (have, cause, by climate change)

고난도 서술형 14-15

14 다음 아프리카의 멸종 위기 동물들에 관한 표를 참고하여, 글을 완성하시오. (현재완료 시제로 쓸 것) (3점)

Animals	Reasons
Cheetahs	lose their homes
African Penguins	suffer from food shortages
Black Rhinos	hunted by humans

Animals in Africa have been in danger for several reasons. Cheetahs (1) _____ _____. African penguins (2) _____ _____. Black rhinos have (3) _____.
We should make efforts to protect them.

15 다음은 아프리카의 녹색 장벽 사업에 관한 그림이다. 이를 참고하여, 글에서 틀린 곳을 두 군데 찾아 바르게 고치시오. (3점)

Desert growth has been a big problem in Africa. Eleven countries in Africa have took measures since 2007. They have been planted trees from Senegal to Ethiopia. That's the Great Green Wall. One-third of the wall has been completed.

(1) _____ → _____

(2) _____ → _____

완료 시제 2

과거완료의 용법 / 조동사의 완료 시제

STRUCTURE 알고 써먹기

I lost my smartphone on my way to school.
When I got to school, I found I had left it on the bus.
Someone might have taken it. Oh, I should have been more careful!

● **과거완료**
「had＋과거분사」의 형태로, 특정 과거 시점에서 더 이전의 일을 언급할 때 씁니다.
(단순 시점의 차이뿐 아니라, 완료, 계속, 경험, 결과 등의 의미도 내포합니다.)

> **I didn't know** that he **had been** here before. 나는 그가 전에 여기 왔었다는 것을 몰랐다.
>
> ← 과거완료: He **had been** here.   과거: **I didn't know.**   현재 →

ex) **Harry remembered** that he **hadn't brought** his student ID.
Harry는 그의 학생증을 가져오지 않았다는 것이 기억났다.

Had she **lived** in New York before she **moved** to L.A.?
그녀는 LA로 이사를 가기 전에 뉴욕에 살았었니?

● **조동사＋have＋과거분사**
might, must, should 등의 조동사 뒤에 「have＋과거분사」가 와서 과거에 대한 추측, 후회, 유감 등을 나타냅니다.

형태	의미	예문
might have ＋ 과거분사	약한 추측	They might have been late for the train. 그들은 열차 시간에 늦었을지도 모른다.
must have ＋ 과거분사	강한 추측	The man must have been my teacher. 그 남자는 나의 선생님이었음에 틀림없다.
should have ＋ 과거분사	못한 일에 대한 후회	We should have hurried to the airport. 우리는 공항에 서둘러 갔어야 했다.
shouldn't have ＋ 과거분사	한 일에 대한 유감	Nathan shouldn't have gone climbing that day. Nathan은 그날 등산을 가지 않았어야 했어.

A 알맞은 것에 ✔ 표시하고, 각 문장을 완성하세요.

❶ She thought she _____ got on the wrong bus. ☐ has ☐ had

❷ When I arrived at the stop, the bus had _____. ☐ left ☐ leave

❸ I didn't know that I _____ brought my ticket. ☐ haven't ☐ hadn't

❹ Had you _____ to the park before we came? ☐ were ☐ been

❺ They might have _____ each other. ☐ fought ☐ fight

❻ She must have _____ upset as she never smiled. ☐ been ☐ being

❼ We should _____ checked the train schedule. ☐ had ☐ have

❽ I shouldn't have _____ such a big mistake. ☐ made ☐ make

B 괄호 안에 주어진 말을 활용하여 각 문장을 완성하세요.

❶ I _____ _____ afraid of ghosts until I was ten. (had, be)

❷ We didn't know that you _____ _____ into trouble. (had, get)

❸ They _____ _____ the news until they watched TV. (had, not, hear)

❹ She said that she _____ _____ to quit her job. (had, want)

❺ We might _____ _____ each other in the class. (have, see)

❻ He must _____ _____ up when we knocked on the door. (have, wake)

❼ They should _____ _____ in a different way. (have, think)

❽ Jake shouldn't _____ _____ a taxi at rush hour. (have, take)

이건 알아두기!

EXPRESSIONS ▪ on one's way: 도중에 ▪ hurry to: ~로 급히 가다 ▪ such a(n) ~ 명사: 너무 ~한 …
▪ be afraid of: ~을 두려워하다 ▪ get into trouble: 곤란에 빠지다 ▪ quit one's job: 일을 그만두다
▪ knock on: ~을 두드리다 ▪ in a different way: 다른 방식으로 ▪ at rush hour: 교통 혼잡 시간대에

✴ 다음 예시와 같이 문장을 바꿔 쓰세요.

> Example) I **saw** you at school before I graduated.
> → _____ I **had seen** you at school before I graduated.

❶ The train went away when we got to the station.

→ _____

❷ We didn't have lunch before we went to the cinema.

→ _____

❸ Were you in London before you traveled to New York?

→ _____

❹ He quit his job when I met him again.

→ _____

❺ I lost my wallet before I got on the subway.

→ _____

> Example) We **didn't check** the bus schedule. (should)
> → _____ We **should have checked** the bus schedule.

❻ They saw us looking for a restaurant. (might)

→ _____

❼ Mike went fishing last weekend. (shouldn't)

→ _____

❽ Jessie woke up late this morning. (must)

→ _____

❾ We didn't take a bus to the airport. (should)

→ _____

❿ I listened to Ami and turned left at the corner. (shouldn't)

→ _____

✳ 다음 예시와 같이 문장을 완성하세요.

Example) 나는 그 돈을 길에서 잃어버렸다는 것을 깨달았다. (lost / I / the street / the money / on / had)

→ I realized that ___I had lost the money on the street___ .

---

① 우리는 교통 혼잡 시간대에 버스를 타지 말았어야 했다. (at / taken / rush hour / shouldn't / we / have / the bus / .)

→ _____

② 그는 그 전에 그 공원에 가 본 적이 있었다. (before / had / to / he / the park / then / been / .)

→ _____

③ 그들이 공연장에 도착했을 때, 그 쇼는 아직 끝나지 않았었다. (hadn't / the / finished / show / yet)

→ When they arrived at the hall, _____ .

④ 너는 서울에 이사 오기 전에 어디에 살았었니? (lived / you / had / where)

→ _____ before you moved to Seoul?

⑤ 그 남자는 네 삼촌임이 틀림없어. (must / your / have / uncle / the / been / man / .)

→ _____

Example) 나는 그날 집에 가는 도중에 그를 만났었다. (on one's way)

→ I had met him ___on___ ___my___ ___way___ home that day.

---

⑥ 그는 이 회사에서 일하기 전에 일을 그만두었었다. (quit one's job)

→ He had _____ _____ _____ before he worked for this company.

⑦ 우리는 그의 방문을 두드리고 나서, 그에게 전화를 했다. (knock on)

→ We _____ _____ _____ his door and then we called him.

⑧ 너는 교통 혼잡 시간대에 지하철을 타지 말았어야 했다. (at rush hour)

→ You shouldn't have _____ the subway _____ _____ _____ .

⑨ Jane은 그 방에 혼자 있는 게 두려웠을 수도 있어. (be afraid of)

→ Jane might have _____ _____ _____ being in the room alone.

⑩ 나는 그 전에는 이렇게 큰 실수를 한 적이 없었다. (such, big mistake)

→ I hadn't _____ _____ a _____ _____ before then.

TEST for Writing 서술형 시험에 써먹기

기본 서술형 01-10

[01-02] 다음 주어진 동사를 알맞은 형태로 빈칸에 쓰시오.
(각 1점)

01
I didn't know that I had _____ my wallet.
(lose)

→ _____

02
You should have _____ to school. (hurry)

→ _____

[03-04] 다음 주어진 우리말과 일치하도록 빈칸에 알맞은 말을 쓰시오. (각 1.5점)

03
우리가 역에 도착했을 때, 그는 이미 떠나고 없었다.

→ When we arrived at the station, he _____
_____ already.

04
Tony는 그날 아팠음에 틀림없다.

→ Tony must _____ _____ sick that
day.

05 다음 괄호 안에서 알맞은 것을 골라 쓰시오. (1점)

When did you find that your money (has
/ had) been stolen?

→ _____

06 다음 괄호 안의 단어들을 바르게 배열하여 대화를 완성하시오. (2점)

A: What did you wear for the picnic?
B: I wore the new T-shirt which I (last / had
/ weekend / bought).

→ _____

07 다음 빈칸 (A), (B)에 들어갈 말을 각각 쓰시오. (2점)

• He might have got ___(A)___ trouble.
• I hadn't been afraid ___(B)___ swimming
before then.

(A) _____ (B) _____

08 다음 두 문장의 뜻이 같도록 빈칸에 알맞은 말을 쓰시오.
(shouldn't를 쓸 것) (1.5점)

I'm sorry that I played games late last night.
= I _____ _____ _____
games late last night.

09 다음 대화의 밑줄 친 우리말을 주어진 〈조건〉에 맞게 영어로 옮기시오. (2점)

A: Do you know L.A. well?
B: Yes. 나는 L.A.에 살았어 before I moved here.

〈조건〉 동사 live를 사용해 과거완료로 쓸 것

→ _____

10 다음 문장에서 어색한 곳을 찾아 바르게 고치시오. (1.5점)

He must had been late for school today.

_____ → _____

수준별 서술형 11–13

11 다음 문장들을 괄호 안의 지시대로 바꿔 쓰시오. (3점)

(1) They didn't have lunch yet. (과거완료)

→ _____

(2) Have we met somewhere before? (과거완료)

→ _____

(3) The girl next to Terry was his sister.
(must have+과거분사)

→ _____

12 다음 영어 문장을 우리말로 바르게 옮기시오. (3점)

(1) Did you realize that she had gone home?

→ _____

(2) We should have gotten up earlier today.

→ _____

(3) I hadn't been to China before the trip.

→ _____

13 다음 대화의 밑줄 친 우리말을 영어로 바르게 옮기시오.
(괄호 안에 주어진 어구를 활용할 것) (3점)

> A: Oh, god! I lost my cell phone.
> B: No way! (1) <u>너는 그것을 사용했었어</u> before we
> took the subway. (have, use)
> A: I used it on the platform.
> B: (2) <u>너는 지하철 안에서 그것을 잃어버렸는지도 몰라.</u>
> (might, lose, in the subway)
> A: Let's go back to the station.

(1) _____

(2) _____

고난도 서술형 14–15

14 다음은 지난 일요일에 Dona의 가족에게 있었던 일을 나타낸 표이다. 이를 참고하여, 글을 완성하시오. (3점)

What Happened	- the tickets were sold out
Had to Do	- book the tickets - go to the station earlier
The Results	- couldn't go to the mountain - went on a picnic at the park

Dona's family had a plan to go climbing last
Sunday. When they got to the bus station, the
tickets had (1) _____. They should
(2) _____. Or they
(3) _____.
That day, they couldn't go to the mountain.
Instead, they went on a picnic at the park.

15 다음은 분실물을 발견했을 때에 관한 그림이다. 이를 참고하여, 글에서 틀린 곳을 두 군데 찾아 바르게 고치시오.
(3점)

> When you pick up a lost item, look around
> the place first. Someone right there should
> have dropped it. Then, look at the item
> carefully. The owner might have wrote his
> name and phone number on it.

(1) _____ → _____

(2) _____ → _____

가정법

가정법 과거 / 가정법 과거완료 / I wish 가정법

Last night에 갑자기 my future가 worry돼서 한숨도 못 잤다니까…

엥? 웬 future?!!

아직 중딩인데 괜한 worry를… 그런 걱정보단 먼저 sleep해야 돼. 그러다 너 키 안 커!

STRUCTURE 알고 써먹기

A: I am so worried about my future.
B: If I were you, I would visit the school counselor.
A: Well, I wish I could know what I will be in 15 years.
B: That's impossible! We are still middle schoolers.

DOCTOR? PAINTER? TEACHER?

● **가정법 과거 / 가정법 과거완료**   현재 또는 과거 사실에 반대되는 가정을 할 때, 가정법을 씁니다.

가정법	용법	형 태 (의미)
가정법 과거	현재 사실과 반대되거나 실현 가능성이 희박한 일을 가정	If+주어+were/과거형 동사 ~, 주어+would+동사원형 …. (~하다면, …할 텐데.)
가정법 과거완료	과거 사실과 반대되는 일을 가정	If+주어+had+과거분사 ~, 주어+would have+과거분사 …. (~했다면, …했을 텐데.)

ex) If I owned an airplane, I would fly all around the world. (현재 사실과 반대)
내가 비행기를 가지고 있다면, 나는 세계를 날아다닐 텐데.
(= I don't own an airplane, so I don't fly all around the world.)

If I had known the fact, I would have apologized to her. (과거 사실과 반대)
내가 그 사실을 알았더라면, 나는 그녀에게 사과했을 것이다.
(= I didn't know the fact, so I didn't apologize to her.)

● **I wish 가정법**   「I wish I could + 동사원형」을 사용해, 현재 이루어질 수 없는 간절한 소망을 나타냅니다.

ex) I wish I could see my future boyfriend. 내 미래의 남자친구를 볼 수 있다면 좋을 텐데.

A 알맞은 것에 ✓ 표시하고, 각 문장을 완성하세요.

① If I _____ an astronaut, I would fly to space.

② If I were you, I _____ do my best in the race.

③ If I were the girl, I _____ go abroad alone.

④ If I _____ the teacher, I would have studied harder.

⑤ If Ben _____ in Korea, he would have stayed with us.

⑥ If he had had lots of money, he would _____ the car.

⑦ I wish I _____ meet the movie character in person.

⑧ I wish I could _____ English like a native speaker.

☐ am	☐ were
☐ would	☐ will
☐ won't	☐ wouldn't
☐ has met	☐ had met
☐ had been	☐ have been
☐ buy	☐ have bought
☐ could	☐ would
☐ speak	☐ have spoken

B 괄호 안에 주어진 말을 활용하여 각 문장을 완성하세요. (가정법으로 쓸 것)

① If we _____ rich, we _____ _____ money to the charity. (be, would, donate)

② If I _____ you, I _____ _____ about my future career. (be, would, think)

③ If I _____ the principal, I _____ _____ such a decision. (be, wouldn't, make)

④ If I _____ _____ on exercising, I would have _____ healthy. (have, keep, be)

⑤ If we had _____ that car, our lives would _____ _____ cool. (have, have, be)

⑥ If we hadn't met the boy, we _____ _____ _____ lost. (would, have, get)

⑦ I _____ I _____ _____ taller than my father. (wish, can, become)

⑧ I _____ I _____ _____ back time to childhood. (wish, can, turn)

이건 알아두기!

EXPRESSIONS ▪ be worried about: ∼에 대해 걱정하다 ▪ all around the world: 세계 곳곳에
▪ apologize to: ∼에게 사과하다 ▪ do one's best: 최선을 다하다 ▪ go abroad: 해외로 나가다
▪ in person: 직접 ▪ like+명사: ∼처럼 ▪ donate A to B: A를 B에 기부하다 ▪ keep on -ing: ∼을 계속하다
▪ turn back time to: ∼로 시간을 되돌리다

💥 다음 예시와 같이 문장을 바꿔 쓰세요.

> **Example)** I'm not the boy. / The boy doesn't study hard.
> → If I were the boy, _____ *I **would study** hard* _____ .

1 I'm not you. / You don't listen to the counselor.
→ If I were you, _____ .

2 I don't have a brother or sister. / I feel lonely sometimes.
→ _____ , I wouldn't feel lonely sometimes.

3 We were not in New York last year. / We didn't have fun with you.
→ If we had been in New York last year, _____ .

4 I didn't do my best on the test. / I got a bad score.
→ If I had done my best on the test, _____ .

5 We won the soccer game. / We got the trophy as a prize.
→ _____ , we wouldn't have got the trophy as a prize.

> **Example)** **I can't meet** the actors of the film.
> → _____ *I **wish I could** meet the actors of the film.* _____

6 I can't become good at playing basketball.
→ _____

7 I can't be a pilot and fly all around the world.
→ _____

8 I can't talk with my cat and dog.
→ _____

9 I can't speak Chinese well like Wei.
→ _____

10 I can't go to the idol group's concert.
→ _____

💥 다음 예시와 같이 문장을 완성하세요.

> **Example)** 내가 너라면, 선생님께 조언을 구하겠어. (teacher / the / some / I / get / advice / would / from)
> → If I were you, _____*I would get some advice from the teacher*_____ .

① 우리에게 우주선이 있다면, 화성으로 날아갈 텐데. (we / spaceship / a / if / owned)

→ _____, we would fly to Mars.

② 내게 많은 돈이 있었다면, 가난한 사람들에게 그것을 기부했을 텐데. (have / the poor / it / donated / would / I / to)

→ If I had had lots of money, _____.

③ 내가 물리를 잘한다면, 과학자가 될 텐데. (at / if / were / physics / I / good)

→ _____, I would become a scientist.

④ 나는 동물의 언어를 알아들을 수 있다면 좋겠다. (could / I / languages / wish / animals' / understand / I / .)

→ _____

⑤ 우리가 일찍 집을 나서지 않았더라면, 우리는 그 열차를 놓쳤을 것이다. (train / have / we / missed / would / the)

→ If we hadn't left home early, _____.

> **Example)** 내가 그곳에 있었다면, 나는 그녀에게 사과했을 것이다. (apologize to)
> → If I had been there, I would _____*have*_____ _____*apologized*_____ _____*to*_____ her.

⑥ 내가 너라면, 미래에 대해 걱정하지 않을 텐데. (be worried)

→ If I were you, I _____ _____ _____ about the future.

⑦ 내가 외국어를 공부하기 위해 해외로 갈 수 있다면 좋을 텐데. (go abroad)

→ I wish I _____ _____ _____ to study foreign languages.

⑧ 내가 나의 영웅을 직접 만날 수 있다면 좋겠다. (in person)

→ I wish I could _____ my hero _____ _____.

⑨ 우리가 최선을 다했더라면, 그 경기를 이겼을 텐데. (do one's best)

→ If we had _____ _____ _____, we would have won the game.

⑩ 내가 백만장자라면, 자선단체에 많은 돈을 기부할 텐데. (donate, to)

→ If I were a millionaire, I _____ _____ lots of money _____ a charity.

TEST for Writing 서술형 시험에 써먹기

기본 서술형 01-10

[01-02] 다음 문장의 밑줄 친 동사를 알맞은 형태로 바꾸시오. (각 1.5점)

01
If I have a car, I would drive to lots of places.

→ _____

02
If we had hurry to the station, we would have caught the train.

→ _____

[03-04] 다음 괄호 안에서 알맞은 것을 골라 쓰시오. (각 1점)

03
I wish I (can / could) speak English well.

→ _____

04
If I had met Charlie earlier, I would (had / have had) more time with him.

→ _____

05 다음 우리말과 일치하도록 빈칸에 알맞은 말을 쓰시오. (1.5점)

나는 내 미래 직업을 알 수 있으면 좋겠다.

→ I wish I _____ _____ my future career.

06 다음 괄호 안의 단어들을 바르게 배열하여 대화를 완성하시오. (1.5점)

A: Do you want to fly in the sky?
B: Yes. (wings / if / had / I), I would fly in the sky.

→ _____

07 다음 두 문장이 같은 뜻이 되도록 빈칸에 알맞을 말을 쓰시오. (2점)

I can't meet the singer in person.
= I wish _____ in person.

08 다음 빈칸 (A), (B)에 알맞은 말을 각각 쓰시오. (2점)

- If I were you, I wouldn't be worried __(A)__ it.
- If I had kept __(B)__ painting, I would have become an artist.

(A) _____ (B) _____

09 다음 대화의 밑줄 친 우리말을 주어진 〈조건〉에 맞게 영어로 바르게 옮기시오. (1.5점)

A: I don't know what I should study in college.
B: If I were you, 상담 선생님과 그것에 대해 이야기를 나누겠어.

〈조건〉 talk about, the counselor를 포함할 것

→ _____

10 다음 문장에서 어색한 곳을 찾아 바르게 고치시오. (1.5점)

If I had heard the news, I would be surprised.

_____ → _____

수준별 서술형 11-13

11 다음 문장들을 괄호 안의 지시대로 바꿔 쓰시오. (3점)

(1) I don't have money, so I won't buy the clothes. (가정법 과거)

→ _____

(2) We were late, so we didn't see the concert. (가정법 과거완료)

→ _____

(3) I can't go abroad to study English. (I wish 가정법)

→ _____

12 다음 영어 문장을 우리말로 바르게 옮기시오. (3점)

(1) If I were you, I would become a pilot.

→ _____

(2) If I had fought with Ted, I would have apologized to him first.

→ _____

(3) I wish I could speak Spanish well like Stella.

→ _____

13 주어진 조건에 맞게 각 질문에 대한 자신의 답을 영어 문장으로 쓰시오. (3점)

(1) A: If you were an adult, what would you do?
(가정법 과거를 쓸 것)

B: _____

_____

(2) A: Do you wish to do something you can't actually do? (I wish 가정법을 쓸 것)

B: _____

_____

고난도 서술형 14-15

14 다음은 오늘 Sam에게 일어난 일들과 그 원인을 나타낸 표이다. 이를 참고하여, Sam의 일기를 완성하시오. (3점)

Morning	He didn't pass the English exam. : He hadn't studied for the exam.
Afternoon	His team lost the soccer game. : He hadn't done his best.

It was a bad day today. I didn't pass the English exam in the morning. If I (1) _____
_____, I would have passed it.
In the afternoon, our team lost the soccer game. If I had done my best in the game, (2) _____
_____ .

15 다음 그림을 보고 글에서 틀린 문장을 두 개 찾아 바르게 고쳐 쓰시오. (3점)

If I had a time machine, I would travel in time. I wish I can go back to my childhood. In those days, I was always with Coco. She was a cute puppy. But now she's very old. If she got old slowly, we spend more time together.

(1) _____

(2) _____

Word Review

16
- ☐ climate change 기후 변화
- ☐ complete 완성하다
- ☐ continue 계속하다[되다]
- ☐ desert 사막
- ☐ difficulty 어려움
- ☐ disappear 사라지다
- ☐ effort 노력
- ☐ expand 확대하다[되다]
- ☐ extinct 멸종된
- ☐ growth 성장, 증가
- ☐ hunger 기아, 배고픔
- ☐ measure 방법, 조치
- ☐ policy 정책
- ☐ protect 보호하다
- ☐ shortage 부족
- ☐ species (동식물) 종
- ☐ suffer 고통 받다
- ☐ temperature 온도

17
- ☐ afraid 두려워하는
- ☐ book 예약하다
- ☐ careful 조심스러운, 신중한
- ☐ carefully 주의 깊게
- ☐ company 회사
- ☐ drop 떨어뜨리다
- ☐ ghost 유령
- ☐ graduate 졸업하다
- ☐ hurry 급히 가다
- ☐ item 물건
- ☐ leave 두고 가다
- ☐ lost 잃어버린, 분실한
- ☐ platform 승강장
- ☐ quit 그만두다
- ☐ rush hour 러시아워
- ☐ schedule 일정, 시간표
- ☐ sold out 매진된

18
- ☐ astronaut 우주 비행사
- ☐ career 직업
- ☐ character 등장인물
- ☐ charity 자선 단체
- ☐ childhood 어린 시절
- ☐ counselor 상담사
- ☐ decision 결정
- ☐ donate 기부하다
- ☐ hero 영웅 (캐릭터)
- ☐ impossible 불가능한
- ☐ millionaire 백만장자
- ☐ miss (탈것을) 놓치다
- ☐ native 원어민의
- ☐ own 소유하다
- ☐ still 여전히, 아직도

More Words 알고 써먹기

● **한 가지 이상의 뜻을 가진 단어** ❙ **complete** (완전한 / 완성하다) ❙ **measure** (측정하다 / 방법, 조치)
❙ **book** (책 / 예약하다) ❙ **leave** (떠나다 / 두고 가다) ❙ **own** (소유하다 / 자신의)

We should have ¹＿＿＿＿＿ the tickets. 우리는 표를 예매했어야 했다.

If I ²＿＿＿＿＿ a spaceship, I would fly to space. 내가 우주선을 가졌다면, 우주로 날아갈 텐데.

● **형용사의 파생어** ❙ **complete** (완전한) – **completely** (완전히) ❙ **careful** (조심스러운) – **carefully** (주의 깊게)
❙ **difficult** (어려운) – **difficulty** (어려움) ❙ **possible** (가능한) – **impossible** (불가능한)

Will it be ³＿＿＿＿＿ for me to become a millionaire? 내가 백만장자가 되는 것은 불가능할까?

Think ⁴＿＿＿＿＿ before making a decision. 결정을 내리기 전에 신중히 생각해라.

Grammar Review   주어진 우리말을 참고하여 각 빈칸에 알맞은 말을 쓰세요.

써먹기 구문 | 16 완료 시제 1

- **현재완료의 용법**

  The lake [1] _____ disappeared from the map.
  그 호수는 지도에서 사라져 버렸다.

  Have you [2] _____ to Africa before?   너는 전에 아프리카에 가 본 적이 있니?

- **현재완료 진행형**

  They have been [3] _____ to solve the problem.
  그들은 그 문제를 풀기 위해 노력해 오고 있는 중이다.

- **현재완료 수동태**

  The project [4] _____ planned by the countries.
  그 프로젝트는 그 나라들에 의해 계획되어져 왔다.

써먹기 구문 | 17 완료 시제 2

- **과거완료의 용법**

  They [5] _____ here before I bought this house.
  내가 이 집을 사기 전에 그들이 여기 살았었다.

- **조동사의 완료 시제**

  He might [6] _____ the answer to the question.
  그가 문제의 정답을 알았을 수도 있다.

  We [7] _____ taken the train on that day.
  우리는 그날 기차를 타지 말았어야 했다.

써먹기 구문 | 18 가정법

- **가정법 과거**

  If I [8] _____ you, I would follow the advice.
  내가 너라면, 그 충고를 따를 텐데.

- **가정법 과거완료**

  If we had known the truth, we wouldn't [9] _____ with him.
  우리가 진실을 알았더라면, 그와 싸우지 않았을 텐데.

- **I wish 가정법**

  I wish I [10] _____ English sentences well.
  내가 영어 문장들을 잘 쓸 수 있다면 좋겠다.

 ....

쎄듀 교재맵

	초 3-4	초 5-6	중등			예비 고1	고등			
	Lv. 1	Lv. 2	Lv. 3	Lv. 4	Lv. 5	Lv. 6	Lv. 7	Lv. 8	Lv. 9	Lv. 10
종합 (문법·어법·구문·독해·어휘)						쎄듀 종합영어				
구문	초등코치 천일문 Sentence 1, 2, 3, 4, 5			천일문 입문		천일문 기본 / 천일문 기본 문제집		천일문 핵심	천일문 완성	
구문·독해							구문현답			
구문·어법						PLAN A 〈구문·어법〉				
구문·문법			천일문 기초1	천일문 기초2						
어휘	초등코치 천일문 Voca & Story 1,2		어휘끝 중학 필수편	어휘끝 중학 마스터편		어휘끝 고교기본			어휘끝 수능	
어휘						첫단추 VOCA				
어휘						PLAN A 〈어휘〉				

*어휘끝 5.0은 Lv. 9~12에 해당합니다. (고교 심화 이상의 수준)

	Lv. 1	Lv. 2	Lv. 3	Lv. 4	Lv. 5	Lv. 6	Lv. 7	Lv. 8	Lv. 9	Lv. 10
문법	초등코치 천일문 Grammar 1, 2, 3		천일문 Grammar LEVEL 1	천일문 Grammar LEVEL 2	천일문 Grammar LEVEL 3					
문법		EGU 영문법 동사 써먹기	EGU 영문법 문법 써먹기		EGU 영문법 구문 써먹기					
문법			Grammar Q 1A / 1B	Grammar Q 2A / 2B	Grammar Q 3A / 3B					
문법				1센치 영문법			문법의 골든룰 101			
문법(내신)			Grammar Line LOCAL 1	Grammar Line LOCAL 2	Grammar Line LOCAL 3					
문법·어법				첫단추 BASIC 문법·어법편 1, 2		첫단추 모의고사 문법·어법편				
어법							어법끝 START 2.0 / 어법끝 START 실력다지기		어법끝 5.0	
어법·어휘									파워업 어법·어휘 모의고사	
쓰기			거침없이 Writing LEVEL 1	거침없이 Writing LEVEL 2	거침없이 Writing LEVEL 3					
쓰기			중학영어 쓰작 1	중학영어 쓰작 2	중학영어 쓰작 3					

	Lv. 1	Lv. 2	Lv. 3	Lv. 4	Lv. 5	Lv. 6	Lv. 7	Lv. 8	Lv. 9	Lv. 10
독해			Reading Relay Starter 1, 2	Reading Relay Challenger 1, 2	Reading Relay Master 1, 2					
독해			리딩 플랫폼 1, 2, 3							
독해			Reading 16 LEVEL 1	Reading 16 LEVEL 2	Reading 16 LEVEL 3	PLAN A 〈독해〉		리딩 플레이어 개념	리딩 플레이어 적용	
독해				첫단추 BASIC 독해편 1, 2		첫단추 모의고사 독해유형편		유형즉답		
독해							빈칸백서 기본편		빈칸백서	
독해									오답백서	
독해							쎈쓰업 독해 모의고사		파워업 독해 모의고사	
독해									수능실감 최우수 문항 400제	
듣기			쎄듀 빠르게 중학영어듣기 모의고사 1	쎄듀 빠르게 중학영어듣기 모의고사 2	쎄듀 빠르게 중학영어듣기 모의고사 3	첫단추 모의고사 듣기유형편		쎈쓰업 듣기 모의고사	파워업 듣기 모의고사	
듣기						첫단추 모의고사 듣기실전편				
EBS								수능특강 내신탐구		
EBS								E정표 수능특강		
EBS										수능실감 독해 모의고사
EBS										수능실감 FINAL 봉투 모의고사

* 교재 선택 시 권장 학년과 레벨을 참고하세요. / 예비 고1부터는 난도와 학년별 성취도를 반영하여 교재 레벨을 세분화하였습니다.

EGU
THE EASIEST GRAMMAR & USAGE
영문법

구문 써먹기

WORKBOOK

EGU
THE EASIEST GRAMMAR & USAGE
영문법

구문 써먹기

WORKBOOK

A. 형태 확인 주어진 우리말을 참고하여 빈칸에 알맞은 접속사를 쓰세요.

① _____ Mom went shopping, I watched a movie. 엄마가 쇼핑을 하는 동안, 나는 영화를 봤다.

② _____ she comes, we will leave. 그녀가 도착하자마자, 우리는 출발할 것이다.

③ What will you do _____ you finish your homework? 너는 숙제를 끝낸 후에 뭐 할 거야?

④ _____ I was young, I was a soccer genius. 내가 어렸을 때, 나는 축구 신동이었다.

⑤ I can't drive _____ I'm a teenager. 나는 십대이기 때문에, 운전을 할 수 없다.

⑥ I will try to do my best _____ I realize my dream. 나는 꿈을 이룰 때까지 최선을 다할 것이다.

⑦ He was upset _____ he lost the game. 그는 경기에 졌기 때문에 화가 났다.

⑧ _____ you were riding a bike, I made cookies. 네가 자전거를 타는 동안, 나는 쿠키를 만들었다.

⑨ Take pictures of your friends _____ you graduate from high school.
네가 고등학교를 졸업하기 전에 네 친구들 사진을 찍어둬.

⑩ He missed the bus _____ he woke up late. 그는 늦잠을 잤기 때문에 버스를 놓쳤다.

B. 문장 전환 괄호 안에 주어진 지시대로 문장을 바꿔 쓰세요.

① I was 7. I rode a horse for the first time. (when을 써서 한 문장으로)

→ _____

② I was cooking brunch. My sister was setting the table. (while을 써서 한 문장으로)

→ _____

③ We entered the stadium. The baseball game started. (as soon as를 써서 한 문장으로)

→ _____

④ Rick was nervous. He didn't study hard for the exam. (because를 써서 한 문장으로)

→ _____

⑤ Yuri graduated from college. She became a teacher. (after를 써서 한 문장으로)

→ _____

⑥ Mom traveled to Europe. Dad and I did the housework. (since를 써서 한 문장으로)

→ _____

⑦ They took the class. They were not good at swimming. (before를 써서 한 문장으로)

→ _____

⑧ I want to be a scientist. I will join the science club. (as를 써서 한 문장으로)

→ _____

C. 오류 수정 다음 문장에서 밑줄 친 부분을 바르게 고치세요.

1. Go to sleep <u>before</u> you brush your teeth. → _____
2. She became an actress <u>until</u> she was 27. → _____
3. I'll be a designer <u>soon</u> I graduate from the university. → _____
4. When you <u>will pass</u> the exam, you'll be happy. → _____
5. My sister doesn't like eating by <u>himself</u>. → _____
6. <u>Since</u> he was studying, his cat was sleeping. → _____
7. What did you do to my face <u>until</u> I was sleeping? → _____
8. Turn off your smartphone <u>after</u> you enter the class. → _____
9. <u>Before</u> I was so young, I couldn't ride a roller coaster. → _____
10. I joined the soccer club <u>so</u> I like playing soccer. → _____

D. 어순 배열 주어진 어구를 순서대로 배열하여 문장을 완성하세요.

1. I / class / the / took / before / ,
   → _____ I was not good at science.
2. I / cooking / while / was / dinner / ,
   → _____ my brother was setting the table.
3. Greta / after / from / law school / graduated / ,
   → _____ she became a lawyer.
4. as / middle school / entered / soon / as / we / ,
   → _____ we joined a sports club.
5. you / sick / look / because / so
   → You'd better go to see a doctor _____.
6. the / as / bus / didn't / on / come / time
   → I was late for class _____.
7. we / help / since / Mom / wanted / to
   → We did the dishes after dinner _____.
8. it / as / in / interested / was / I
   → Jamie taught me how to make pizza _____.

WORKBOOK **03**

❶ Before the movie starts, turn off your cell phone.

→ _____

❷ When I was very young, I lived in my grandparents' house.

→ _____

❸ While we were riding horses, he took pictures of us.

→ _____

❹ They kept waiting until the singer came out onto the stage.

→ _____

❺ As soon as I joined the club, I made lots of friends.

→ _____

❻ Since we like history, we had better take the class.

→ _____

❼ After you graduate from university, what will you do?

→ _____

❽ While you were out, I cleaned up the house by myself.

→ _____

❾ 나는 잠자리에 들기 전에, 샤워를 했다. (before, go to bed, take a shower)

→ _____

❿ 우리는 학생이기 때문에 선생님 말씀을 들어야 한다. (as, students, should, listen to)

→ _____

⓫ 우리가 축구를 하고 있는 동안에, 그는 벤치에 앉아 있었다. (while, play soccer, sit, the bench)

→ _____

⓬ 선생님이 오실 때까지 계속 조용히 있어라. (keep, silent, until)

→ _____

⓭ 그가 대학을 졸업하면, 그는 파일럿이 될 것이다. (when, graduate from, college, become)

→ _____

⓮ Mark가 10살 때, 그의 부모님은 두 분 다 일을 하셨다. (when, both of, parents, work)

→ _____

⓯ 왜냐하면 나는 남자아이처럼 보였기 때문이다. (it is because, look like)

→ _____

⓰ Andy는 지각할 것이다, 왜냐하면 그는 늦게 일어났기 때문이다. (since, wake up late)

→ _____

A. 형태 확인 주어진 우리말을 참고하여 빈칸에 알맞은 접속사를 쓰세요.

① _____ you want to donate your talent, visit the homepage.
당신의 재능을 기부하고 싶다면, 홈페이지를 방문해 주세요.

② _____ you start now, you won't know when to start.
당신이 지금 시작하지 않으면, 언제 시작할지 모를 것이다.

③ _____ there are many volunteers, they still need hands.
많은 자원봉사자들이 있지만, 그들은 여전히 일손을 필요로 한다.

④ _____ she likes English, I like Chinese.
그녀는 영어를 좋아하는 반면, 나는 중국어를 좋아한다.

⑤ I'll teach elderly people English, _____ I can.
내가 할 수 있는 한, 나는 노인들에게 영어를 가르칠 것이다.

⑥ _____ she meets people in need, she will be a volunteer.
일단 그녀가 도움이 필요한 사람들을 만나보면, 그녀는 자원봉사자가 될 것이다.

B. 문장 전환 괄호 안에 주어진 지시대로 문장을 바꿔 쓰세요.

① You are willing. You can join the volunteer work group. (if를 써서 한 문장으로)
→ _____

② You can't donate money. You can donate your talent. (unless를 써서 한 문장으로)
→ _____

③ They are not rich. They can help the poor. (though를 써서 한 문장으로)
→ _____

④ They stay in the hospital. The older patients will need help. (as long as를 써서 한 문장으로)
→ _____

⑤ They taught math. We taught English to kids. (while을 써서 한 문장으로)
→ _____

⑥ They are in the hospital. They want to watch the show. (although를 써서 한 문장으로)
→ _____

⑦ You begin the volunteer program. You will enjoy it. (once를 써서 한 문장으로)
→ _____

⑧ She is tired. She volunteers every week. (even though를 써서 한 문장으로)
→ _____

다음 문장에서 밑줄 친 부분을 바르게 고치세요.

❶ <u>If</u> I needed a hand, nobody helped me. → _____

❷ <u>Although</u> you donate things, you will want to do it again. → _____

❸ We will apply <u>with</u> the volunteer program. → _____

❹ <u>If</u> you make an appointment, you can't see her. → _____

❺ <u>As</u> they look similar, they are different from each other. → _____

❻ Unless you <u>don't have</u> time, you can donate your items. → _____

❼ <u>Though</u> we help others, our society will be better. → _____

❽ <u>As long</u> you do good things, you will feel great. → _____

❾ <u>Because</u> Tim tried his best, he failed. → _____

❿ If you want to participate <u>to</u> the club, please contact us. → _____

주어진 어구를 순서대로 배열하여 문장을 완성하세요.

❶ someone / if / helped / you / ,

→ _____ you should help someone else.

❷ you / unless / want / donate / to / money / ,

→ _____ you can donate your old things.

❸ participate / we / once / in / the / event / sharing / ,

→ _____ we can help people in need.

❹ a / don't / if / they / as / work / team / ,

→ _____ they can't help many people.

❺ need / you / don't / the / although / item / ,

→ _____ someone else can use it.

❻ rich / not / are / we / even though / ,

→ _____ we can still help other people.

❼ may / little / money / be / it / though / ,

→ _____ it will be a great help to someone.

❽ good / I'm / at / playing / while / piano / the / ,

→ _____ you're good at singing.

❶ Even though they are very rich, they don't help the poor.

→ _____

❷ Unless you have money to give, you can donate your talent.

→ _____

❸ While we share many things, we don't share cars or houses.

→ _____

❹ Though you're not good at English, you can teach the kids words.

→ _____

❺ As long as there are people in need, I'll help them.

→ _____

❻ Although I made an appointment with the doctor, I couldn't see him.

→ _____

❼ Once you do a good thing, you'll keep doing it.

→ _____

❽ Unless we work as a team, we can't achieve the goal.

→ _____

❾ 비록 그들은 병원에 입원해 있지만, 그들은 배우고 싶어한다. (even though, stay in the hospital)

→ _____

❿ 우리가 남들을 돕는 한, 남들도 우리를 도울 것이다. (as long as, others)

→ _____

⓫ 한번 그들이 물건들을 공유하면, 그들은 다시 그것을 하기를 원할 것이다. (once, share things, want, again)

→ _____

⓬ 비록 그녀는 최선을 다했지만, 그 시험에 낙제했다. (although, try her best, fail the test)

→ _____

⓭ 우리가 좋은 일을 하지 않으면, 아무것도 변하지 않을 것이다. (unless, good things, nothing)

→ _____

⓮ 비록 우리에게 많은 구성원들이 있지만, 우리는 여분의 일손이 필요하다. (although, many members, extra hands)

→ _____

⓯ 네가 일단 그 일에 지원하면, 너는 더 많은 정보를 얻을 것이다. (once, apply for, the job, get)

→ _____

⓰ 네가 일정을 잡지 않으면, 너는 그를 만날 수 없다. (if, make an appointment, meet)

→ _____

A. 형태 확인 주어진 우리말을 참고하여 빈칸에 알맞은 접속사 또는 의문사를 쓰세요.

❶ I wonder _____ the news is true or not. 나는 그 소식이 진짜인지 아닌지 궁금하다.

❷ We learned _____ Jupiter has rings. 우리는 목성이 고리들을 가지고 있다고 배웠다.

❸ I believe _____ he can go across the country. 나는 그가 그 나라를 횡단할 수 있을 것이라 믿는다.

❹ He asked us _____ or not we knew the planet. 그는 우리에게 그 행성을 알고 있는지 없는지 물었다.

❺ I learned _____ days and nights occur. 나는 낮과 밤이 왜 생기는지에 대해 배웠다.

❻ We wonder _____ discovered that continent. 우리는 누가 저 대륙을 발견했는지 궁금하다.

❼ Do you know _____ many planets are in our solar system?
너는 우리 태양계에 몇 개의 행성이 있는지 아니?

❽ I understand _____ the scientist supported the theory.
나는 왜 그 과학자가 그 이론을 지지했는지 안다.

B. 문장 전환 괄호 안에 주어진 지시대로 문장을 바꿔 쓰세요.

❶ Our teacher explained. The Earth rotates by itself. (that을 써서 한 문장으로)
→ _____

❷ I want to know. When can we see the supermoon? (간접의문문으로)
→ _____

❸ We learned. Today is the shortest day of the year. (that을 써서 한 문장으로)
→ _____

❹ She asked me. Did Tim go to the space museum? (whether or not을 써서 한 문장으로)
→ _____

❺ Do you know? How far is Pluto from the Sun? (간접의문문으로)
→ _____

❻ I'm not sure. People agreed with his opinion. (if ~ or not을 써서 한 문장으로)
→ _____

❼ We wonder. Why does climate change happen? (간접의문문으로)
→ _____

❽ I don't know. We can see a shooting star tonight. (whether를 써서 한 문장으로)
→ _____

다음 문장에서 <u>틀린</u> 곳을 찾아 밑줄을 긋고, 바르게 고치세요.

1. I wonder if we can get rid to yellow dust.   → _____

2. Now we believe whether his theory is true.   → _____

3. The Sun is the center to the solar system.   → _____

4. They asked if or not I know the fact.   → _____

5. Do you know who we have four seasons?   → _____

6. I don't know whom named the planets.   → _____

7. He explained if the Earth is like a magnet.   → _____

8. He questions how many are stars in the sky.   → _____

9. I'm sure what people will agree with him.   → _____

10. The teacher asked me who the Americas discovered.   → _____

• D. 어순 배열   주어진 어구를 순서대로 배열하여 문장을 완성하세요.

1. Sun / that / the / by / rotates / itself
   → Mr. Kim taught us _____ .

2. she / whether or not / passed / exam / the
   → He asked me _____ .

3. can / if / I / the North Star / see / tonight
   → I wonder _____ .

4. theory / made / the / who / scientific
   → I want to know _____ .

5. agrees / he / why / with / opinion / that
   → We don't know _____ .

6. found / she / where / information / the
   → He asked Kelly _____ .

7. when / can / the / red / see / we / moon
   → I wonder _____ .

8. people / how long / a thousand / ago / years / lived
   → Do you know _____ ?

❶ Please tell me what happened to you yesterday.

→ _____

❷ Do you know why days and nights occur?

→ _____

❸ We wonder why seasons change.

→ _____

❹ People believe that Columbus discovered the Americas.

→ _____

❺ The fact is that he went across the Atlantic.

→ _____

❻ People agreed that he was right in the end.

→ _____

❼ Did you know that the Sun is the center of the universe?

→ _____

❽ We learned that the planets rotate by themselves.

→ _____

❾ 나는 그들이 어떻게 그 폐기물을 제거했는지 궁금했다. (wonder, how, get rid of, the waste)

→ _____

❿ 사실은 모든 행성이 태양 주위를 돈다는 것이다. (the fact, that, turn around)

→ _____

⓫ 그는 우리가 그 사실을 아는지 모르는지 질문했다. (ask, whether, the fact, or not)

→ _____

⓬ 너는 태양이 지구에서 얼마나 멀리 있는지 아니? (know, how far, from)

→ _____

⓭ 우리는 왜 그가 그 의견에 찬성했는지 알지 못했다. (know, why, agree with, that opinion)

→ _____

⓮ 너는 우주선이 명왕성에 갈 수 있는지 없는지 아니? (know, if, the spaceship, Pluto, or not)

→ _____

⓯ 너는 지구가 얼마나 빨리 자전하고 있는지 배웠니? (learn, how fast, rotate by oneself)

→ _____

⓰ 사람들은 바다를 건널 수 없다고 믿었다. (believe, that, go across, the sea)

→ _____

Review Test 1 [01-03]

01 다음 중 어법상 틀린 문장은?

① If you're late, you can't get it.
② I kept waiting until he came out.
③ Since he was 3, he couldn't ride a horse.
④ When I will be 20, I will drive the car.
⑤ While you're cooking, I am cleaning.

02 주어진 우리말을 영어로 바르게 옮긴 것은?

> 네가 거짓말을 안 하면, 나는 너를 도울 것이다.

① If you tell a lie, I will help you.
② If you tell a lie, I don't help you.
③ Unless you tell a lie, I will help you.
④ Unless you don't tell a lie, I will help you.
⑤ When you won't tell a lie, I will help you.

03 다음 중 어법상 맞는 문장을 모두 고르면?

① He asked me if is it possible.
② Please tell me what time it is.
③ Do you know why didn't he come today?
④ I wonder if or not he passed the exam.
⑤ As soon as I finished eating, I watched TV.

[04-05] 다음 빈칸에 알맞은 접속사를 쓰시오.

04
> I joined the movie club _____ I'm interested in movies.

➡ _____

05
> _____ they have lots of money, they don't donate.

➡ _____

06 다음 대화의 빈칸에 알맞은 말을 쓰시오.

> A: Did Suzy come to volunteer?
> B: _____ she was busy, she came to help.

07 다음 두 문장의 빈칸에 공통으로 들어갈 말을 쓰시오.

> • _____ long as I'm selfish, nobody helps me.
> • If we don't work _____ a team, we can't realize our dream.

➡ _____

08 다음 대화의 밑줄 친 우리말을 영어로 바르게 옮기시오.

> A: Can you speak English well like him?
> B: No. 그는 영어를 잘 말하는 반면, I can speak Chinese well.

➡ _____

09 다음 글에서 틀린 곳을 찾아 바르게 고치시오.

> The planets have their own names. I wonder how did people name the planets.

➡ _____ _____

10 다음 〈보기〉에 주어진 말들을 활용하여 글을 완성하시오.

〈보기〉	that	before	while

> _____ I joined the volunteer club, I didn't know _____ I could help others. Our club visits the hospital. _____ I play the piano, my friends sing.

A. 형태 확인   주어진 우리말을 참고하여 빈칸에 알맞은 관계대명사를 쓰세요.

❶ I have a friend _____ is from England. 나에겐 영국 출신의 친구가 한 명 있다.

❷ Is he the teacher _____ you told me about? 그가 네가 내게 말했던 선생님이니?

❸ Josh bought the sneakers _____ I have. Josh는 내가 갖고 있는 그 운동화를 샀다.

❹ I know the boy _____ Rudy is waiting for. 나는 Rudy가 기다리고 있는 소년을 안다.

❺ She hates the boy _____ voice is very loud. 그녀는 목소리가 매우 큰 그 남자아이를 싫어한다.

❻ He has a puppy _____ is cute and small. 그에게는 귀엽고 작은 강아지 한 마리가 있다.

❼ Did you see my T-shirt _____ color is red? 너는 빨간색인 내 티셔츠를 봤니?

❽ I have some friends _____ always help me. 나는 나를 항상 도와주는 친구들이 몇 명 있다.

❾ I was moved by the letter _____ you wrote. 나는 네가 쓴 편지에 감동 받았어.

❿ The lady _____ looks kind is my teacher. 친절해 보이는 여자분이 나의 선생님이다.

B. 문장 전환   괄호 안에 주어진 지시대로 문장을 바꿔 쓰세요.

❶ Maggie is a strong girl. She is good at riding her bike. (who를 써서 한 문장으로)
   → _____

❷ I also have the same scarf. You are wearing the scarf. (which를 써서 한 문장으로)
   → _____

❸ They are the famous group. I want to meet them. (whom을 써서 한 문장으로)
   → _____

❹ He loves his new laptop. It is very fast and handy. (that을 써서 한 문장으로)
   → _____

❺ Did you see the book? Its cover is yellow. (whose를 써서 한 문장으로)
   → _____

❻ I miss the sandwiches. You made the sandwiches for me. (which를 써서 한 문장으로)
   → _____

❼ Sean is my best friend. I can tell him everything. (whom을 써서 한 문장으로)
   → _____

❽ Do you remember the words? I said the words yesterday. (that을 써서 한 문장으로)
   → _____

• C. 오류 수정 다음 문장에서 <u>틀린</u> 곳을 찾아 밑줄을 긋고, 바르게 고치세요.

❶ She likes the boy whose is wearing glasses. → _____

❷ Ben made a pizza whom you enjoyed. → _____

❸ I have an uncle who I like very much. → _____

❹ He lost his USB whose has his homework. → _____

❺ This is the writer who I want to meet. → _____

❻ I have a friend that mother is a dentist. → _____

❼ We remember the girl whom eyes are brown. → _____

❽ He read books that was about friendship. → _____

❾ He loves the car whose he bought last month. → _____

❿ We watched a movie that were about heroes. → _____

• D. 어순 배열 주어진 어구를 순서대로 배열하여 문장을 완성하세요.

❶ who / at / good / basketball / was

→ Tommy was a tall boy _____.

❷ meet / whom / I / to / wanted

→ He is the singer _____.

❸ name / last / Grey / was / whose

→ She was looking for a man _____.

❹ cooking / in / interested / who / are

→ We made many friends _____.

❺ wearing / that / now / I'm

→ She has the same dress _____.

❻ Andrew / have / wanted / that / to

→ We decided to buy the bag _____.

❼ is / very / which / teens / with / popular

→ Do you know the game _____?

❽ which / I / last / month / read

→ This is the book _____.

❶ There, we met a girl whose smile was bright.

→ _____

❷ Andy needs someone who listens to him.

→ _____

❸ You didn't say sorry to the friend whom you fought with.

→ _____

❹ The teacher recommended us a book which is about a good friendship.

→ _____

❺ We are best friends that have many things in common.

→ _____

❻ She thanked me for the present which I sent her.

→ _____

❼ You can make friends who have the same interests as you.

→ _____

❽ Is he looking for the girl whose hair is long and brown?

→ _____

❾ 그는 검은 재킷을 입고 있는 그 남자를 찾고 있니? (look for, who, wear, a black jacket)

→ _____

❿ 네가 우리에게 준 도움에 대해 너에게 감사해. (thank, for, the help, that)

→ _____

⓫ 내 옆에 앉아 있던 그 소녀는 내 여동생이다. (who, sit, next to)

→ _____

⓬ 나는 관심사가 게임인 그들과 친구가 되었다. (make friends with, whose interest, games)

→ _____

⓭ Terry는 그의 자전거를 빌린 친구에게 문자를 보냈다. (send a text, who, borrow, bike)

→ _____

⓮ 너는 너와 싸운 그 소년에게 사과했니? (say sorry, whom, fight with)

→ _____

⓯ 그들은 방들이 충분히 큰 그 집으로 이사를 갈 것이다. (move into, whose, rooms, big enough)

→ _____

⓰ 나는 나와 함께 많은 것들을 공유할 수 있는 친구를 한 명 찾고 있다. (look for, whom, share, many, with)

→ _____

A. 형태 확인　주어진 우리말을 참고하여 빈칸에 알맞은 관계부사 또는 what을 쓰세요.

1 The palace _____ we visited was wonderful. 우리가 방문했던 궁전은 훌륭했다.

2 He knows exactly _____ I need for the trip. 그는 내가 그 여행을 위해 무엇이 필요한지 정확히 알고 있다.

3 Please tell me _____ you don't talk to me. 네가 나랑 왜 말을 안 하는지 제발 말해줘.

4 _____ I want to eat in Spain is churros. 내가 스페인에서 먹고 싶은 것은 츄러스이다.

5 I missed the days _____ I was in Hawaii. 나는 내가 하와이에 있었던 날들이 그리웠다.

6 That's the reason _____ I learned Chinese. 그것이 내가 중국어를 배운 이유이다.

7 Tell us _____ you experienced in New York. 네가 뉴욕에서 경험한 것을 우리에게 말해줘.

8 I want to know _____ you speak English well. 나는 네가 영어를 어떻게 잘 말하는지 알고 싶다.

9 This is the station _____ we'll take a train. 이곳이 우리가 기차를 탈 역이다.

10 Do you know _____ I can get to the airport? 너는 내가 공항에 어떻게 갈 수 있는지 아니?

B. 문장 전환　괄호 안에 주어진 지시대로 문장을 바꿔 쓰세요.

1 He told us the reason why he left for India. (for which를 써서)
→ _____

2 We won't forget the days in which we stayed in Tokyo. (관계부사를 써서)
→ _____

3 I remember the hotel where I could see the Eiffel Tower. (in which를 써서)
→ _____

4 You should change the way you think. (관계부사를 써서)
→ _____

5 The river where swans were swimming was beautiful. (in which를 써서)
→ _____

6 We visited the town in which Mozart wrote the music. (관계부사를 써서)
→ _____

7 I can't forget my last holiday when I was in London. (during which를 써서)
→ _____

8 We like this city in which we can see many old buildings. (관계부사를 써서)
→ _____

다음 문장에서 **틀린** 곳을 찾아 밑줄을 긋고, 바르게 고치세요.

① That's the reason how I missed the flight. → _____

② The shop what we bought shoes is closed. → _____

③ What they want to do are to climb Mt. Fuji. → _____

④ Tell me the way why you left for India. → _____

⑤ That we need is a new navigation system. → _____

⑥ He asked me why I could get the ticket. → _____

⑦ I went to the café when I could drink coffee. → _____

⑧ The museum which we spent a day was amazing. → _____

⑨ The week how we stayed in Italy was nice. → _____

⑩ She told me the way how I could get there. → _____

D. 어순 배열 주어진 어구를 순서대로 배열하여 문장을 완성하세요.

① in / was / I / when / Rome
→ I'll never forget the time _____.

② home / he / why / left
→ Do you know the reason _____?

③ people / spoke / Spanish / how / the
→ Yuna didn't understand _____.

④ Van Gogh / where / "Sunflowers" / painted
→ We visited the house _____.

⑤ leave / train / the / in which / would
→ We forgot the time _____.

⑥ he / late / for which / was
→ He told us the reason _____.

⑦ took / she / in which / pictures
→ Amy remembers the beautiful castle _____.

⑧ most / in which / students / go / field trips / on
→ Spring is the season _____.

❶ He couldn't arrive at the time when he should take the bus.

→ _____

❷ Did you explain to the teacher why you were late?

→ _____

❸ Let's go to a place where we can have a picnic.

→ _____

❹ Think about what you want to do during the trip.

→ _____

❺ The town where Shakespeare was born was small.

→ _____

❻ She doesn't know how her sister set the alarm.

→ _____

❼ She's making plans for the days when she'll be in Vietnam.

→ _____

❽ I don't know what I need to prepare for the trip.

→ _____

❾ 그녀가 그 음식을 요리하는 방법은 놀랍다. (the way, cook, the food, amazing)

→ _____

❿ 이곳은 사람들이 길을 잃을 수 있는 장소이다. (a place, where, get lost)

→ _____

⓫ 그 여행에 내가 필요한 것은 유럽 지도이다. (what, for, the trip, of Europe)

→ _____

⓬ 그에게 내가 결석한 이유를 말하지 마라. (tell, the reason, for which, absent)

→ _____

⓭ 그 티켓은 내가 오랫동안 사고 싶었던 것이었다. (what, buy, for a long time)

→ _____

⓮ 내가 지금 필요한 것은 약간의 돈과 자동차 한 대이다. (what, now, need, a little)

→ _____

⓯ 이것이 우리가 휴가를 계획하는 방법이다. (the way, make plans, for holidays)

→ _____

⓰ 내가 말하고 싶은 것은 너의 꿈을 실현하라는 것이다. (what, say, to realize)

→ _____

A. 형태 확인　주어진 우리말을 참고하여 빈칸에 알맞은 관계대명사 또는 복합관계사를 쓰세요.

❶ She downloaded the files, _____ were very useful.
그녀는 그 파일들을 다운로드 받았는데, 그것들은 매우 유용했다.

❷ _____ he goes, he carries his tablet PC. 그가 어디에 가든, 그는 태블릿 PC를 갖고 다닌다.

❸ Online communities, _____ people use nicknames, are dangerous.
온라인 커뮤니티들은, 그곳에서 사람들은 닉네임을 사용하는데, 위험하다.

❹ _____ you're free, you take a selfie. 너는 한가할 때마다, 셀피를 찍는다.

❺ The new app, _____ looks useful, is not free. 새 앱은, 유용해 보이는데, 공짜가 아니다.

❻ This new cell phone, _____ has a good camera, is expensive.
이 새로운 휴대전화는, 좋은 카메라를 가졌는데, 값이 비싸다.

❼ _____ you are, you should follow netiquette. 당신이 누구든, 당신은 네티켓을 지켜야 한다.

❽ _____ you do, take responsibility for your actions. 네가 무엇을 하든, 네 행동에 책임을 져라.

B. 문장 전환　괄호 안에 주어진 지시대로 문장을 바꿔 쓰세요.

❶ No matter what you look for, you can find it online. (복합관계사를 써서)
→ _____

❷ We like going to that café. We can use free WiFi there. (계속적 용법의 where를 써서 한 문장으로)
→ _____

❸ No matter where she goes, she takes a picture of the place. (복합관계사를 써서)
→ _____

❹ I have a friend called Jay. His interests are also movies. (계속적 용법의 whose를 써서 한 문장으로)
→ _____

❺ No matter whom you meet online, try to be polite. (복합관계사를 써서)
→ _____

❻ Dad bought me a game. It made me very happy. (계속적 용법의 which를 써서 한 문장으로)
→ _____

❼ No matter when I find good restaurants, I post them on social media. (복합관계사를 써서)
→ _____

❽ The girl could be my friend. I met her online. (계속적 용법의 whom을 써서 한 문장으로)
→ _____

C. 오류 수정 다음 문장에서 <u>틀린</u> 곳을 찾아 밑줄을 긋고, 바르게 고치세요.

1. The boy, who you like, is famous online. → _____
2. I'm talking about Matt, which is good at cooking. → _____
3. Whomever you are, you should keep the rules. → _____
4. The article, whom I read yesterday, was about netiquette. → _____
5. Whenever I go, I take a picture of the place. → _____
6. The machine, that looks cool, was useless. → _____
7. What you want, you can buy it online. → _____
8. The shoes which I bought online, are too small. → _____
9. Whoever I feel bored, I play a mobile game. → _____
10. The mobile game, that is exciting, caused some problems. → _____

D. 어순 배열 주어진 어구를 순서대로 배열하여 문장을 완성하세요.

1. her / she / on / refrigerator / which / puts

   → She collects magnets, _____.

2. rude / where / can / be / people

   → We should use good netiquette online, _____.

3. social media / whose / popular / was

   → We became friends with the girl, _____.

4. used / he / which / for / 7 years

   → He wanted to change his old computer, _____.

5. you / meet / whomever / ,

   → _____ try to listen to them.

6. need / you / whatever / ,

   → _____ you can buy it online.

7. I / whenever / free / time / have / ,

   → _____ I update my blog.

8. whenever / class / they're / in / ,

   → _____ they should turn off their phones.

❶ Whenever I use my smartphone, my eyes hurt.

→ _____

❷ Whatever you read online, it might not be true.

→ _____

❸ We went to the library, where we could use the Internet.

→ _____

❹ Smartphones, which are useful, cause problems in schools.

→ _____

❺ Look up the words in the dictionary whenever you need to.

→ _____

❻ We became friends with Sam, whose blog is famous.

→ _____

❼ The men, whom we passed by, must be actors.

→ _____

❽ We learned about netiquette, which is important these days.

→ _____

❾ 네가 내 도움이 필요할 때는 언제든, 내가 너를 도와줄게. (whenever, my help)

→ _____

❿ 그녀의 엄마는 그녀가 원하는 것은 뭐든 사 주지 않았다. (her mom, whatever, wanted)

→ _____

⓫ 그 장소가 어디든, 나는 그곳을 온라인으로 찾을 수 있다. (wherever, the place, find, online)

→ _____

⓬ 그녀는 소셜미디어를 좋아하는데, 그것은 매우 인기가 있다. (social media, which, very, popular)

→ _____

⓭ 그녀는 Ken이라는 이름의 아들이 있는데, 그는 음악가이다. (son, named, who, musician)

→ _____

⓮ 단어들을 온라인 사전에서 찾아라, 그것은 빠르다. (look up, in, the online dictionary, which)

→ _____

⓯ 네가 나에게 무엇을 말하든, 나는 그것을 비밀로 할 것이다. (whatever, tell, keep, a secret)

→ _____

⓰ 네가 온라인으로 무엇을 검색하든, 너는 많은 결과를 얻을 것이다. (whatever, search for, a lot of, results)

→ _____

Review Test 2 [04-06]

01 다음 중 어법상 틀린 문장은?

① Is she 15 years old now?
② I learned the way how I booked the ticket.
③ What I need for the trip is my passport.
④ I bought a bike whose color is green.
⑤ He sold his car, which he used for 9 years.

02 주어진 우리말을 영어로 바르게 옮긴 것은?

> 나는 사진을 찍는데, 그것들은 모두 내 셀피다.

① I take photos what are all selfies.
② I take photos, whose are all selfies.
③ I take photos, which are all selfies.
④ I take photos, that are all selfies.
⑤ I take photos, whatever are all selfies.

03 다음 중 어법상 맞는 문장을 모두 고르면?

① We know the place where he was born.
② Whatever you go, carry your cell phone.
③ I'll visit the park why I can see many flowers.
④ What I want to do is to visit the Eiffel Tower.
⑤ I read the book whose is about school life.

[04-05] 다음 빈칸에 알맞은 관계부사를 쓰시오.

04

> It is Jeju Island _____ I spent this summer break.

→ _____

05

> What did you do _____ you stayed in Egypt?

→ _____

06 다음 대화의 빈칸에 알맞은 말을 쓰시오.

> A: Did you make friends at your new school?
> B: Yes. I made a friend _____ interest is dancing.

07 다음 두 문장의 의미가 같을 때, 빈칸에 알맞은 말을 쓰시오.

> No matter when I look for a restaurant, I use social media.
> = _____ I look for a restaurant, I use social media.

08 다음 대화의 밑줄 친 우리말을 영어로 바르게 옮기시오. (주어진 어구를 사용할 것)

> A: I'm out of data.
> B: Let's go to a café <u>우리가 무료 와이파이를 사용할 수 있는</u>. (where, free WiFi)

→ _____

09 다음 글에서 틀린 곳을 찾아 바르게 고치시오.

> I went to China last year. That I did there was to visit the Great Wall. It was amazing.

_____ → _____

10 다음 〈보기〉에 주어진 말들을 활용하여 글을 완성하시오.

| 〈보기〉 | whose | which | where |

> I went to the supermarket _____ I bought snacks. There, I lost my wallet _____ color is grey. A clerk picked up my wallet, _____ was on the floor.

A. 형태 확인 　주어진 우리말을 참고하여 빈칸에 알맞은 사역동사를 쓰세요.

❶ Mom didn't _____ me play the game. 엄마는 내가 그 게임을 하는 것을 허락하지 않으셨다.

❷ Who _____ you to do the dishes? 누가 너에게 설거지를 하도록 강요했니?

❸ The teacher _____ us clean the classroom. 그 선생님은 우리에게 교실을 청소하도록 시키셨다.

❹ I _____ Dad to wash the camper. 나는 아빠가 캠핑카를 세차하시는 것을 도와드렸다.

❺ She _____ me recycle bottles and paper. 그녀는 내가 병과 종이를 재활용하도록 시켰다.

❻ Teachers don't _____ us sleep in class. 선생님들은 우리가 수업 중에 자도록 두지 않으신다.

❼ Dad _____ us to take the garbage out. 아빠는 우리가 쓰레기를 버리도록 시키셨다.

❽ You _____ me do my best all the time. 너는 내가 항상 최선을 다하도록 만들었다.

❾ Who _____ you tell a lie? 누가 너에게 거짓말하도록 시켰니?

❿ Will you _____ my brother clean the table? 내 남동생이 식탁을 치우는 것을 도와줄래?

B. 문장 전환 　괄호 안에 주어진 지시대로 문장을 바꿔 쓰세요.

❶ Mom had me water the plant. (get을 써서)

→ _____

❷ Our homeroom teacher gets us to study hard. (make를 써서)

→ _____

❸ My parents let me save money. (force를 써서)

→ _____

❹ My brother had me solve a difficult problem. (help를 써서)

→ _____

❺ I will help her to move the tables and chairs. (have를 써서)

→ _____

❻ They won't get you to skip breakfast. (let을 써서)

→ _____

❼ She let us go to bed before 10. (get을 써서)

→ _____

❽ The police had me find the bus stop. (help를 써서)

→ _____

다음 문장에서 <u>틀린</u> 곳을 찾아 밑줄을 긋고, 바르게 고치세요.

① Mom let me to pick up the garbage. → _____

② I'm running out for money now. → _____

③ He didn't force me do the homework. → _____

④ I asked Dad of more allowance this month. → _____

⑤ They got me finish the team project. → _____

⑥ My parents don't have me to do the laundry. → _____

⑦ She forced us playing outside. → _____

⑧ My brother helped me riding a bike. → _____

⑨ I helped my sister cooked dinner. → _____

⑩ Who got you keep an English diary? → _____

● D. 어순 배열 주어진 어구를 순서대로 배열하여 문장을 완성하세요.

① got / my room / my brother / clean / to / me / .

→ _____

② helped / me / Mom / save / to / money / .

→ _____

③ forced / the teacher / us / study / to / the exam / for / .

→ _____

④ collect / get / will / you / to / answer sheets / the / Mr. Han / .

→ _____

⑤ makes / Mom / the / fold / laundry / me / .

→ _____

⑥ won't / she / let / get / you / part-time job / a / .

→ _____

⑦ us / Dad / had / home / stay / as / punishment / a / all day / .

→ _____

⑧ the / us / lets / teacher / outside / play / lunch / after / .

→ _____

❶ He had me bring the bag.

→ _____

❷ Do your parents get you to do house chores?

→ _____

❸ The teacher will have you do volunteer work.

→ _____

❹ Who forced you to write this letter?

→ _____

❺ Mom doesn't let me eat up all food at once.

→ _____

❻ I helped my sister to do the laundry last weekend.

→ _____

❼ She made me set the table instead of doing the dishes.

→ _____

❽ The teacher had me run around the track.

→ _____

❾ 엄마는 내가 그녀에게 돈을 달라고 하지 못하게 하셨다. (let, ask, for)

→ _____

❿ 그는 내가 그의 숙제를 하도록 시켰다. (have, do, homework)

→ _____

⓫ 나는 나의 아버지가 세차하는 것을 도왔다. (help, wash, his car)

→ _____

⓬ 선생님들은 우리가 복도를 청소하게 하실 거야. (teachers, let, the hallway)

→ _____

⓭ 아빠는 내가 수학 문제 푸는 것을 도와주셨다. (help, solve, math problems)

→ _____

⓮ 엄마는 내가 나의 지출 내역을 기록하게 시키셨다. (make, keep a record of, spending)

→ _____

⓯ 그 남자는 우리에게 거리의 쓰레기를 주우라고 시켰다. (get, pick up, the garbage)

→ _____

⓰ 그 행사는 우리가 우리의 물건들을 서로 나누도록 도왔다. (help, share, things, with each other)

→ _____

A. 형태 확인 주어진 우리말을 참고하여 빈칸에 알맞은 말을 쓰세요.

❶ Rosy _____ her heart beating. Rosy는 그녀의 심장이 뛰고 있음을 느꼈다.

❷ They looked at the magician _____ the trick. 그들은 마술사가 마술을 하는 것을 보았다.

❸ Did you _____ someone call you? 너는 누가 너를 부르는 소리를 들었어?

❹ We _____ the group dancing. 우리는 그 그룹이 춤추는 것을 보았다.

❺ He saw his fans _____ for him. 그는 그의 팬들이 그를 위해 노래하고 있는 것을 보았다.

❻ I didn't _____ someone chasing after me. 나는 누군가 나를 뒤쫓고 있다는 것을 알아채지 못했다.

❼ I _____ the clown making big bubbles. 나는 그 광대가 큰 비눗방울을 만드는 것을 보았다.

❽ She watched me _____ the contest. 그녀는 내가 대회에서 우승하는 것을 봤다.

❾ We listened to him _____ the piano. 우리는 그가 피아노를 연주하는 것을 들었다.

❿ Did you notice that participant _____ a mistake? 너는 그 참가자가 실수하는 것을 눈치챘어?

B. 문장 전환 다음 두 문장을 한 문장으로 바꿔 쓰세요.

❶ He noticed the police officer. + The police officer was chasing after him.
→ _____

❷ Can you feel the fever? + The fever gets hotter and hotter.
→ _____

❸ I watched the kids. + The kids were dancing to music.
→ _____

❹ Everybody saw Ella. + She performed on the stage.
→ _____

❺ She couldn't listen to the boy. + The boy sang her favorite song.
→ _____

❻ They heard people. + People were cheering for them.
→ _____

❼ Ian looked at his brother. + His brother was taking a picture of him.
→ _____

❽ Nobody noticed the boy. + The boy was crying in the crowd.
→ _____

다음 문장에서 틀린 곳을 찾아 밑줄을 긋고, 바르게 고치세요.

1 He felt his body moved to the music.   → _____

2 I want to listen to her singing for person.   → _____

3 They noticed someone to take a picture of them.   → _____

4 I watched my sister slept on the sofa.   → _____

5 We listened to the band to play the guitar.   → _____

6 They're looking at me be dancing to the music.   → _____

7 She watched the man chasing to the kid.   → _____

8 Did you notice him to talk about you?   → _____

9 I saw people cheered for the soccer team.   → _____

10 Did you feel something moves behind you?   → _____

D. 어순 배열 주어진 어구를 순서대로 배열하여 문장을 완성하세요.

1 listened / sing / we / the / to / beautifully / choir / .

→ _____

2 their / they / children / watched / after / chase / other / each / .

→ _____

3 her / Mary / dad / noticed / of / picture / a / take / her / .

→ _____

4 saw / dance / I / him / to / the festival / the music / at / .

→ _____

5 his / something / felt / climbing / Jason / up / arm / .

→ _____

6 a / heard / to / we / someone / shouting / participant / .

→ _____

7 the / listened / judge / to / speaking / us / English / in / .

→ _____

8 the boys / watched / the audience / a parade / holding / .

→ _____

다음 영어는 한글로, 한글은 영어로 바꾸세요. (❾ ~ ⓰ 괄호 안의 어구를 순서대로 활용할 것)

❶ She felt her heart beating fast.

→ _____

❷ I couldn't hear the band play the music.

→ _____

❸ We noticed him making a mistake.

→ _____

❹ Greg saw a man making cotton candy.

→ _____

❺ We heard someone singing from somewhere.

→ _____

❻ Did you watch our team losing the game yesterday?

→ _____

❼ I couldn't see the actress act in person.

→ _____

❽ They noticed the police chasing after the woman.

→ _____

❾ 나는 그들이 서로 함께 노래 부르는 것을 보고 싶다. (see, sing along with, each other)

→ _____

❿ 엄마는 내가 경주에서 달리는 것을 지켜보셨다. (watch, run, in the race)

→ _____

⓫ 그녀는 Terry가 혼잣말하고 있는 것을 알아챘다. (notice, talk to oneself)

→ _____

⓬ 나는 군중 속에서 엄마가 나를 부르는 것을 들었다. (hear, call, from the crowd)

→ _____

⓭ 우리는 그 가수들이 음악에 맞춰 춤추고 있는 것을 보았다. (watch, dance to the music)

→ _____

⓮ 그들은 그 음악가가 직접 노래하는 것을 들었다. (hear, the musician, in person)

→ _____

⓯ 너는 누군가가 우리 뒤를 쫓고 있는 것을 보았니? (see, someone, chase after)

→ _____

⓰ 나는 나의 몸이 그 신나는 음악에 움직이고 있는 것을 느꼈다. (feel, move, to, exciting)

→ _____

A. 형태 확인 주어진 우리말을 참고하여 빈칸에 알맞은 말을 쓰세요.

❶ Dad wants me _____ healthy food. 아빠는 내가 건강한 음식을 먹길 원하신다.

❷ The teacher advised me _____ to others. 그 선생님은 내게 남의 말을 들으라고 충고하셨다.

❸ Jumping rope enables you _____ weight. 줄넘기는 네가 체중을 줄이는 것을 가능하게 한다.

❹ I told my sister _____ up late at night. 나는 내 여동생에게 밤에 늦게까지 깨어 있지 말라고 말했다.

❺ Mr. White expects his son _____ the exam. White 씨는 아들이 시험에 합격하기를 기대한다.

❻ Rob allowed me _____ his computer. Rob은 내가 그의 컴퓨터를 사용하는 것을 허락했다.

❼ The doctor told her _____ stressed. 그 의사는 그녀에게 스트레스 받지 말라고 말했다.

❽ My parents require me _____ positive. 나의 부모님은 내게 긍정적이 되라고 요구하신다.

❾ Mom wants me _____ mobile games. 엄마는 내가 모바일 게임을 하지 않기를 원하신다.

❿ They encouraged me _____ my best. 그들은 내가 최선을 다하도록 격려했다.

B. 문장 전환 다음 두 문장을 한 문장으로 바꿔 쓰세요.

❶ I wanted. + My sister exercises with me.

→ _____

❷ The doctor asked. + Mary takes vitamin D every day.

→ _____

❸ We will teach. + You swim in the sea.

→ _____

❹ Mom won't allow. + We watch TV all day.

→ _____

❺ They are expecting. + John leaves the hospital soon.

→ _____

❻ Regular exercise enables. + You think positively.

→ _____

❼ She advised. + He goes to see a doctor.

→ _____

❽ My family encouraged. + I join the tennis club.

→ _____

❶ She advised me having more vegetables.   → _____

❷ I don't expect you exercise every day.   → _____

❸ Mom asked me washed the dog yesterday.   → _____

❹ Your letter enabled me to being positive.   → _____

❺ They won't allow you be going out tonight.   → _____

❻ Who taught you played badminton?   → _____

❼ I want you to not skip breakfast.   → _____

❽ He told me not to eating fast food.   → _____

❾ Having a pet requires me feed it twice a day.   → _____

❿ We expect the teacher not giving us homework.   → _____

• **D. 어순 배열**   주어진 어구를 순서대로 배열하여 문장을 완성하세요.

❶ mom / my / on / diet / a / wanted / go / to / me / .

→ _____

❷ lose / him / expect / I / to / 5 kilograms / a / month / in / .

→ _____

❸ enough / told / to / sleep / me / get / friend / my / .

→ _____

❹ to / teach / you / play / will / baseball / boys / the / ?

→ _____

❺ advised / to / her / do / exercises / Tim / some / .

→ _____

❻ parents / me / my / want / to / not / up / late / stay / night / at / .

→ _____

❼ diet / you / healthy / will / a / allow / weight / to / gaining / avoid / .

→ _____

❽ my / I / brother / eat / food / fast / not / asked / to / .

→ _____

❶ Jane advised me to go jogging.

→ _____

❷ Dad doesn't allow me to get up late.

→ _____

❸ Did you encourage Ben to quit the game?

→ _____

❹ We told her to keep a healthy diet.

→ _____

❺ Kelly taught her daughter to be positive.

→ _____

❻ I encouraged Hanna to lose weight.

→ _____

❼ The doctor advised us to take care of our health.

→ _____

❽ He wants his dad to keep healthy.

→ _____

❾ 누가 너에게 테니스 치는 것을 가르쳐 주었니? (teach, play tennis)

→ _____

❿ 나는 그가 식이요법을 할 수 있게 했다. (enable, go on a diet)

→ _____

⓫ 그는 내게 패스트푸드를 먹지 말라고 말했다. (tell, eat, the fast food)

→ _____

⓬ 엄마는 내가 하루에 세 끼의 식사를 하길 원하신다. (want, eat, meals, a day)

→ _____

⓭ 그는 우리에게 규칙들을 어기면 안 된다고 가르쳤다. (teach, break the rule)

→ _____

⓮ 건전한 몸은 우리에게 건전한 마음을 갖도록 요구한다. (a sound body, require, have, a sound mind)

→ _____

⓯ 우리는 그에게 피부를 가꾸라고 말할 것이다. (tell, take care of, his skin)

→ _____

⓰ 그는 나에게 너무 스트레스를 받지 말라고 충고했다. (advise, get, too stressed)

→ _____

Review Test 3 [07-09]

01 다음 중 어법상 틀린 문장은?

① Mom didn't let us play outside.
② The police forced him to tell the truth.
③ They watched me scoring the goal.
④ My friend told me to take a rest.
⑤ Dad had me to do the dishes.

02 주어진 우리말을 영어로 바르게 옮긴 것은?

> 그 의사는 내게 정크푸드를 먹지 말라고 충고했다.

① The doctor advised me to eat junk food.
② The doctor advised me not to eat junk food.
③ The doctor advised to me not eat junk food.
④ The doctor advised to me to eat junk food.
⑤ The doctor advised to not me eat junk food.

03 다음 중 어법상 맞는 문장을 모두 고르면?

① We watched him danced on the stage.
② She will help you to make a bank account.
③ I saw you to have a parade on the street.
④ The teacher got me to clean the classroom.
⑤ They expect me making pizza for them.

[04-05] 문장에서 밑줄 친 부분을 올바른 형태로 고쳐 쓰시오.

04

> I listened to the cellist played the cello.

→ _____

05

> Grandmother got me water the plants.

→ _____

06 다음 대화의 빈칸에 알맞은 말을 쓰시오.

> A: How was the singing contest?
> B: It was fantastic. I watched my sister _____ the prize.

07 다음 두 문장의 의미가 같을 때, 빈칸에 알맞은 말을 쓰시오. (주어진 철자로 시작해서 쓸 것)

> My sister got me to clean the bathroom.
> = My sister h_____ me clean the bathroom.

08 다음 대화의 밑줄 친 우리말을 영어로 바르게 옮기시오. (주어진 어구를 사용할 것)

> A: How do you get your allowance?
> B: My parents 내가 빨래를 하도록 시키셔.
> (make, do the laundry)

→ _____

09 다음 글에서 틀린 곳을 찾아 바르게 고치시오.

> I want to sleep late on weekends. But my parents want me get up early. I'm so tired!

_____ → _____

10 다음 〈보기〉에 주어진 말들을 활용하여 글을 완성하시오.

<보기>	be	eat	keep	sleep

> Here are some tips for your health. I advise you _____ enough and _____ healthy food. I encourage you _____ positive. These will help you _____ healthy.

A. 형태 확인 주어진 우리말을 참고하여 빈칸에 알맞은 말을 쓰세요. (수동태로 쓸 것)

1 This apple pie _____ by Mandy. 이 애플파이는 Mandy에 의해 구워졌다.

2 The restaurant _____ by everyone. 그 식당은 모두에게 사랑받는다.

3 The dishes _____ by my brother. 그 그릇들은 내 남동생에 의해 씻겨졌다.

4 The olive oil can _____ with the salad. 그 올리브 오일은 샐러드와 함께 섞일 수 있다.

5 Your dessert will _____ soon. 당신의 디저트는 곧 제공될 것입니다.

6 The turkey dish _____ by Teddy. 칠면조 요리는 Teddy에 의해 요리되고 있는 중이다.

7 The chicken _____ for making soup. 그 닭고기는 수프를 만들기 위해 잘라질 수 있다.

8 These fruits _____ on the farm. 이 과일들은 농장에서는 재배되지 않는다.

9 The table _____ by my sister. 그 테이블은 내 여동생에 의해 옮겨지고 있는 중이다.

10 Fresh bread will _____ as a starter. 신선한 빵이 전채 요리로 준비될 것입니다.

B. 문장 전환 다음 문장들을 수동태로 바꿔 쓰세요.

1 Alex made this mushroom pasta.

→ _____

2 I can add some toppings to the ice cream.

→ _____

3 The waiter will serve the beef steak.

→ _____

4 We are cleaning the dining room.

→ _____

5 Dad grilled the pork and vegetables.

→ _____

6 He was preparing some food.

→ _____

7 Erica is making some sandwiches.

→ _____

8 Many visitors love that Japanese restaurant.

→ _____

다음 문장에서 **틀린** 곳을 찾아 밑줄을 긋고, 바르게 고치세요.

1. This cookie is made of France. → _____

2. The fish will steamed over low heat. → _____

3. Those pineapples wasn't grown by Dad. → _____

4. Today's special menu is also prepare. → _____

5. The dough should be keep in a cool place. → _____

6. The dish was made for rice and beef. → _____

7. The cake were served with hot tea. → _____

8. The pancake should be ate with syrup. → _____

9. The carrot cake is being bake by my aunt. → _____

10. The potatoes will be washing for cooking. → _____

D. 어순 배열 주어진 어구를 순서대로 배열하여 문장을 완성하세요.

1. the / by / made / Daisy / was / apple pie / .
   → _____

2. fish / Dad / was / by / caught / the / cooked / and / .
   → _____

3. by / ordered / be / will / them / beef salad / .
   → _____

4. were / toppings / to / pizza / the / added / .
   → _____

5. table / the / being / was / cleaned / us / for / .
   → _____

6. the / used / being / is / space / as / dining room / a / .
   → _____

7. vegetables / cooked / being / are / the / dinner / for / .
   → _____

8. grown / are / fruits / organic / being / the / on / farm / .
   → _____

❶ The mushrooms weren't grown by Tom.

→ _____

❷ The restaurant is visited by a lot of foreigners.

→ _____

❸ Will a soup be served with the main dish?

→ _____

❹ The fish should be cooked within the day.

→ _____

❺ This soup was made of beef and onions.

→ _____

❻ Flour is mixed with water and made into dough.

→ _____

❼ Vegetables should be cooked over low heat.

→ _____

❽ Should the chicken be cut into cubes?

→ _____

❾ 이 와플은 Susan에 의해 요리되었다. (this waffle, cook, by)

→ _____

❿ 당신의 주문은 주방에서 처리되는 중입니다. (order, be, process, in the kitchen)

→ _____

⓫ 나는 기꺼이 그것에 돈을 지불할 것이다. (be willing, pay for)

→ _____

⓬ 그 소스는 올리브 오일과 식초가 섞였다. (the sauce, mix with, olive oil, vinegar)

→ _____

⓭ 그 소고기는 잠시 차게 보관되어야 한다. (should, keep cold, for a while)

→ _____

⓮ 그 고기는 센 불에서 조리되어야 하나요? (should, cook, over high heat)

→ _____

⓯ 그 치즈는 나에 의해 주사위 모양으로 썰어졌다. (cut into, cubes, by)

→ _____

⓰ 달걀들은 약한 불에서 휘저어지고 있다. (eggs, be, scramble, over low heat)

• A. 형태 확인   주어진 우리말을 참고하여 빈칸에 알맞은 말을 쓰세요. (수동태로 쓸 것)

❶ He was seen _____ a picture. 그가 그림을 그리는 것이 목격되었다.

❷ She _____ to play the cello. 그녀는 첼로를 연주하도록 만들어졌다.

❸ She was asked _____ a speech. 그녀는 연설을 하도록 요청되었다.

❹ A special prize _____ to Emily. 특별상은 Emily에게 수여되었다.

❺ Shakespeare _____ a gift for writing. 셰익스피어에게는 글쓰기 재능이 주어졌다.

❻ Tom is expected _____ difficulties. Tom은 어려움을 극복할 것이라 기대되어진다.

❼ His books _____ to people. 그의 책이 사람들에게 보내졌다.

❽ _____ the flowers _____ to the winner? 그 꽃들이 수상자에게 주어졌니?

❾ The children were told _____ quiet. 아이들은 조용히 하라는 말을 들었다.

❿ She was seen _____ the piano. 그녀가 피아노를 연주하는 것이 목격되었다.

• B. 문장 전환   밑줄 친 부분을 주어로 하는 수동태로 바꿔 쓰세요. (「by+행위자」는 생략할 것)

❶ Mr. Kim showed them a touching movie.

→ _____

❷ They will send you an invitation to a talk show.

→ _____

❸ They awarded a trophy to the best team.

→ _____

❹ The teacher encouraged her to be a great painter.

→ _____

❺ The doctor will advise the player to stop playing tennis.

→ _____

❻ Her fans made her sing the song to the end.

→ _____

❼ His mom taught Kevin to overcome his problem.

→ _____

❽ My parents expected me to be a famous ballerina.

→ _____

다음 문장에서 <u>틀린</u> 곳을 찾아 밑줄을 긋고, 바르게 고치세요.

❶ He was seen practice playing soccer. → _____

❷ A book about Helen Keller was given me. → _____

❸ We are expected asking questions. → _____

❹ The silver medal was awarded Judy. → _____

❺ The writer was seen written a book. → _____

❻ Mike was made to speaking German. → _____

❼ Despite of her problems, she made it. → _____

❽ The player was required took a rest. → _____

❾ We will be taught playing the flute. → _____

❿ I were given a chance to drive the car. → _____

주어진 어구를 순서대로 배열하여 문장을 완성하세요.

❶ will / a / be / speech / given / us / to / .
→ _____

❷ twice / week / a / art / taught / am / I / .
→ _____

❸ awarded / was / trophy / a / he / for / achievement / his / .
→ _____

❹ shown / we / were / photos / a lot of / interesting / .
→ _____

❺ to / seen / was / run / Steve / the / on / track / .
→ _____

❻ advised / wasn't / Edith / singing / stop / to / .
→ _____

❼ take / am / made / I / to / piano / lessons / .
→ _____

❽ expected / Beethoven / was / musician / be / great / to / a / .
→ _____

❶ He was taught music by Mozart.

→ _____

❷ He was encouraged to be a great painter.

→ _____

❸ An invitation was sent to us last Monday.

→ _____

❹ Monet was given a gift for art.

→ _____

❺ The audience was given a great speech about her life.

→ _____

❻ He was required to hold as many concerts as possible.

→ _____

❼ The prize was awarded to the girl with the hearing problem.

→ _____

❽ Despite all the difficulties, he was expected to be the president.

→ _____

❾ 예술가들은 걸작을 만들어내도록 격려된다. (artists, encourage, create, masterpieces)

→ _____

❿ 그 대회에서 Jim에게 메달이 수여되었다. (a medal, award, to, in the competition)

→ _____

⓫ 그 학생들에게 일주일에 두 번 음악이 가르쳐진다. (teach, music, twice a week)

→ _____

⓬ 그 지도자는 연설을 하도록 기대되었다. (the leader, expect, give a speech)

→ _____

⓭ 그 남자는 어려움들을 극복하도록 기대될 것이다. (expect, overcome, the difficulties)

→ _____

⓮ 그 선수는 병원에 계속 입원하라고 말해졌다. (the athlete, tell, stay in the hospital)

→ _____

⓯ 그는 가능한 많은 소설을 쓰도록 요청 받았다. (ask, write, as many, as possible)

→ _____

⓰ 그의 장애에도 불구하고, 그는 많은 음악을 작곡했다. (despite, problem, write, lots of)

→ _____

A. 형태 확인   주어진 우리말을 참고하여 빈칸에 알맞은 말을 쓰세요. (분사구문으로 쓸 것)

① _____ down the street, they were excited. 거리를 행진할 때, 그들은 신이 났다.

② _____ a Korean friend, he practices Korean every day. 한국인 친구가 있어서, 그는 매일 한국어를 연습한다.

③ _____ with snow, the town was beautiful. 눈으로 덮여서, 그 마을은 아름다웠다.

④ _____ the flags, they cheer for their country. 깃발을 흔들면서, 그들은 자신의 국가를 응원한다.

⑤ _____ up as a witch, she surprised people. 마녀 복장을 하고, 그녀는 사람들을 놀라게 했다.

⑥ _____ with tulips, the park is famous. 튤립으로 장식되어져, 그 공원은 유명하다.

⑦ _____ in Spain, I want to eat the food. 스페인을 여행하는 동안, 나는 그 음식을 먹고 싶다.

⑧ _____ Korea, Jason experienced the food festival.
한국을 방문하면서, Jason은 그 음식 축제를 경험했다.

⑨ _____ by the sea, the island is beautiful. 바다로 둘러싸여, 그 섬은 아름답다.

⑩ _____ gifts, people enjoy Christmas. 선물을 준비하면서, 사람들은 크리스마스를 즐긴다.

B. 문장 전환   다음 문장을 분사구문으로 시작하는 문장으로 바꿔 쓰세요.

① If you see the parade, you'll be surprised.

   → _____

② When we participated in the parade, we wore green T-shirts.

   → _____

③ As it is loved by many people, the festival continued for years.

   → _____

④ While I was watching the fireworks, I welcomed a new year.

   → _____

⑤ Because it is surrounded by old buildings, the city is amazing.

   → _____

⑥ After they found the four-leaf clover, they believed they were lucky.

   → _____

⑦ Since she made a mistake, she apologized to her friend.

   → _____

⑧ Though we were covered with mud, we enjoyed the festival.

   → _____

다음 문장에서 <u>틀린</u> 곳을 찾아 밑줄을 긋고, 바르게 고치세요.

① Sing together, we enjoyed the parade. → _____

② Used by many people, the "V" sign stands of good luck. → _____

③ Dressing up as a ghost, I asked for candy. → _____

④ Knew as the light festival, it attracts people. → _____

⑤ Stayed in the city, they went to the fireworks festival. → _____

⑥ I watching the show, I took many pictures. → _____

⑦ Was allowed to enter the hall, he was excited. → _____

⑧ Covered snow, the village was all white. → _____

⑨ Using in China, the color red means fortune. → _____

⑩ Look for Jenny, I called her name out loud. → _____

• D. 어순 배열   주어진 어구를 순서대로 배열하여 문장을 완성하세요.

① to / the / going / festival / light / ,
→ _____ I took many pictures.

② enjoy / wanting / to / Halloween / ,
→ _____ you can go to the party.

③ a / as / event / religious / starting / ,
→ _____ the Christmas festival long continued.

④ the / of / out / getting / crowd / ,
→ _____ we were covered with tomatoes.

⑤ with / covered / snow / ,
→ _____ we enjoyed the festival.

⑥ trees / with / green / surrounded / ,
→ _____ the town is beautiful.

⑦ as / known / Halloween / ,
→ _____ October 31st is popular among children.

⑧ lots of / celebrated / people / by / ,
→ _____ Carnival is the biggest festival in Brazil.

❶ Dressed up as a witch, I went to the Halloween party.

→ _____

❷ Standing for good luck, the four-leaf clover is loved.

→ _____

❸ Known as the snow festival, it attracts many people to Sapporo.

→ _____

❹ Traveling in Korea during summer, they want to go to the mud festival.

→ _____

❺ Crowded with visitors, the castle is busy on weekdays.

→ _____

❻ Looking for her friend, Tara got lost in the crowd.

→ _____

❼ Wearing beautiful costumes, they marched down the street.

→ _____

❽ Decorated with a lot of roses, the festival is held in June.

→ _____

❾ 바다로 둘러싸여서, 그 나라는 아름답다. (surround, by, the sea, beautiful)

→ _____

❿ 거리를 행진할 때, 우리는 깃발을 흔들었다. (march down, wave, the flag)

→ _____

⓫ 물의 축제로 알려져, 그것은 물 싸움으로 유명하다. (know as, famous for, water fights)

→ _____

⓬ 갯벌에 위치해서, 그 도시는 진흙 축제를 연다. (locate, in, the mudflats, hold, the mud festival)

→ _____

⓭ 다른 문화에 대해 배우면서, 나는 실수를 한다. (learn, other culture, make a mistake)

→ _____

⓮ 영화들에 매혹되어, 나는 칸느 영화제에 갔다. (attract, by, films, Cannes Film Festival)

→ _____

⓯ 그날을 기념하면서, 우리는 녹색 옷을 입는다. (celebrate, wear green)

→ _____

⓰ 많은 사람들의 사랑을 받아서, 그 축제는 오래 지속되었다. (love, by, last, long)

→ _____

01 다음 중 어법상 틀린 문장은?

① The kiwis are being packed in the box.
② A letter was sent to me yesterday.
③ The beans should cook within a day.
④ This pie is made of cream cheese.
⑤ Eating a turkey, people enjoy Thanksgiving.

02 주어진 우리말을 영어로 바르게 옮긴 것은?

실수를 해서, 나는 Ben에게 사과했다.

① To make a mistake, I apologized to Ben.
② For make a mistake, I apologized to Ben.
③ Made a mistake, I apologized to Ben.
④ Making a mistake, I apologized to Ben.
⑤ Being made a mistake, I apologized to Ben.

03 다음 중 어법상 맞는 문장을 모두 고르면?

① Coffee will be served with cookies.
② The snack is made of Japan.
③ Your steak is being grilled in the oven.
④ Decorating with lights, the city is glittering.
⑤ The boy was expected being a great artist.

[04-05] 문장에서 밑줄 친 부분을 올바른 형태로 고쳐 쓰시오.

04

We are forced be quiet during the concert.

→ _____

05

Use in China, red stands for luck.

→ _____

06 다음 대화의 빈칸에 알맞은 말을 쓰시오.

A: Can I book a table for tonight?
B: Sorry. All tables _____ _____.

07 다음 두 문장의 의미가 같을 때, 빈칸에 알맞은 말을 쓰시오.

The machine washes the dishes.
= The dishes _____ _____ by the machine.

08 다음 대화의 밑줄 친 우리말을 영어로 바르게 옮기시오. (주어진 어구를 사용할 것)

A: Her mom made her a great skater.
B: Right. 그녀는 매일 스케이트를 연습하게 되었다.
(make, practice skating)

→ _____

09 다음 글에서 틀린 곳을 찾아 바르게 고치시오.

To make a beef stew, vegetables and beef should be cooking over low heat.

_____ → _____

10 다음 〈보기〉에 주어진 말들을 활용하여 글을 완성하시오.

〈보기〉 stop   know   have   take

_____ as a great painter, Van Gogh had a mental disease. He was advised _____ a rest. But, no one forced him _____ painting. _____ a passion for art, he created masterpieces.

A. 형태 확인   주어진 우리말을 참고하여 빈칸에 알맞은 말을 쓰세요.

❶ It is difficult _____ Chinese. 중국어를 말하는 것은 어렵다.

❷ It is interesting _____ about a different culture. 다른 문화에 대해 배우는 것은 흥미롭다.

❸ It isn't easy _____ to communicate with them. 내가 그들과 의사소통 하는 것은 쉽지 않다.

❹ It is simple _____ a translation app. 번역 앱을 사용하는 것은 간단하다.

❺ It is important _____ their feelings. 그들의 감정을 이해하는 것은 중요하다.

❻ It was lucky for us _____ a Korean there. 우리가 그곳에서 한국인을 만난 것은 행운이었다.

❼ It will be useful _____ to learn Spanish. 네가 스페인어를 배우는 것은 유용할 것이다.

❽ It will be helpful for you _____ English. 네가 영어로 말하는 것은 도움이 될 것이다.

❾ It was possible _____ to understand Arabic. 그녀가 아랍어를 이해하는 것이 가능했다.

❿ It was hard for him _____ familiar with the accent. 그가 그 억양에 익숙해지는 것은 어려웠다.

B. 문장 전환   괄호 안에 주어진 지시대로 문장을 바꿔 쓰세요.

❶ To use map apps in a foreign country is helpful. (It을 가주어로)

  → _____

❷ It will be interesting to learn French. (의미상의 주어를 I로)

  → _____

❸ To download the translation app was very simple. (It을 가주어로)

  → _____

❹ It was exciting to read Japanese comic books. (의미상의 주어를 Jane으로)

  → _____

❺ To learn any language without culture is unnatural. (It을 가주어로)

  → _____

❻ Was it good to experience Indian culture? (의미상의 주어를 you로)

  → _____

❼ To memorize Chinese characters is not easy. (It을 가주어로)

  → _____

❽ It is common to see foreign people here. (의미상의 주어를 he로)

  → _____

다음 문장에서 **틀린** 곳을 찾아 밑줄을 긋고, 바르게 고치세요.

1. It is meaningful learning foreign languages. → _____
2. It will be help to watch American TV shows. → _____
3. It is easy for she to sing English songs. → _____
4. It was hard for me passed the word test. → _____
5. This is common for Josh to speak in German. → _____
6. Was it good to you to study abroad? → _____
7. It's fun making a friend in another country. → _____
8. Isn't that confusing to speak five languages? → _____
9. It was fun for her introduce Korea to foreigners. → _____
10. Will it be possible for he to keep in touch with us? → _____

D. 어순 배열 주어진 어구를 순서대로 배열하여 문장을 완성하세요.

1. helpful / it / language / learn / a / to / foreign / is / .
   → _____
2. about / know / it / to / is / important / own / our / culture / .
   → _____
3. common / is / speak / it / to / Spanish / countries / in / those / .
   → _____
4. not / is / it / easy / in / drive / another / to / country / .
   → _____
5. you / for / was / helpful / it / the / map / have / to / application / ?
   → _____
6. hard / was / Josh / it / for / Korean / understand / to / culture / at first / .
   → _____
7. for / it / is / them / home / to / invite / friends / unusual / ?
   → _____
8. to / is / difficult / it / communicate / airport / foreigners / the / at / for / .
   → _____

다음 영어는 한글로, 한글은 영어로 바꾸세요. (❾ ~ ⓰ 괄호 안의 어구를 순서대로 활용할 것)

❶ It isn't easy to become familiar with foreign cultures.

→ _____

❷ Is it possible for me to use the app in translation?

→ _____

❸ Wasn't it useful for you to have a smartphone there?

→ _____

❹ It is important to understand their feelings.

→ _____

❺ It's easy to keep in touch with foreign friends online.

→ _____

❻ Is it easy to translate Japanese into Korean?

→ _____

❼ It is easy to download the dictionary app.

→ _____

❽ Is it possible for you to communicate with them in English?

→ _____

❾ 아프리카에서 당신이 불어로 말하는 것은 도움이 된다. (it, helpful, for, speak, French)

→ _____

❿ 그녀가 외국인들과 친구가 된 것은 드문 일이었다. (it, unusual, for, become friends with)

→ _____

⓫ 다른 사람들과 의사소통하는 것은 중요하다. (it, important, communicate, others)

→ _____

⓬ 한자를 외우는 것은 어렵다. (it, difficult, memorize, Chinese characters)

→ _____

⓭ 네 외국인 친구와 연락을 하고 지내는 것이 재미있니? (it, fun, keep in touch with, foreign)

→ _____

⓮ 호진이가 영어로 이야기하는 것은 어렵지 않았다. (it, difficult, for Hojin, speak)

→ _____

⓯ 그 언어뿐 아니라 문화를 배우는 것도 중요하다. (it, important, the culture, as well as)

→ _____

⓰ 그들이 한국어를 배우는 것은 쉽지 않니? (it, easy, for, the Korean language)

→ _____

A. 형태 확인 주어진 우리말을 참고하여 빈칸에 알맞은 말을 쓰세요. (「의문사＋to부정사」로 쓸 것)

❶ It's up to you what _____ next. 다음에 무엇을 해야 할지는 네게 달려 있다.

❷ I will let you know how _____ up a tent. 천막을 어떻게 치는지 내가 알려 줄게.

❸ He taught us how _____ with the kids. 그는 우리에게 아이들을 어떻게 다룰지 가르쳐 주었다.

❹ I don't know when _____ them for help. 나는 언제 그들에게 도움을 요청해야 할지 모르겠다.

❺ Let's decide what _____ the kids. 아이들에게 무엇을 가르쳐야 할지 정하자.

❻ They remember when _____ for Africa. 그들은 언제 아프리카로 떠나야 할지 기억한다.

❼ It was too dry _____ water. 날이 너무 건조해서 물을 얻을 수 없었다.

❽ She was kind enough _____ other people. 그녀는 다른 사람들을 도울 만큼 매우 친절했다.

❾ Is it too late _____ up for volunteer work? 봉사활동에 등록하기에는 너무 늦었나요?

❿ I'm old enough _____ things by myself. 나는 스스로 일을 결정할 만큼 충분한 나이가 되었다.

B. 문장 전환 괄호 안에 주어진 지시대로 문장을 바꿔 쓰세요.

❶ The village is too far for us to walk there. (so ~ that 구문을 써서)

→ _____

❷ I asked them how to get there. (조동사 should를 써서)

→ _____

❸ The child is too young to help us. (so ~ that 구문을 써서)

→ _____

❹ They will tell you what you should prepare for the camp. (의문사＋to부정사)

→ _____

❺ The man was too weak to move his own body. (so ~ that 구문을 써서)

→ _____

❻ I didn't know whom to ask the question. (조동사 should를 써서)

→ _____

❼ She is kind enough to help people in need. (so ~ that 구문을 써서)

→ _____

❽ We learned how we should paint the wall. (의문사＋to부정사)

→ _____

❶ The water was to dirty to drink.   → _____

❷ I know when sign up for volunteer work.   → _____

❸ They're enough willing to help each other.   → _____

❹ We learned how to building a small house.   → _____

❺ Alex is so strong that he should carry bricks.   → _____

❻ I decided where go to help people.   → _____

❼ Children were nicely enough to cheer us up.   → _____

❽ The doctor didn't know whom treats first.   → _____

❾ The clothes aren't clean enough give out.   → _____

❿ The tent is so big that they can hold 10 kids.   → _____

● **D. 어순 배열**   주어진 어구를 순서대로 배열하여 문장을 완성하세요.

❶ he / what / do / should / in / soup kitchen / the
→ Frank didn't know _____.

❷ stay / we / where / should / Thailand / in
→ We asked him _____.

❸ should / I / whom / help / in / village / first / the
→ I wasn't sure _____.

❹ I / when / should / pull / the / up / rope
→ The staff taught me _____.

❺ enough / eager / a / to / school building / build / the / are / people / .
→ _____

❻ weather / too / for us / outside / hot / walk / to / the / is / .
→ _____

❼ to / in / you / the / young / participate / camp / are / too / .
→ _____

❽ so / that / smart / can / she / remember / she / word / the / is / .
→ _____

❶ He showed us how to get to the village.

→ _____

❷ Do you know where to sign up for volunteer work?

→ _____

❸ The weather there is too humid to dry the laundry.

→ _____

❹ The camp was close enough for us to walk from downtown.

→ _____

❺ We had difficulty in deciding what to do first.

→ _____

❻ Do you know how I should cheer him up?

→ _____

❼ My food wasn't tasty enough to give out to the kids.

→ _____

❽ He didn't know whom to ask for help.

→ _____

❾ 그 아이는 너무 배가 고파서 걸을 수 없다. (the child, too, hungry, walk)

→ _____

❿ 그 남자아이는 그 상자를 옮길 수 있을 만큼 충분히 강하다. (strong, enough, carry)

→ _____

⓫ 너는 천막을 어떻게 치는지 아니? (know, how, to, set up)

→ _____

⓬ 도착하자마자, 우리는 먼저 무엇을 해야 할지 몰랐다. (on arriving, know, to do, first)

→ _____

⓭ 나는 누구를 도울지 결정하는 것이 어려웠다. (have difficulty, in, decide, to help)

→ _____

⓮ Jane은 우리에게 그 상황에 어떻게 대처해야 하는지 가르쳐 주었다. (teach, to deal, the situation)

→ _____

⓯ 그들은 나를 격려할 정도로 친절했다. (kind, enough, cheer, up)

→ _____

⓰ 봉사자들은 사람들을 도울 만큼 충분히 적극적이었다. (volunteers, willing, enough, help)

→ _____

A. 형태 확인 주어진 우리말을 참고하여 빈칸에 알맞은 말을 쓰세요. (강조구문으로 쓸 것)

❶ _____ is by his name that we call the star. 우리가 그 별을 부르는 것은 바로 그의 이름이다.

❷ It was the universe _____ they traveled. 그들이 여행한 곳은 바로 우주였다.

❸ Was it Ms. Lee _____ explained the law to us? 그 법칙을 우리에게 설명한 분이 이 선생님이니?

❹ They _____ support the scientist. 그들은 그 과학자의 주장을 정말로 지지한다.

❺ He _____ propose a question about my idea. 그는 내 생각에 대해 확실히 문제를 제기했다.

❻ It was Hawking _____ I wanted to meet. 내가 만나고 싶었던 사람은 호킹이었다.

❼ It was Einstein _____ disagreed with the theory. 그 이론에 반대한 사람은 아인슈타인이었다.

❽ Was it the disease _____ he died of? 그가 죽은 것이 그 질병 때문이니?

❾ The scientist _____ receive a Nobel Prize in Physics. 그 과학자는 노벨 물리학상을 수상했다.

❿ I _____ believe I can go to Mars. 나는 내가 화성에 갈 수 있을 거라고 굳게 믿는다.

B. 문장 전환 밑줄 친 부분을 강조하는 문장으로 바꿔 쓰세요.

❶ Jamie wants to be an astronaut.
→ _____

❷ Gamow created the Big Bang Theory.
→ _____

❸ Yuri Gagarin flew into space for the first time.
→ _____

❹ We solved the most difficult problem.
→ _____

❺ Neil Armstrong landed on the moon.
→ _____

❻ He enjoys watching stars through a telescope.
→ _____

❼ We calculate the age of the universe with Hubble's law.
→ _____

❽ Many scientists stood up for his theory.
→ _____

다음 문장에서 <u>틀린</u> 곳을 찾아 밑줄을 긋고, 바르게 고치세요.

❶ What is his opinion that I don't agree with.   → _____

❷ The theory do became popular today.   → _____

❸ It was last year who I bought the telescope.   → _____

❹ It is the space museum when I often visit.   → _____

❺ Lauren does worked for NASA for 7 years.   → _____

❻ It is a new star what they wanted to discover.   → _____

❼ It was Russia that use dogs for the program.   → _____

❽ She do wishes on the full moon on Chuseok.   → _____

❾ It was the Naro that Korea launch into space.   → _____

❿ We did participated in the space program.   → _____

D. 어순 배열   주어진 어구를 순서대로 배열하여 문장을 완성하세요.

❶ at / space museum / the / that we / the stars / watched / it was / .
   → _____

❷ astronomy / it is / that David / interested / is / in / .
   → _____

❸ in 1879 / it was / was born / when Albert Einstein / in Germany / .
   → _____

❹ which has / Mars / it is / a / environment / similar / the Earth / to / .
   → _____

❺ agree / I / do / with / his opinion / of light / about / the speed / .
   → _____

❻ make / the physicist / did / lots of / new / discoveries / .
   → _____

❼ continue / the universe / does / with / to expand / time / .
   → _____

❽ know / a lot / we / do / about / Big Bang Theory / the / .
   → _____

❶ It is Harry that doesn't agree with my opinion.
→ _____

❷ It is the theory that explains the birth of the universe.
→ _____

❸ Was it Neil Armstrong who first landed on the moon?
→ _____

❹ Light does travel the fastest in the universe.
→ _____

❺ It was Sara who proposed a question about the explanation.
→ _____

❻ Some scientists did disagree with the Big Bang Theory.
→ _____

❼ It was in 1955 when the scientist died of a disease.
→ _____

❽ She does support the project, but others are against it.
→ _____

❾ 에드윈 허블이 1929년에 발견한 것은 바로 그 법칙이었다. (it, the law, that, Edwin Hubble, discover)
→ _____

❿ 러시아 사람들이 그 위성을 발사한 것은 1957년이었다. (it, in 1957, that, Russians, launch)
→ _____

⓫ 우주를 창조한 것은 하나의 큰 폭발이었다. (it, a big explosion, that, the universe)
→ _____

⓬ 사람들이 그 망원경을 부르는 것은 그의 이름이다. (it, by his name, that, the telescope)
→ _____

⓭ 우리는 지난 일요일에 보름달에 소원을 빌었다. (do, wish on, the full moon)
→ _____

⓮ 우리가 그 소식을 들은 것은 그에게서가 아니었다. (it, from, that, heard, the news)
→ _____

⓯ 김 선생님이 우리에게 설명하신 게 바로 그 이론이었니? (it, the theory, that, Mr. Kim, explain)
→ _____

⓰ 그 천문학자는 1946년에 확실히 그 이론을 제안했다. (the astronomer, do, suggest)
→ _____

Review Test 5 [13-15]

01 밑줄 친 It의 쓰임이 다른 하나는?

① It is free to download the app.

② It was useful to have a smartphone.

③ It isn't easy to speak Russian.

④ It is hard to drive in Seoul.

⑤ It is the foreigner that I met the other day.

02 주어진 우리말을 영어로 바르게 옮긴 것은?

> 눈이 너무 많이 와서 밖에 나갈 수 없다.

① It's snowing to heavily too go outside.

② It's snowing too heavily to go outside.

③ It's snowing too heavily going outside.

④ It's snowing to heavily that go outside.

⑤ It's snowing heavily enough to go outside.

03 다음 중 어법상 맞는 문장을 모두 고르면?

① We does know about the theory.

② We're eager enough to help others.

③ It is helpful for me to learn English.

④ It is 70 years ago where she died.

⑤ He is too weak that he can move bricks.

[04-05] 문장에서 밑줄 친 부분을 올바른 형태로 고쳐 쓰시오.

04

> It was not easy study Chinese.

→ _____

05

> I know when leave for the volunteer work.

→ _____

06 다음 괄호 안에서 알맞은 것을 고르세요.

> A: What did you do in the space museum?
> B: I (do / did) observe the stars.

07 다음 두 문장의 의미가 같을 때, 빈칸에 알맞은 말을 쓰시오.

> The house was so old that we can't live in it.
> = The house was _____ _____ _____ live in.

08 다음 대화의 밑줄 친 우리말을 영어로 바르게 옮기시오. (주어진 어구를 사용할 것)

> A: What can I do for the kids?
> B: You can teach them 영어 단어를 읽는 방법.
> (how, English words)

→ _____

09 다음 글에서 틀린 곳을 찾아 바르게 고치시오.

> I want to communicate with my French friend. Is it possible me to learn French within 2 months?

_____ → _____

10 다음 〈보기〉에 주어진 말들을 활용하여 글을 완성하시오.

〈보기〉	do	help	give	cook

> It is the poor whom I _____ in the soup kitchen. It is not easy _____ for them. But, my food is tasty enough _____ out. I _____ love my volunteer work.

주어진 우리말을 참고하여 빈칸에 알맞은 말을 쓰세요. (현재완료로 쓸 것)

① Global warming has _____ worse and worse. 지구 온난화는 점점 심해지고 있다.

② The animals have _____ for food. 그 동물들은 먹이를 찾아서 가 버렸다.

③ Have you _____ interested in the green policy? 너는 녹색 정책에 대해 관심을 갖고 있었니?

④ Polar bears have been _____ their homes. 북극곰들은 그들의 집을 잃어 오고 있다.

⑤ Many trees have _____ planted there. 많은 나무들이 그곳에 심겨졌다.

⑥ We have _____ about the Green Wall Project. 우리는 녹색 장벽 프로젝트에 대해 들어 봤다.

⑦ How long have you been _____ in Africa? 당신은 아프리카에서 얼마나 오랫동안 일해 왔나요?

⑧ The wall has not been _____ yet. 그 장벽은 아직 완성되지 않았다.

⑨ They have been _____ from water shortages. 그들은 물 부족으로 인해 고통 받아오고 있다.

⑩ Their living conditions haven't _____ changed. 그들의 생활 조건은 바뀌지 않고 있다.

괄호 안에 주어진 지시대로 문장을 바꿔 쓰세요.

① Many countries take measures for climate change. (현재완료)
→ _____

② The species has gone extinct on Earth. (부정문)
→ _____

③ Icebergs have melted due to global warming. (진행형)
→ _____

④ They haven't solved the problem. (수동태)
→ _____

⑤ The lake was changed into a desert. (현재완료)
→ _____

⑥ They have made efforts to stop the growing desert. (부정문)
→ _____

⑦ Animals have left for their new homes. (진행형)
→ _____

⑧ Climate change has caused the extinction of the species. (수동태)
→ _____

　　　다음 문장에서 밑줄 친 부분을 바르게 고치세요.

① People have been <u>wait</u> for help.　　　　　→ _____

② It has not <u>rain</u> for a month.　　　　　→ _____

③ <u>Have</u> Mr. Park told you about desert growth?　　→ _____

④ The desert has <u>growing</u> for years.　　　　→ _____

⑤ We have <u>have</u> difficulty in protecting animals.　→ _____

⑥ They have been <u>worked</u> on the project.　　→ _____

⑦ We have <u>make</u> efforts to save our Earth.　　→ _____

⑧ I <u>hasn't</u> been to the Sahara Desert before.　→ _____

⑨ Countries have <u>took</u> measures for climate change.　→ _____

⑩ Animals have <u>been suffered</u> from hunger.　　→ _____

　　　주어진 어구를 순서대로 배열하여 문장을 완성하세요.

① has / the / Sahara Desert / become / and bigger / bigger / .
→ _____

② to / measures / take / they / decided / have / .
→ _____

③ have / animals / the / suffered / water shortages / from / .
→ _____

④ one-third / the / they / completed / of / wall / have / .
→ _____

⑤ wall / years / has / built / the / for / been / .
→ _____

⑥ areas / the green / have / the map / on / increased / ?
→ _____

⑦ hasn't / a lot of / country / rain / had / the / .
→ _____

⑧ been / project / hasn't / completed / the / .
→ _____

다음 영어는 한글로, 한글은 영어로 바꾸세요. (❾~⓰ 괄호 안의 어구를 순서대로 활용할 것)

❶ How long has the rain lasted?
→ _____

❷ Global warming has continued in the world.
→ _____

❸ They have been thinking about the solution.
→ _____

❹ The species has gone extinct due to climate change.
→ _____

❺ They have suffered from diseases for a long time.
→ _____

❻ They have just taken measures to fix the problem.
→ _____

❼ In spite of our efforts, deserts have been growing.
→ _____

❽ They haven't spent much money planting trees.
→ _____

❾ 너는 '녹색 대장벽'에 대해 들어 본 적 있니? (hear about, the Great Green Wall)
→ _____

❿ 우리는 이미 그 학교 과제를 끝냈다. (have, already, finish, school project)
→ _____

⓫ 그들은 그 문제를 해결하기 위해 노력해 오는 중이다. (have, be, try, solve)
→ _____

⓬ 증가하는 사막들에도 불구하고, 그 호수는 사라지지 않았다. (in spite of, growing, hasn't, disappear)
→ _____

⓭ 그 땅은 막 녹지로 바뀌었다. (has, just, be, change into, a green area)
→ _____

⓮ 아프리카 사람들은 굶주림으로 인해 고통받아 왔다. (African people, have, suffer from, hunger)
→ _____

⓯ 기후 변화로 인해 동물들은 집을 잃었다. (due, climate change, have, lose, their homes)
→ _____

⓰ 그 종은 지구에서 멸종되고 있는 중이다. (the species, has, be, go extinct)
→ _____

A. 형태 확인　　주어진 우리말을 참고하여 빈칸에 알맞은 말을 쓰세요.

❶ I forgot that I _____ left my homework at home. 나는 숙제를 집에 두고 온 것을 잊었다.

❷ _____ you visited Paris before you went to Berlin? 너는 베를린에 가기 전에 파리에 갔었어?

❸ They must _____ fought each other. 그들은 서로 싸웠음이 틀림없다.

❹ Ben knew that he had _____ his wallet. Ben은 그의 지갑을 잃어버렸다는 것을 알았다.

❺ Had you _____ in Seoul before you moved here? 이곳으로 이사오기 전에 너는 서울에 살았니?

❻ I _____ have booked the ticket earlier. 나는 그 표를 더 빨리 예매했어야 했다.

❼ Jenny might have _____ afraid of spiders. Jenny는 거미들을 두려워했을 수도 있다.

❽ We _____ have stayed up late last night. 우리는 어젯밤에 늦게까지 깨어 있지 말았어야 했어.

❾ He had _____ his job before he became an actor. 그는 배우가 되기 전에 직장을 그만두었다.

❿ Mr. Lee _____ made a mistake before then. 이 선생님은 그 전에는 실수한 적이 없었다.

B. 문장 전환　　밑줄 친 부분을 괄호 안에 주어진 지시대로 바꿔서 문장을 다시 쓰세요.

❶ When I arrived at the airport, the flight <u>left</u>. (과거완료)

→ _____

❷ I <u>didn't hear</u> the news before you told me. (과거완료)

→ _____

❸ Wendy <u>lost</u> weight. (might have + 과거분사)

→ _____

❹ You <u>were</u> afraid of horror movies. (must have + 과거분사)

→ _____

❺ I <u>read</u> the famous story before then. (과거완료)

→ _____

❻ Mike realized that he <u>got</u> into trouble. (과거완료)

→ _____

❼ I <u>didn't take</u> the KTX to Busan. (should have + 과거분사)

→ _____

❽ We <u>ate</u> raw fish yesterday. (shouldn't have + 과거분사)

→ _____

❶ I found I leave my laptop in the subway.   → _____

❷ Have you ever been to the café before we came?   → _____

❸ Alex must has been upset yesterday.   → _____

❹ You should have took the subway.   → _____

❺ They hadn't were to Japan before then.   → _____

❻ Tina might have pass the exam.   → _____

❼ We should hurried to the bus stop.   → _____

❽ I had knock on the door before I entered.   → _____

❾ Zach shouldn't has gone skiing that day.   → _____

❿ They might have thinking in a different way.   → _____

● **D. 어순 배열**   주어진 어구를 순서대로 배열하여 문장을 완성하세요.

❶ seen / had / I / you / school / at

→ _____ before I graduated.

❷ he / quit / his / had / job

→ _____ before I met him again.

❸ you / been / had / London / in

→ _____ before you traveled to New York?

❹ had / lunch / we / hadn't

→ _____ before we went to the cinema.

❺ have / should / we / checked / bus schedule / the / .

→ _____

❻ might / they / us / seen / have / for / looking / restaurant / a / .

→ _____

❼ woken / late / up / must / Jessie / this / have / morning / .

→ _____

❽ last / shouldn't / Mike / gone / have / fishing / weekend / .

→ _____

❶ I realized that I had lost the money on the street.

→ _____

❷ Where had you lived before you moved to Seoul?

→ _____

❸ The man must have been your uncle.

→ _____

❹ He had been to the park before then.

→ _____

❺ I had met him on my way home that day.

→ _____

❻ You shouldn't have taken the subway at rush hour.

→ _____

❼ He had quit his job before he worked for this company.

→ _____

❽ Jane might have been afraid of being in the room alone.

→ _____

❾ 우리는 공항에 서둘러 갔어야 했다. (should, have, hurry to)

→ _____

❿ Nathan은 등산을 가지 말았어야 했다. (shouldn't have, go climbing, that day)

→ _____

⓫ 나는 10살 때까지 유령을 무서워했다. (had, afraid of, ghosts, until)

→ _____

⓬ 우리는 네가 곤경에 처했던 걸 몰랐다. (know, that, had, get into trouble)

→ _____

⓭ 그들은 다르게 생각했어야 했다. (should, have, think, a different way)

→ _____

⓮ Jake는 교통 혼잡 시간대에 택시를 타지 말았어야 했다. (shouldn't, take a taxi, at, rush hour)

→ _____

⓯ Harry는 그의 지갑을 챙기지 않았다는 것이 기억났다. (remember, that, hadn't, take, wallet)

→ _____

⓰ 그들은 그 수업에 늦었을지도 모른다. (might, have, late, the class)

→ _____

● **A. 형태 확인**   주어진 우리말을 참고하여 빈칸에 알맞은 말을 쓰세요. (가정법으로 쓸 것)

❶ If I _____ you, I would study English hard. 내가 너라면, 나는 영어 공부를 열심히 할 텐데.

❷ If you _____ there, you would meet the singer. 네가 거기에 있다면, 그 가수를 만날 텐데.

❸ If I _____ listened to you, I wouldn't have made a mistake.
내가 네 말을 들었다면, 실수를 하지 않았을 텐데.

❹ I wish I _____ turn back time to yesterday. 내가 어제로 시간을 되돌릴 수 있으면 좋을 텐데.

❺ If I had studied, I wouldn't have _____ the test. 내가 공부를 했었다면, 그 시험에 떨어지지 않았을 텐데.

❻ I wish I could _____ the president in person. 내가 그 대통령을 직접 만날 수 있다면 좋을 텐데.

❼ If I had _____ abroad, I would have made foreign friends.
내가 해외로 갔었다면, 나는 외국인 친구들을 사귀었을 텐데.

❽ If I _____ rich, I would travel all around the world. 내가 부자라면, 나는 전 세계를 여행할 텐데.

● **B. 문장 전환**   괄호 안에 주어진 지시대로 문장을 바꿔 쓰세요.

❶ I'm not you. / You tell lies to the teacher. (가정법 과거)
→ _____

❷ Craig was not at the festival. / He didn't have fun. (가정법 과거완료)
→ _____

❸ I can't speak English like Jennifer. (I wish 가정법)
→ _____

❹ I'm not the player. / He doesn't score a goal. (가정법 과거)
→ _____

❺ I didn't know the truth. / I didn't apologize to you. (가정법 과거완료)
→ _____

❻ I can't go on a summer vacation. (I wish 가정법)
→ _____

❼ You didn't send me a text. / We didn't have lunch together. (가정법 과거완료)
→ _____

❽ I can't donate lots of money to a charity. (I wish 가정법)
→ _____

❶ I wish I <u>can</u> communicate with my pet. → _____

❷ If I <u>am</u> 20, I would drive a car. → _____

❸ If I had kept on running, I <u>have</u> been healthy. → _____

❹ I wish I could <u>been</u> a millionaire. → _____

❺ If I had done my best, I <u>would get</u> a high score. → _____

❻ If he had known it, he <u>wouldn't made</u> a mistake. → _____

❼ I <u>wished</u> I could give you some advice. → _____

❽ If she had a sister, she wouldn't <u>felt</u> lonely. → _____

❾ If it had been warm, I <u>have</u> ridden a bike. → _____

❿ I wish I could <u>bought</u> the new game machine. → _____

D. 어순 배열 주어진 어구를 순서대로 배열하여 문장을 완성하세요.

❶ listen to / I / the / would / counselor

→ If I were you, _____.

❷ had / if / a brother / I / or sister / ,

→ _____ I wouldn't feel lonely sometimes.

❸ a / have / wouldn't / got / score / I / bad

→ If I had done my best on the test, _____.

❹ hadn't / we / if / won / soccer game / the / ,

→ _____ we wouldn't have got the trophy as a prize.

❺ the actors / I could / I wish / meet / the film / of / .

→ _____

❻ talk / I wish / my cat / with / I could / and dog / .

→ _____

❼ I could / Chinese / I wish / speak / like Wei / well / .

→ _____

❽ concert / I could / to / go / I wish / the idol group's / .

→ _____

다음 영어는 한글로, 한글은 영어로 바꾸세요. (**9**~**16** 괄호 안의 어구를 순서대로 활용할 것)

1 If I were you, I would get some advice from the teacher.

→ _____

2 If I had had lots of money, I would have donated it to the poor.

→ _____

3 If we owned a spaceship, we would fly to Mars.

→ _____

4 I wish I could understand animals' languages.

→ _____

5 If I had been there, I would have apologized to her.

→ _____

6 I wish I could go abroad to study foreign languages.

→ _____

7 If I were you, I wouldn't be worried about the future.

→ _____

8 I wish I could meet my hero in person.

→ _____

9 내가 비행기를 가졌다면, 나는 온 세계를 날아다닐 텐데. (if, own, would, all around the world)

→ _____

10 내가 미래의 남자친구를 볼 수 있다면 좋겠다. (wish, could, future boyfriend)

→ _____

11 내가 너라면, 나는 경주에서 최선을 다할 것이다. (if, were, my best, in the race)

→ _____

12 내가 원어민처럼 영어를 말할 수 있다면 좋겠다. (wish, could, like, a native speaker)

→ _____

13 내가 계속 운동을 했었더라면, 나는 건강했을 텐데. (if, had, keep on exercising, healthy)

→ _____

14 내가 그 가수를 직접 만날 수 있다면 좋겠다. (wish, could, in person)

→ _____

15 내가 그 사실을 알았더라면, 나는 그에게 사과했을 것이다. (if, had, the fact, apologize to)

→ _____

16 나는 내가 어린 시절로 돌아갈 수 있다면 좋겠다. (wish, turn back time, childhood)

→ _____

Review Test 6 [16-18]

01 다음 중 어법상 틀린 문장은?

① They have been suffering from diseases.
② I wish I could be taller than my dad.
③ I have been thought about the problem.
④ We had seen him before we took the class.
⑤ The lake has become smaller and smaller.

02 주어진 우리말을 영어로 바르게 옮긴 것은?

> 너는 여권을 잃어버리지 말았어야 해.

① You should lose your passport.
② You should have lost your passport.
③ You shouldn't had lost your passport.
④ You shouldn't have lose your passport.
⑤ You shouldn't have lost your passport.

03 다음 중 어법상 맞는 문장을 모두 고르면?

① She must has been woken up late.
② If I were my cat, I would sleep all day.
③ We have been taken measures.
④ I had taken a shower before I slept.
⑤ How long have the project lasted?

[04-05] 문장에서 밑줄 친 동사를 올바른 형태로 바꿔 쓰시오.

04

> The project has not been <u>complete</u> yet.

→ _____

05

> I hadn't <u>eat</u> raw fish until I was 20.

→ _____

06 다음 두 문장의 빈칸에 공통으로 들어갈 말을 쓰시오.

> • She must have hurried _____ the station.
> • Due _____ global warming, polar bears have been losing their homes.

→ _____

07 다음 두 문장의 의미가 같을 때, 빈칸에 알맞은 말을 쓰시오.

> I'm sorry that I told lies to my friend.
> = I _____ _____ _____ lies to my friend.

08 다음 대화의 밑줄 친 우리말을 영어로 바르게 옮기시오. (주어진 어구를 사용해 현재완료 진행형으로 쓸 것)

> A: What has been happening to the pandas?
> B: 그들은 멸종되어 가고 있어. (go extinct)

→ _____

09 다음 글에서 틀린 곳을 찾아 바르게 고치시오.

> I got a bad score in English. If I had done my best, I would got a high score.

→ _____ → _____

10 다음 〈보기〉에 주어진 말들을 활용하여 글을 완성하시오.

〈보기〉	be	know	talk

> I wish I _____ _____ to my dog.
> She has _____ hungry or sick. If I _____ what she wants, I would do anything for her.

MEMO --

중학 영어 내신 서술형 완벽 대비 시리즈

EGU 영문법 The Easiest Grammar & Usage

동사 써먹기

문법 써먹기

구문 써먹기

온라인 부가 자료 제공 | 어휘리스트·어휘테스트
www.cedubook.com

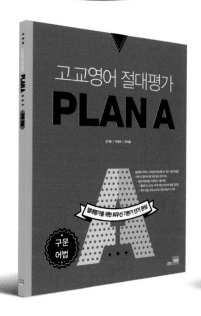
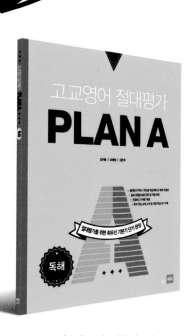

1센치 영문법

2018 NEW 개정

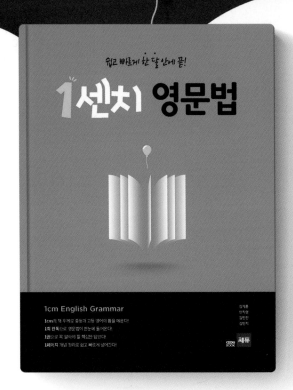

쉽고 빠르게 한 달 안에 끝!

1센치 영문법

1cm English Grammar

1cm의 책 두께로 중등과 고등 영어의 틈을 메운다!
1회 완독으로 영문법이 한눈에 들어온다!
1권으로 꼭 알아야 할 핵심만 담았다!
1페이지 개념 정리로 쉽고 빠르게 넘어간다!

김기홍
한진원
김민진
김현지

CEDU BOOK 쎄듀

한 달 안에 끝!
영어 문법과 더 가까워지는 지름길!

01 기초 영문법의 결정판!
02 각종 커뮤니티에 올라온 수많은 영문법 질문을 분석!
03 학생들이 어려워하는 영문법의 핵심을 쉽게 빠르게 정리!

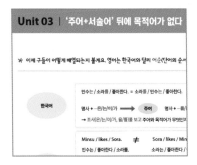

Warming Up!

어떤 개념을 배울지 그림으로 미리 보기!
도형으로 핵심 문법을 빠르게 파악!

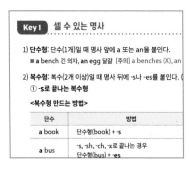

Key Points!

핵심 문법만 쉽고 간단하게!

실력 Up!

단계별 문제로 핵심 문법 익히기!
다양한 문제로 영문법 기초를 튼튼하게!

CEDU BOOK 쎄듀

EGU
THE EASIEST GRAMMAR & USAGE
영문법

구문 써먹기

정답 및 해설

구문 써먹기

정답 및 해설

Chapter 1 접속사 써먹기

써먹기 구문 | 01
부사절 접속사 1

해석

내가 어린아이였을 때, 나는 머리가 매우 짧았다.
내 친구들은 내 사진에서 나를 알아보지 못한다.
왜냐하면 나는 꼭 남자아이처럼 보였기 때문이다.
너도 옛날 사진들이 있니?

TRAINING 1 기본 형태 연습하기 p. 11

A ❶ When ❷ After ❸ As soon as ❹ While
  ❺ before ❻ because ❼ As ❽ since

B ❶ Before ❷ When ❸ As soon as ❹ until
  ❺ while ❻ when ❼ after
  ❽ Since[Because/As]

해석

A ❶ 내가 어린아이였을 때, 나는 파일럿이 되고 싶었다.
  ❷ 너는 학교를 졸업한 후, 무엇을 할 거니?
  ❸ 그가 도착하자마자, 우리는 음식을 좀 주문할 것이다.
  ❹ 아빠가 설거지를 하시는 동안, 나는 먹고 있었다.
  ❺ 네가 떠나기 전에 교실을 점검해 줘.
  ❻ 너는 수영을 좋아하니까, 그 동아리를 좋아할 거야.
  ❼ 나는 십대이기 때문에, 혼자 여행을 갈 수 없다.
  ❽ Andy는 지각할 것이다, 왜냐하면 그는 늦게 일어났기 때문이다.

B ❶ 동아리에 가입하기 전에 네 취미들을 생각해라.
  ❷ Mark가 10살 때, 부모님은 두 분 다 일을 하셨다.
  ❸ 내가 중학교에 들어가자마자 중국어를 배우기 시작했다.
  ❹ 나는 8살 때까지 할아버지와 함께 살았다.
  ❺ 그녀가 자고 있는 동안 무슨 일이 일어났니?
  ❻ Claire는 학교에 갈 때 교복을 입니?
  ❼ 우리가 문제를 풀고 나면 무엇을 해야 하나요?
  ❽ 너는 과학을 좋아하니까 그 수업을 듣는 게 좋겠다.

TRAINING 2 통문장 전환하기 p. 12

❶ When Tommy was 5, his baby sister was born.
❷ As soon as we entered middle school, we joined a sports club.
❸ Before I took the class, I was not good at science.
❹ After Greta graduated from law school, she became a lawyer.
❺ While I was cooking dinner, my brother was setting the table.
❻ We did the dishes after dinner since we wanted to help Mom.
❼ I was late for class as the bus didn't come on time.
❽ You'd better go to see a doctor because you look so sick.
❾ They didn't recognize me since I changed a lot.
❿ Jamie taught me how to make pizza as I was interested in it.

해석

예) 내가 8살이었을 때, 나는 초등학교에 들어갔다.

❶ Tommy가 5살이었을 때, 그의 어린 여동생이 태어났다.
❷ 우리는 중학교에 들어가자마자, 스포츠 동아리에 가입했다.
❸ 내가 그 수업을 듣기 전에, 나는 과학을 잘하지 못했다.
❹ Greta는 로스쿨을 졸업한 후, 변호사가 되었다.
❺ 내가 저녁을 요리하는 동안, 내 남동생이 식탁을 차리고 있었다.

예) 비가 오고 있어서, 그들은 현장 학습을 가지 못했다.

❻ 우리는 엄마를 도와드리고 싶어서 저녁 식사 후 설거지를 했다.
❼ 버스가 제시간에 오지 않아서 나는 수업에 늦었다.
❽ 너는 너무 아파 보이니까 진찰을 받으러 가는 게 좋겠다.
❾ 내가 많이 변해서 그들은 나를 알아보지 못했다.
❿ 내가 그것에 흥미 있어 해서 Jamie는 내게 피자 만드는 법을 가르쳐 주었다.

TRAINING 3 영어 문장 완성하기 p. 13

❶ As soon as I got home
❷ While we were riding horses
❸ Before the movie starts

④ because Meg was late for her class
⑤ until the singer came out onto the stage
⑥ After, graduate from　　⑦ soon, joined, club
⑧ While, by myself
⑨ As[Because/Since], did, dishes
⑩ Since[As/Because], had better

TEST for Writing

pp. 14-15

01 When　02 After　03 Before　04 As soon as
05 until　06 because I like reading books
07 she woke up late　08 While Danny was riding
09 (b)y (m)yself　10 he'll graduate → he graduates
11 (1) He became a lawyer when he was 38.
　　(2) We couldn't go hiking because the weather was bad.
　　(3) After they entered middle school, they joined a club.
12 (1) [모범 답안] 선생님이 오실 때까지 계속 조용히 있어라.
　　(2) [모범 답안] 우리가 축구를 하고 있는 동안에, 그는 벤치에 앉아 있었다.
　　(3) [모범 답안] 우리는 학생이기 때문에 선생님 말씀을 들어야 한다.
13 (1) [모범 답안] I joined a movie club after I became a middle school student.
　　(2) [모범 답안] It is because I like movies.
14 (1) When she becomes 17 years old
　　(2) As soon as she enters high school
　　(3) After she graduates from high school
15 Mrs. Doh was upset because Chris was late for her class. (또는 Because Chris was late for her class, Mrs. Doh was upset.)

01 '~일 때'라는 시간을 나타내는 접속사는 when이다.
　해석 | 내가 어린아이였을 때, 나는 예뻤다.
02 And(그리고)가 있으므로, 숙제를 한 것이 나중의 일이라는 것을 알 수 있다. '~한 후에'를 뜻하는 접속사는 after이다.
　해석 | 나는 집에 왔다. 그리고 나는 내 숙제를 했다.
　　　= 나는 집에 온 후에, 내 숙제를 했다.
03 샤워를 한 것이 잠자리에 들기 전의 일이므로 '~하기 전에'를 뜻하는 접속사 before를 쓴다.
　해석 | 나는 샤워를 했다. 그리고 나는 잠자리에 들었다.
　　　= 나는 잠자리에 들기 전에 샤워를 했다.
04 '~하자마자'를 뜻하는 접속사는 as soon as이다.

05 '~할 때까지'를 뜻하는 접속사는 until이다.
06 「접속사(because) + 주어 + 동사 ~」순으로 쓴다.
　해석 | A: 너는 왜 그 독서 동아리에 들었니?
　　　B: 왜냐하면 나는 책 읽는 것을 좋아하기 때문이야.
07 이유를 나타내는 because는 since로 바꿔 쓸 수 있으며, 부사절은 주절의 앞이나 뒤에 모두 올 수 있다.
　해석 | 그녀는 늦게 일어났기 때문에 늦게 왔다.
08 while은 '~하는 동안에'라는 의미로 동시동작을 나타낸다.
　해석 | Danny는 그의 자전거를 타고 있었고, 나는 조깅을 하고 있었다.
　　　= Danny가 자전거를 타고 있는 동안, 나는 조깅을 하고 있었다.
09 by oneself: 혼자서 (= alone)
　해석 | 그 파티가 끝난 후, 나는 혼자서 방을 청소했다.
10 시간의 부사절에서는 현재 시제가 미래 시제를 대신한다.
　해석 | 그가 대학을 졸업하면, 그는 파일럿이 될 것이다.
11 각각 주어진 접속사를 써서 부사절과 주절로 바꿔 쓴다.
　해석 | (1) 그는 38살에 변호사가 되었다.
　　　(2) 날씨가 나빠서 우리는 하이킹을 갈 수 없었다.
　　　(3) 그들은 중학교에 들어간 후, 동아리에 가입했다.
12 (1) until: ~할 때까지　(2) while: ~하는 동안
　　(3) as: ~이기 때문에 (= since/because)
13 (1) 중학생이 되고 나서 가입한 동아리를 묻는 질문에 답한다.
　　(2) 그 동아리를 가입한 이유를 묻는 질문에 답한다.
　해석 | (1) Q: 너는 중학생이 된 후 무슨 동아리에 가입했니?
　　　(2) Q: 너는 왜 그 동아리에 가입했니?
14 (1) when: ~할 때　(2) as soon as: ~하자마자
　　(3) after: ~한 후에
　해석 | Diane은 지금 15살이다. 그녀가 17살이 될 때, 그녀는 고등학교에 들어갈 것이다. 그녀가 고등학교에 들어가자마자, 그녀는 미술 회화 수업을 듣기 시작할 것이다. 그녀가 고등학교를 졸업한 후에, 그녀는 미대를 갈 것이다.
15 because는 '~이기 때문에'라는 이유를 나타내는 접속사로, 도 선생님이 화가 난 이유는 Chris가 늦었기 때문이므로, because Chris was late for her class가 되어야 한다.
　해석 | Chris에게 안 좋은 아침이었다. 그는 알람을 듣지 못해 늦게 일어났다. 그가 버스 정류장에 도착했을 때, 버스는 떠나고 있었다. Chris가 수업에 늦어서 도 선생님이 화가 나셨다.

써먹기 구문 | 02
부사절 접속사 2

해석

주말에 우리는 아동 병원에서 자원봉사를 한다.
우리는 그들에게 악기 연주하는 것을 가르친다.
만일 네가 시간이 있다면, 우리와 함께 가도 된다.
비록 그것은 작은 일이지만, 환자들을 행복하게 만든다.

TRAINING ① 기본 형태 연습하기

A ❶ If ❷ Unless ❸ Once ❹ As long as
❺ If ❻ Although ❼ While ❽ Though

B ❶ long as ❷ Unless ❸ don't
❹ Once ❺ If ❻ Even though
❼ While ❽ Although[Though/Even though]

해석

A ❶ 네가 봉사활동에 관심이 있다면, 내게 전화해.
❷ 우리가 좋은 일을 하지 않으면, 아무것도 변하지 않을 것이다.
❸ 네가 일단 나눔을 시작하면, 너는 그것을 더 하길 원할 것이다.
❹ 우리가 이 공동체에 사는 한, 우리는 나누어야 한다.
❺ 네가 다른 사람들을 돕지 않는다면, 그들은 너를 돕지 않을 것이다.
❻ 비록 우리에게 많은 구성원들이 있지만, 우리는 여분의 일손이 필요하다.
❼ 내가 조금 기부한 반면에, 그들은 많이 기부했다.
❽ 비록 우리는 다른 나라에서 왔지만, 한 팀으로 일한다.

B ❶ 내가 이기적인 한, 나는 다른 사람들과 함께 살 수 없다.
❷ 내가 도움이 필요한 사람들을 돕지 않으면, 나는 행복하지 않을 것이다.
❸ 네가 일정을 잡지 않으면, 너는 그를 만날 수 없어.
❹ 네가 일단 그 일에 지원하면, 너는 더 많은 정보를 얻을 거야.
❺ 만약 네가 네 재능을 기부하길 원한다면, 우리에게 연락해.
❻ 비록 우리는 작은 일을 했을 뿐이지만, 그 아이들은 신이 났다.
❼ 나는 그 영화를 좋아하는 반면, 내 언니는 그것의 원작 소설을 좋아한다.
❽ 비록 그녀는 최선을 다했지만, 그를 구할 수는 없었다.

TRAINING ② 통문장 전환하기

❶ If someone helped you, you should help someone else.
❷ Once we participate in the sharing event, we can help people in need.
❸ Unless you want to donate money, you can donate your old things.
❹ As long as the children stay in the hospital, they can't go to school.
❺ If they don't work as a team, they can't help many people.
❻ Though it may be little money, it will be a great help to someone.

❼ While I'm good at playing the piano, you're good at singing.
❽ Even though we are not rich, we can still help other people.
❾ While Mr. Smith teaches English, Mrs. Smith teaches art.
❿ Although Hans applied for the job, he couldn't get it.

해석

예) 네가 7시에 오면, 너는 자원봉사자가 될 수 있어.
❶ 만약 누군가가 너를 도왔다면, 너는 다른 누군가를 도와야 한다.
❷ 일단 우리가 그 나눔의 행사에 참여하면, 우리는 절실한 사람들을 도울 수 있다.
❸ 네가 돈을 기부하는 것을 원치 않는다면, 너는 너의 오래된 물건들을 기부할 수 있다.
❹ 그 어린이들이 병원에서 지내는 한, 그들은 학교에 갈 수 없다.
❺ 만약 그들이 팀으로 일하지 않는다면, 그들은 많은 사람들을 도울 수 없다.

예) 비록 너는 그 물건이 필요 없지만, 다른 누군가는 그것을 사용할 수 있다.
❻ 비록 그것은 적은 돈일지라도, 누군가에게 큰 도움이 될 것이다.
❼ 나는 피아노 치는 것을 잘하는 반면, 너는 노래를 잘한다.
❽ 비록 우리는 부자가 아니지만, 여전히 다른 사람들을 도울 수 있다.
❾ Smith 씨는 영어를 가르치는 반면, Smith 부인은 미술을 가르친다.
❿ 비록 Hans는 그 일자리에 지원했지만, 그것을 얻지는 못했다.

TRAINING ③ 영어 문장 완성하기

❶ Unless you have money to give
❷ As long as we help other people
❸ While we share many things
❹ Though you're not good at English
❺ Even though they are very rich
❻ Once, do, good
❼ Although [Though/Even though], needed, hand
❽ long, in need   ❾ Unless, as, team
❿ though, made, appointment

TEST for Writing

01 If   02 Unless   03 though   04 As long as

05 Once, meets 　06 Although he was sick

07 need 　08 While I can dance well

09 (T)hough

10 Unless → If (또는 don't apply → apply)

11 (1) If you want to do volunteer work, visit the office.
(2) Although she tried her best, she failed the test.
(3) While I like learning English, my sister likes learning Chinese.

12 (1) [모범 답안] 한번 그들이 물건들을 공유하면, 그들은 다시 그것을 할 것이다.
(2) [모범 답안] 우리가 남들을 돕는 한, 남들도 우리를 도울 것이다.
(3) [모범 답안] 비록 그들은 병원에 입원해 있지만, 그들은 배우고 싶어 한다.

13 (1) [모범 답안] If school finishes early today, I will go to see a movie.
(2) [모범 답안] Once I become 20, I want to get a boyfriend.

14 (1) bought it one year ago　(2) it is very light
(3) Although[Though/Even though] it looks weak

15 (1) While Marie is <u>tall</u>, Laura is <u>very short</u>.
(2) While Marie likes <u>playing soccer</u>, Laura likes <u>reading books</u>.

01 '(만약) ~하면'이라는 조건을 나타내는 접속사는 if다.
해석 | 만약 월요일에 시간이 있으면, 나에게 전화해.

02 '(만약) ~하지 않으면'을 뜻하는 접속사는 unless이다. if ~ not으로 바꿔 쓸 수 있다.
해석 | 만약 그가 시간이 없으면, 그는 나중에 도울 수 있다.

03 even though는 '비록 ~하지만'이라는 의미로 양보를 나타내는 접속사이다.
해석 | Jerry는 봉사활동에 관심이 있었지만, 그것을 할 수 없었다.

04 '~하는 한'을 뜻하는 접속사는 as long as이다.

05 '일단 ~하면'을 뜻하는 접속사는 once이다.

06 「접속사 + 주어 + 동사 ~」 순으로 쓴다.
해석 | A: Tom이 그 행사에 참여했니?
B: 비록 그는 아팠지만, 왔어.

07 need a hand: 일손이 필요하다 / in need: 도움이 필요한
해석 | · 네가 일손이 필요하면, 내가 너를 도와줄 수 있어.
· 도움이 필요한 아이들이 많다.

08 while은 '~한 반면'이라는 뜻으로 대조를 나타낸다.
해석 | A: 네 형도 너처럼 춤을 잘 추니?
B: 아니, 나는 춤을 잘 출 수 있는 반면, 그는 노래를 불러.

09 although: 비록 ~일지라도 (= though, even though)

10 unless는 '~하지 않으면'이라는 뜻으로 자체에 부정의 의미가 있으므로 부정어 not과 함께 쓰지 않는다.
해석 | 네가 그 일에 지원하지 않으면, 너는 기회를 잃어버릴 거야.

11 각각 주어진 접속사를 사용해 부사절을 만들어, 한 문장으로 바꿔 쓴다.
해석 | (1) 네가 봉사활동을 할 원한다면, 그 사무실을 방문해라. (2) 비록 그녀는 최선을 다했지만, 그 시험에 낙제했다. (3) 나는 영어를 배우는 것을 좋아하는 반면, 내 여동생은 중국어를 배우는 것을 좋아한다.

12 (1) once: 일단 ~하면　(2) as long as: ~하는 한
(3) even though: 비록 ~이지만

13 (1) 오늘 학교가 일찍 끝난다면, 무엇을 할 것인지를 묻는 질문에 조건절을 써서 답한다. (2) 20살이 되면 하고 싶은 일을 묻는 질문에 답한다.
해석 | (1) Q: 만약 오늘 학교가 일찍 끝난다면, 너는 무엇을 하겠니?
(2) Q: 네가 20살이 되고 나면, 너는 무엇을 하고 싶니?

14 (1)(3) although: 비록 ~하지만 (= though, even though)
(2) while: ~인 반면
해석 | 첫째, 나는 그 행사에 머그잔을 하나 가져올 것이다. 비록 나는 그것을 1년 전에 샀지만, 거의 새것이다. 그것은 큰 반면에 매우 가볍다. 둘째, 나는 가방을 하나 가져올 것이다. 비록 그것은 약해 보이지만, 튼튼하고 매우 유용하다.

15 (1) 그림에서 Marie가 키가 크고 축구를 좋아한다.
(2) Laura는 키가 작고 독서를 좋아한다.
해석 | Marie와 Laura는 쌍둥이지만, 그들은 매우 다르다. Marie는 키가 크지만, Laura는 매우 작다. 비록 Marie는 긴 생머리를 가졌지만, Laura는 짧은 곱슬머리를 가졌다. Marie는 축구 하는 것을 좋아하는 반면, Laura는 독서를 좋아한다.

써먹기 구문 | 03
명사절 접속사

해석

오래전에 사람들은 지구가 평평하다고 믿었다.
지금 우리는 모두 그것이 둥근지 평평한지 알고 있다.
그렇다면, 너는 왜 그런지 설명할 수 있니?

TRAINING ❶　기본 형태 연습하기　p. 23

A ❶ that ❷ if ❸ that ❹ that
❺ whether ❻ that ❼ how ❽ why

B ❶ that ❷ what ❸ how ❹ why
❺ who ❻ if[whether]
❼ how fast ❽ how many

A ❶ 코페르니쿠스는 지구가 움직이고 있다고 말했다.
❷ 나는 내가 우주로 갈 수 있는지 없는지 궁금하다.
❸ 그는 토성이 아름다운 고리들을 가지고 있다는 것을 배웠다.
❹ 문제는 내가 과학을 잘하지 않는다는 것이다.
❺ 이 선생님은 우리가 그 이론을 배웠는지 그렇지 않은지 물으셨다.
❻ 사람들은 바다를 건널 수 없다고 믿었다.
❼ 너는 태양이 지구에서 얼마나 멀리 있는지 아니?
❽ 우리는 왜 그가 그 의견에 동의했는지 알지 못했다.

B ❶ 그들은 마지막에는 그가 옳았다는 것을 알았다.
❷ 그는 그 사람들에게 무슨 일이 일어났는지 알지 못했다.
❸ 문제는 우리가 어떻게 황사를 제거하느냐이다.
❹ 선생님은 왜 낮과 밤이 생기는지를 우리에게 가르쳐 주셨다.
❺ 그들은 누가 아메리카를 처음 발견했는지 궁금해했다.
❻ 너는 우주선이 명왕성에 갈 수 있는지 없는지 아니?
❼ 너는 지구가 얼마나 빨리 자전하고 있는지 배웠니?
❽ 나는 얼마나 많은 대양이 지구에 있는지 물었다.

TRAINING ② 통문장 전환하기　p. 24

❶ Mr. Kim taught us that the Sun also rotates by itself.
❷ Today, we learned that days get longer in summer.
❸ People asked him whether it was possible.
❹ He asked me whether or not she passed the exam.
❺ I wonder if I can see the North Star tonight or not.
❻ I wonder when we can see the red moon.
❼ They don't know why he agrees with that opinion.
❽ He asked Kelly where she found the information.
❾ I want to know who made the scientific theory.
❿ Do you know how long people lived a thousand years ago?

예) 사람들은 그의 생각이 사실이었다는 것을 몰랐다.
❶ 김 선생님은 태양도 자전한다는 것을 우리에게 가르쳐 주셨다.
❷ 오늘, 우리는 여름에 낮이 길어진다는 것을 배웠다.
❸ 사람들은 그에게 그것이 가능했는지 물었다.
❹ 그는 나에게 그녀가 시험을 통과했는지 아닌지 물었다.
❺ 나는 오늘밤 내가 북극성을 볼 수 있는지 없는지 궁금하다.

예) 나는 왜 그 행성에 고리가 있는지 알고 싶다.
❻ 나는 우리가 언제 붉은 달을 볼 수 있는지 궁금하다.
❼ 그들은 왜 그가 그 의견에 동의하는지 알지 못한다.
❽ 그는 Kelly에게 그녀가 어디서 그 정보를 찾았는지 물었다.
❾ 나는 누가 그 과학 이론을 만들었는지 알고 싶다.
❿ 너는 사람들이 1000년 전에 얼마나 오래 살았는지 아니?

TRAINING ③ 영어 문장 완성하기　p. 25

❶ that Columbus discovered the Americas
❷ what happened to you yesterday
❸ if the Sun is round or not
❹ why days and nights occur
❺ We wondered why seasons change.
❻ that, center of　❼ that, in, end
❽ that, rotate, themselves　❾ get rid of
❿ how far, from

TEST for Writing　pp. 26-27

01 that　02 who　03 that
04 know that　05 learn why　06 where
07 if he will come or not　08 of
09 why we have days and nights
10 changes the moon → the moon changes
11 (1) I didn't know that he won the Nobel Prize.
(2) We wonder whether it will be sunny tomorrow.
(3) Frank asked me where she worked.
12 (1) [모범 답안] 그 사람들은 지구가 태양 주위를 돈다는 것을 알지 못했다.
(2) [모범 답안] 너는 내게 지금이 몇 시인지 말해 줄 수 있니?
(3) [모범 답안] 나는 결국 그들에게 무슨 일이 생겼는지 궁금하다.
13 (1) whether she will come to the science museum or not
(2) when we can see the supermoon
14 (1) knows that water boils at 100℃
(2) found that oil boils at 180℃
15 (1) But I wonder how <u>we can</u> stand on it.
(2) I asked Ms. Han why <u>we don't</u> fall from the Earth.

01 동사 believe의 목적어로 절이 왔으므로 접속사 that을 쓴다.

해석 | 지금 사람들은 그것이 진실이었다는 것을 믿는다.

02 동사 know의 목적절을 이끌며, discovered의 주어가 되어야 하므로 의문사 who가 와야 한다.

해석 | 나는 누가 그 행성을 발견했는지 알지 못한다.

03 The fact가 '그가 시험에 합격한 것'이므로 주격보어절을 이끄는 that이 와야 한다.

해석 | 사실은 그가 시험에 통과했다는 것이다.

04 동사 know와 목적절을 이끄는 접속사 that이 와야 한다.

05 동사 learn과 '왜, 어째서'를 뜻하는 의문사 why가 와야 한다.

06 B가 교과서에 있다고 답했으므로, '어디에서' 찾을 수 있는지를 묻는 표현이 되어야 한다.

해석 | A: 너는 내가 그 이론을 어디에서 찾을 수 있는지 아니?
B: 응. 그건 교과서에 있어.

07 if는 whether와 마찬가지로 '~인지 아닌지'를 뜻하는 명사절을 이끌며, or not은 절의 끝에 쓴다.

해석 | 나는 그가 올지 안 올지 알지 못한다.

08 the center of: ~의 중심 / get rid of: ~을 제거하다

해석 | · 그 타워는 그 도시의 중심에 있다.
· 우리는 그들이 어떻게 그 폐기물을 제거했는지 궁금했다.

09 '왜 우리가 낮과 밤을 가지는지'를 뜻하는 간접의문문이 되어야 한다. 「의문사 + 주어 + 동사」 순서로 배열한다.

해석 | A: 나는 우리가 왜 낮과 밤을 가지는지 궁금해.
B: 그건 지구가 자전하고 있기 때문이야.

10 asked의 목적어로 간접의문문이 온 형태이므로 「의문사 + 주어 + 동사」 순서가 되도록 고쳐야 한다.

해석 | Brown 씨는 왜 달이 모양을 바꾸는지 물었다.

11 각각의 접속사를 써서 목적절을 만들어 한 문장으로 바꿔 쓴다.

해석 | (1) 나는 그가 노벨상을 탔다는 것을 알지 못했다.
(2) 우리는 내일 날이 맑을지 궁금하다.
(3) Frank는 나에게 그녀가 어디서 일했는지 물었다.

12 (1) turn round: ~ 주위를 돌다 (2) 간접의문문(간접목적어)
(3) happen to: ~에게 일어나다

13 (1) 「whether ~ or not」을 써서 ask의 목적절을 만든다.
(2) when을 써서 know의 목적절을 만든다.

해석 | (1) A: 그녀가 과학관에 올까?
B: 글쎄, 내가 그녀에게 그녀가 과학관에 올지 안 올지 물어볼게.
(2) A: 우리가 언제 슈퍼문을 볼 수 있니?
B: 나는 우리가 언제 슈퍼문을 볼 수 있는지 몰라.

14 (1) 현재형 동사 knows의 목적절을 접속사 that을 이용해서 쓴다.
(2) 과거형 동사 found의 목적절을 접속사 that을 이용해서 쓴다.

해석 | 오늘 미나는 서로 다른 종류의 액체가 서로 다른 온도에서 끓는다는 것을 배웠다. 그녀는 물이 100도에서 끓는다는 것을 안다. 실험 후에, 그녀는 기름이 180도에서 끓는다는 것을 발견했다.

15 (1)(2) wonder, ask의 목적어로 간접의문문이 온 형태이므로 「의문

사 + 주어 + 동사」의 순서가 되도록 고쳐 써야 한다.

해석 | 나는 지구가 둥글다는 것을 안다. 하지만 나는 어떻게 우리가 그 위에 서 있을 수 있는지 궁금하다. 나는 한 선생님께 우리가 어째서 지구에서 떨어지지 않는지 여쭤 보았다. 그녀는 나에게 지구는 큰 자석과 같고, 우리는 작은 못과 같다고 말씀해 주셨다.

CHAPTER REVIEW 1

pp. 28-29

Word Review

1. enter   2. agreed   3. Earth   4. Saturn

Grammar Review

1. When   2. after   3. because[as/since]
4. Because[As/Since]   5. If   6. Unless
7. Although[Though/Even though]   8. While
9. that   10. that   11. why   12. how

Chapter 2 관계사 써먹기

써먹기 구문 | 04
관계대명사

해석

Suzy는 옆집에 사는 나의 가장 친한 친구다.
우리는 공통점이 많다.
어제, 우리는 둘 다 좋아하는 공포 영화를 보러 갔다.
그 영화는 공포물이 아니라 괴물에 관한 코미디였다.

p. 33

TRAINING ① 기본 형태 연습하기

A ❶ who   ❷ who   ❸ who   ❹ whom
  ❺ whom   ❻ whose   ❼ that   ❽ whose

B ❶ who[that]   ❷ who[that]   ❸ whom[that]
  ❹ whom[that]   ❺ whose   ❻ which[that]
  ❼ which[that]   ❽ whose

해석

A ❶ Jen에게는 그녀를 항상 도와주는 좋은 친구가 있다.
  ❷ 이 분은 우리의 수학 선생님이신 정 선생님이시다.
  ❸ 내 옆에 앉아 있던 그 소녀는 내 여동생이다.
  ❹ 너는 자주 만나는 친구들이 있니?
  ❺ 저 애가 내가 너에게 말했던 남자애야.
  ❻ 나는 관심사가 게임인 그들과 친구가 되었다.
  ❼ 나는 네가 아주 많이 좋아하는 파스타를 만들었다.
  ❽ 너는 표지가 녹색인 그 책을 기억하니?

B ❶ 나는 농구를 잘하는 그 소녀를 안다.
  ❷ Terry는 그의 자전거를 빌린 친구에게 문자를 보냈다.
  ❸ 너는 너와 싸운 그 소년에게 사과했니?
  ❹ 나는 나와 함께 많은 것을 공유할 수 있는 친구를 찾고 있다.
  ❺ 너는 취미가 사진 찍기인 친구들이 있니?
  ❻ 그녀는 그가 그녀에게 사준 선물에 대해 그에게 감사했다.
  ❼ 너는 Mary가 추천해 준 그 영화를 봤니?
  ❽ 그들은 방들이 충분히 넓은 그 집으로 이사를 갈 것이다.

p. 34

TRAINING ② 통문장 전환하기

❶ Tommy was a tall boy who was good at basketball.
❷ We made many friends who are interested in cooking.
❸ I need some friends whom I can talk to.
  (또는 I need some friends to whom I can talk.)
❹ He is the singer whom I wanted to meet.
❺ She was looking for a man whose last name was Grey.
❻ I will move into the house which is in your village.
❼ David also watched the movie which I watched last weekend.
❽ Do you know the game which is very popular with teens?
❾ She has the same dress that I'm wearing now.
❿ We decided to buy the bag that Andrew wanted to have.

해석

예) 나는 내게 매우 친절한 친구가 한 명 있다.
❶ Tommy는 농구를 잘했던 키가 큰 소년이었다.
❷ 우리는 요리에 관심이 있는 많은 친구들을 사귀었다.
❸ 나는 이야기할 수 있는 친구가 몇 명 필요하다.
❹ 그는 내가 만나고 싶었던 그 가수이다.
❺ 그녀는 성이 Grey인 한 남자를 찾고 있었다.

예) 이것이 내가 지난달에 읽은 그 책이다.
❻ 나는 너희 동네에 있는 집으로 이사할 거야.
❼ David도 내가 지난 주말에 봤던 그 영화를 봤다.
❽ 너는 십대들 사이에서 매우 인기 있는 그 게임을 아니?
❾ 그녀는 내가 지금 입고 있는 것과 같은 옷을 가지고 있다.
❿ 우리는 Andrew가 갖고 싶어 했던 그 가방을 사기로 결정했다.

p. 35

TRAINING ③ 영어 문장 완성하기

❶ who are from different countries
❷ which is about a good friendship

❸ someone who listens to him

❹ whom I share many things with (또는 with whom I share many things)

❺ a girl whose smile was bright

❻ who[that], in common

❼ which[that], moved into

❽ make friends who[that]

❾ thanked, for, which[that]

❿ looking for, whose

TEST for Writing

pp. 36-37

01 who[that]   02 which[that]

03 the boy who[that]   04 the present which[that]

05 who are interested in sports

06 whom[that]   07 who[that]

08 (A) in (B) into   09 whose interest is traveling

10 grow → grows

11 (1) The boy who was standing next to me is my brother.
(2) I wrote a letter to the girl whom I met in China.
(3) She liked the boy whose hobby was playing soccer.

12 (1) [모범 답안] 너는 너와 싸운 사람에게 사과를 해야 한다.
(2) [모범 답안] 네가 우리에게 준 도움에 대해 너에게 감사해.
(3) [모범 답안] 그는 검은 재킷을 입고 있는 그 남자를 찾고 있니?

13 (1) [모범 답안] who helps me when I'm in need
(2) [모범 답안] which my favorite actor appears in

14 (1) is 15 years   (2) Hani lives in
(3) who helps her friends a lot

15 (1) who → which[that]
(2) which was → who[that] were

01 사람을 나타내는 주격 관계대명사 who 또는 that을 쓴다.
해석 | 나에게는 내 말을 들어주는 친구가 한 명 있다.

02 사물을 나타내는 목적격 관계대명사 which 또는 that을 쓴다. 목적격 관계대명사는 생략 가능하다.
해석 | 유민이는 그녀가 지난주에 산 책을 읽었다.

03 「선행사(the boy) + 사람을 나타내는 주격 관계대명사」

04 「선행사(the present) + 사물을 나타내는 목적격 관계대명사」

05 「주격 관계대명사 + be동사 ~」 순으로 배열한다.

be interested in: ~에 관심이 있다
해석 | A: 너는 어떤 종류의 사람들을 좋아하니?
B: 나는 스포츠에 관심이 있는 사람들을 좋아해.

06 사람을 나타내는 목적격 관계대명사 whom 또는 that을 쓴다. 목적격 관계대명사는 생략 가능하다.
해석 | Chris는 그 소녀를 찾았다. 그는 그녀를 찾고 있었다.
= Chris는 그가 찾고 있던 그 소녀를 찾았다.

07 사람을 나타내는 주격 관계대명사 who 또는 that을 쓴다.
해석 | 우리는 그 소년을 알지 못한다. 그는 현관에 서 있다.
= 우리는 현관에 서 있는 소년을 알지 못한다.

08 have many things in common: 공통점이 많다
move into: ~로 이사하다
해석 | · 우리는 공통점이 많은 그 쌍둥이들을 알고 있다.
· 너는 네가 이사 들어갈 집이 마음에 드니?

09 소유격 관계대명사 whose 뒤에 명사 interest가 와야 한다.
해석 | 너는 자신의 관심사가 여행인 누군가를 만나게 될 거야.

10 선행사 a thing이 3인칭 단수이므로 that 뒤의 동사도 3인칭 단수형으로 쓴다.
해석 | 좋은 우정이란 저절로 자라나는 것이 아니다.

11 각각 주어진 관계대명사를 써서 한 문장으로 바꿔 쓴다.
해석 | (1) 내 옆에 서 있던 그 소년은 내 형이다.
(2) 나는 내가 중국에서 만난 그 소녀에게 편지를 썼다.
(3) 그녀는 취미가 축구 하기였던 그 소년을 좋아했다.

12 (1) whom: 사람(목적격)   (2) 목적격 관계대명사 which[that]이 생략됨   (3) who: 사람(주격)

13 (1) 사람을 나타내는 관계대명사 who(m)을 쓴다.
(2) 사물을 나타내는 관계대명사 which를 쓴다.
해석 | (1) Q: 너는 누가 좋은 친구라고 생각하니?
A: 좋은 친구는 내가 필요할 때 나를 도와주는 사람이야.
(2) Q: 너는 어떤 종류의 영화를 좋아하니?
A: 나는 내가 가장 좋아하는 배우가 나오는 영화를 좋아해.

14 (1) '15살인 소녀'를 뜻하도록 who가 이끄는 관계대명사절을 완성한다. (2) '하니가 살고 있는 도시'를 뜻하도록 which가 이끄는 관계대명사절을 쓴다. (3) '친구들을 많이 돕는 소녀'를 뜻하도록 who가 이끄는 관계대명사절을 만든다.
해석 | 하니는 소라와 새 친구가 되었다. 그녀는 15살인 소녀이다. 소라는 하니가 사는 도시에 살고 있다. 그녀는 또한 하니처럼 첼로 연주하는 것을 좋아한다. 소라는 그녀의 친구들을 많이 도와주는 착한 소녀이다.

15 (1) a book을 선행사로 하는 목적격 관계대명사는 which[that]을 쓴다. (2) two friends를 선행사로 하는 주격 관계대명사는 who[that]를 쓰며, 선행사가 복수이므로 be동사도 복수형인 were로 쓴다.
해석 | 오늘, 나는 학교에서 우정에 대해 배웠다. 방과 후에 나는 선생님께서 추천해 주신 책을 한 권 샀다. 그것은 매우 친한 두 친구에 관한 것이었다. 교훈은 "좋은 우정이란 우리가 함께 다지는 것이다."였다.

관계부사와 관계대명사 what

해석

나는 내가 스페인에 있었던 그 주를 즐겼다.

그곳은 내가 유명한 건물들을 보았던 아름다운 나라였다.

날씨는 무척 좋았고 음식은 훌륭했다!

나는 내가 그곳에서 경험한 것을 절대 잊지 못할 것이다.

TRAINING ① 기본 형태 연습하기　　　　p. 39

A ① when ② where ③ why ④ how
　⑤ when ⑥ where ⑦ What ⑧ what

B ① where ② where ③ how ④ when
　⑤ why ⑥ when ⑦ What ⑧ what

해석

A ① 너는 우리가 서울을 떠나던 날을 기억해?
　② 런던은 내가 지난 크리스마스를 보낸 도시이다.
　③ 우리는 그녀가 혼자 떠난 이유를 알지 못했다.
　④ 그는 내가 어떻게 영어를 공부하는지를 알기 원한다.
　⑤ 나는 별들이 빛나고 있었던 그 밤을 잊을 수 없다.
　⑥ Sean은 그가 길을 잃었던 그 공원에 갈 것이다.
　⑦ 내가 말하고 싶은 것은 네 꿈을 실현하라는 것이다.
　⑧ 그 티켓은 내가 오랫동안 사고 싶었던 것이었다.

B ① 그가 태어난 마을은 작고 평화롭다.
　② 우리가 저녁을 먹은 그 식당은 매우 유명하다.
　③ 우리는 여행 웹사이트들을 이용한다. 이것이 우리가 휴가를 계획하는 방법이다.
　④ 나는 내가 알람을 설정한 시간에 일어나지 못했다.
　⑤ 그것이 그녀가 비행기를 탈 수 없는 이유이다.
　⑥ 우리가 현장 학습을 갈 날을 잊지 마라.
　⑦ 내가 지금 필요한 것은 약간의 돈과 자동차 한 대이다.
　⑧ 엄마는 내가 그녀의 여행을 위해 준비한 것에 만족하셨다.

TRAINING ② 통문장 전환하기　　　　p. 40

① We forgot the time when the train would leave.

② He told us the reason why he was late.

③ Amy remembers the beautiful castle where she took pictures.

④ Spring is the season when most students go on field trips.

⑤ They went to the lake where they would take a boat.

⑥ I'll never forget the time when I was in Rome.

⑦ July is the month when my vacation starts.

⑧ Do you know the reason why he left suddenly?

⑨ Yuna didn't understand how[the way] the people spoke.

⑩ We visited the house where Van Gogh painted "Sunflowers."

해석

예) 나는 그들이 지금 묵고 있는 호텔을 안다.

① 우리는 기차가 떠날 시간을 깜박했다.

② 그는 우리에게 그가 늦은 이유를 말해 주었다.

③ Amy는 그녀가 사진을 찍었던 아름다운 그 성을 기억한다.

④ 봄은 대부분의 학생들이 현장 학습을 가는 계절이다.

⑤ 그들은 그들이 보트를 탈 그 호수로 갔다.

예) 그 카페는 내가 아이스티를 사는 곳이다.

⑥ 나는 내가 로마에 있었던 시간을 절대 잊지 않을 것이다.

⑦ 7월은 내 방학이 시작되는 달이다.

⑧ 너는 그가 갑자기 떠난 이유를 아니?

⑨ 유나는 그 사람들이 말했던 방식을 이해하지 못했다.

⑩ 우리는 반 고흐가 「해바라기」를 그렸던 그 집을 방문했다.

TRAINING ③ 영어 문장 완성하기　　　　p. 41

① where we saw the great view

② when he should take the bus

③ the reason why you were late

④ where we can have a picnic

⑤ what you want to do

⑥ making plans, when

⑦ got lost, where

⑧ why, for, long time

⑨ how[the way], set, alarm

⑩ what, prepare for

TEST for Writing

01 when　02 where　03 how　04 What we

05 the reason　06 where we went last summer

07 for　　　　08 where we go jogging

09 in[during] which

10 the way how → the way 또는 how

11 (1) I visited the café where many artists gathered.
　(2) We know the day when she will return from Japan.
　(3) You didn't tell me the reason for which you were late.

12 (1) [모범 답안] 그 여행에 내가 필요한 것은 유럽 지도이다.
　(2) [모범 답안] 이곳은 사람들이 길을 잃을 수 있는 장소이다.
　(3) [모범 답안] 그녀가 그 음식을 요리하는 방법은 놀랍다.

13 (1) [모범 답안] when I graduated from elementary school
　(2) [모범 답안] the park where I walk my dog

14 (1) when she was in Paris
　(2) where she took pictures
　(3) delicious French chocolate

15 (1) what → where 또는 in which
　(2) which → when 또는 on which

---

01 선행사 the time에 맞는 시간을 나타내는 관계부사는 when이다.
해석 | 너는 우리가 도쿄에 갔던 때를 기억하니?

02 선행사 the place에 맞는 장소를 나타내는 관계부사는 where이다.
해석 | 나는 그가 태어난 곳을 알지 못한다.

03 the way를 대신해서 방법을 나타내는 관계부사는 how이다.
해석 | 너는 그가 문제를 푼 방법을 아니?

04 '∼하는 것'을 뜻하는 관계대명사 what을 쓴다.

05 이유를 나타내는 관계부사는 why이며, 선행사는 the reason을 쓴다.

06 the beach 뒤에 「관계부사 where + 주어 + 동사」 순으로 쓴다.
해석 | A: 사진 속 장소가 어디니?
　　　B: 그곳은 우리가 지난 여름에 갔던 해변이야.

07 for a long time: 오랫동안 / 이유를 나타내는 the reason 뒤에 for which(전치사 + 관계대명사)를 쓸 수 있다.
해석 | · 이것은 내가 오랫동안 갖고 싶었던 거야.
　　　· 그에게 내가 결석한 이유를 말하지 마.

08 the park 뒤에 장소를 나타내는 관계부사절을 쓴다.
해석 | A: 너는 그 식당이 어디 있는지 아니?
　　　B: 응. 그곳은 우리가 조깅하러 가는 공원 근처에 있어.

09 관계부사는 「전치사 + 관계대명사」로 바꿔 쓸 수 있다. 선행사 the days로 보아, 전치사 in 또는 during을 쓸 수 있다.
해석 | 내가 학생이었던 날들이 내 인생에서 가장 행복했어.

10 방법을 나타낼 때는 the way와 how 중 하나만 쓴다.
해석 | 나는 내가 나의 꿈을 실현한 방법에 대해 적었다.

11 각각 주어진 관계부사, 「전치사 + 관계대명사」를 써서 문장을 바꿔 쓴다.
해석 | (1) 나는 많은 예술가들이 모였던 그 카페를 방문했다.
　　　(2) 우리는 그녀가 일본에서 돌아올 날을 알고 있다.
　　　(3) 너는 네가 늦은 이유를 내게 말하지 않았다.

12 (1) 관계대명사 what: ∼하는 것　(2) get lost: 길을 잃다
　(3) the way: ∼하는 방법

13 (1) 인생에서 최고의 순간이 언제였는지 묻는 질문에 관계부사 when을 사용해 답한다.
　(2) 동네에서 가장 좋은 장소를 묻는 질문에 관계대명사 where를 써서 답한다.
　해석 | (1) Q: 너의 인생에서 가장 행복한 순간이 언제였니?
　　　　(2) Q: 너의 동네에서 가장 좋은 장소는 어디니?

14 (1) 시간을 나타내는 관계부사 when　(2) 장소를 나타내는 관계부사 where　(3) 선행사를 포함하는 관계대명사 what (∼하는 것)
　해석 | 세미는 그녀가 파리에 있었던 날들을 기억한다. 그녀는 자신이 사진을 찍었던 에펠탑을 잊지 못한다. 그녀가 가장 좋아했던 것은 맛있는 프랑스 초콜릿을 먹었던 것이었다.

15 (1) 장소를 나타내는 관계부사 where를 쓰거나 in which로 써야 한다.　(2) 시간을 나타내는 관계부사 when을 쓰거나 on which로 써야 한다.
　해석 | Jenny는 지난 주말 그녀의 개인 Jo를 잃어버렸다. 그를 찾기 위해서 그녀는 그녀가 그를 산책시켰던 공원으로 갔다. 그녀가 벤치 가까이에 갔을 때, 그녀는 조를 찾았다! 그녀는 그를 되찾았던 그날을 절대 잊지 못할 것이다.

써먹기 구문 | 06
계속적 용법과 복합관계사

해석

나는 사진을 찍을 때마다, 소셜 미디어에 그것들을 올린다.
Ben도 무엇을 하든지, 그는 온라인에 자신의 이야기들을 올린다.
우리는 항상 소셜 미디어에 접속되어 있는데, 그것은 십대들에게 인기가 있다. 어디에 가든지, 우리는 스마트폰을 갖고 간다.

TRAINING 1 기본 형태 연습하기
p. 45

A ❶ which　❷ who　❸ where
　❹ which　❺ Whenever　❻ Wherever
　❼ Whomever　❽ Whatever

B ❶ which　❷ who　❸ where

④ whose   ⑤ Wherever   ⑥ Whatever
⑦ Whenever   ⑧ Whoever

해석

A ① 많은 사람들이 태블릿 PC를 사용하는데, 그것들은 매우 편리하다.
② 그 남자는, 우리가 지나쳤는데, 연예인이었다.
③ 그 도서관은, 거기서 내가 이 오래된 책을 찾았는데, 유명하다.
④ 온라인 사전에서 단어를 찾아라, 그것은 빠르다.
⑤ 너는 시간이 나면 언제든, 나를 만나러 와라.
⑥ 어디를 가든, Tom은 그의 노트북 컴퓨터를 가지고 다닌다.
⑦ 너는 온라인상에서 누구를 만나든, 그들을 믿어선 안 된다.
⑧ 네가 나에게 무엇을 말하든, 나는 그것을 비밀로 할 것이다.

B ① 우리는 네티켓에 대해 배웠는데, 그것은 오늘날 중요하다.
② 나는 효진이와 친구가 되었는데, 그 애는 게임을 좋아한다.
③ 우리는 저 카페에 가는 것을 좋아하는데, 거기서 우리는 무료 와이파이를 쓸 수 있다.
④ 나는 Jay라는 친구가 있는데, 그의 관심사도 역시 영화이다.
⑤ 네가 어디에 있든, 너는 나와 이야기할 수 있다.
⑥ 네가 온라인으로 무엇을 검색하든, 너는 많은 결과를 얻을 것이다.
⑦ 나는 원할 때마다, 소셜 미디어에 내 사진들을 올린다.
⑧ 당신이 누구든지 간에, 당신은 그 웹사이트에 접속할 수 있다.

TRAINING ② 통문장 전환하기   **p. 46**

❶ He wanted to change his old computer, which he used for 7 years.
❷ We became friends with Sam, whose blog is famous.
❸ I joined the online community, where I could make many friends.
❹ The cell phone, which he got from his mom, was not expensive.
❺ The news, which I heard this morning, was about a mobile game.
❻ Whomever you meet, try to listen to them.
❼ Wherever you go, take your smartphone with you.
❽ Whenever I have free time, I update my blog.
❾ Whatever he eats, he takes a picture of the food.
❿ Whatever you need, you can buy it online.

해석

예) 그녀는 자석들을 모으는데, 그녀는 그것들을 냉장고에 붙인다.

❶ 그는 그의 오래된 컴퓨터를 교체하길 원하는데, 그것은 그가 7년간 사용했다.
❷ 우리는 Sam과 친구가 되었는데, 그의 블로그는 유명하다.
❸ 나는 그 온라인 커뮤니티에 가입했는데, 거기서 나는 많은 친구들을 사귈 수 있었다.
❹ 그 휴대폰은 그가 엄마께 받았는데, 비싸지 않았다.
❺ 그 소식은 내가 오늘 아침에 들었는데, 모바일 게임에 관한 것이었다.
예) 그들이 수업 중일 때는 언제든지, 그들의 전화기를 꺼야 한다.
❻ 네가 누구를 만나든지, 그들의 말을 잘 들으려고 노력해라.
❼ 네가 어디를 가든지, 네 스마트폰을 가져가라.
❽ 나는 여가 시간이 있을 때마다 내 블로그를 업데이트 한다.
❾ 그가 무엇을 먹든, 그는 그 음식의 사진을 찍는다.
❿ 네가 무엇이 필요하든, 너는 온라인으로 그것을 살 수 있다.

TRAINING ③ 영어 문장 완성하기   **p. 47**

❶ Whatever you read online
❷ which were mostly his selfies
❸ which are useful
❹ Wherever you want to travel
❺ where we could use the Internet
❻ Wherever, log in   ❼ Whomever, keep, secret
❽ which, popular with   ❾ which, bought online
❿ whom, passed by

TEST for Writing   pp. 48-49

01 which   02 where   03 Whenever
04 Whatever you   05 whom, met
06 Whenever I use my computer
07 which I bought online   08 in
09 Wherever she goes   10 that → which
11 (1) I visited his website, where I found his old pictures.
(2) She has a son named Ken, who is a musician.
(3) Most people use smartphones, which are convenient.
12 (1) [모범 답안] 네가 내 도움이 필요할 때는 언제든, 내가 너를 도와줄게.
(2) [모범 답안] 아빠는 내가 원하는 것은 뭐든 사 주지 않으셨다.

(3) [모범 답안] 그 장소가 어디든, 나는 그곳을 온라인으로 찾을 수 있다.

13 (1) [모범 답안] buy whatever I want online
(2) [모범 답안] log in to many websites, which are useful

14 (1) which is very useful
(2) where we don't use our real names

15 (1) Whatever → Whenever[No matter when]
(2) Whenever → Whatever[No matter what]

01 관계대명사의 계속적 용법으로 which를 쓴다. that은 쓸 수 없다.
해석 | 그녀는 소셜 미디어를 좋아하는데, 그것은 오늘날 매우 인기가 있다.

02 관계부사의 계속적 용법으로 where를 쓴다.
해석 | 우리는 공공 건물에 갔는데, 그곳에서 우리는 무료 와이파이를 사용할 수 있었다.

03 복합관계부사 whenever가 들어가 '네가 시간이 있을 때는 언제든지'라는 의미가 되어야 한다.
해석 | 네가 시간이 있을 때는 언제든지, 내 블로그를 방문해.

04 '무엇을 ~하든지'를 의미하는 복합관계대명사 whatever 뒤에 주어 you를 쓴다.

05 사람을 나타내는 목적격 관계대명사 whom과 동사 met을 쓴다. who ~ today는 관계대명사 계속적 용법의 삽입절이다.

06 '내가 나의 컴퓨터를 사용할 때마다'라는 뜻이 되도록 whenever 뒤에 「주어+동사」 순으로 배열한다.
해석 | A: 무슨 문제니?
B: 나는 내 컴퓨터를 사용할 때마다, 목이 아파.

07 관계대명사 which로 시작하는 계속적 용법의 삽입절을 쓴다.
/ buy ~ online: ~을 온라인으로 구매하다
해석 | 그 치마는, 내가 온라인으로 샀는데, 나한테 크다.

08 log in to: ~에 접속하다 / look up ~ in: …에서 ~을 찾다[검색하다]
해석 | · 그녀는 그 웹사이트에 접속했는데, 거기서 그녀는 이야기를 읽었다.
· 내가 영어를 공부할 때마다 나는 사전에서 단어를 찾는다.

09 no matter where: 어디에 ~하든지 (= wherever)
해석 | 그녀는 어디에 가든지, 자신의 태블릿 PC을 가져간다.

10 계속적 용법의 관계대명사절에는 that을 쓸 수 없다.
해석 | 나는 네 사진들을 봤는데, 대부분이 음식이었다.

11 각각 주어진 계속적 용법의 관계사를 써서 문장을 바꿔 쓴다.
해석 | (1) 나는 그의 웹사이트를 방문했는데, 거기서 나는 그의 오래된 사진들을 발견했다.
(2) 그녀는 Ken이라는 이름의 아들이 있는데, 그는 음악가이다.
(3) 대부분의 사람들이 스마트폰을 사용하는데, 그것은 편리하다.

12 (1) whenever: ~할 때는 언제든
(2) whatever: ~하는 것은 무엇이든
(3) wherever: ~하는 곳은 어디든

13 (1) 온라인 쇼핑을 좋아하는지 묻는 질문에 대한 답을 복합관계사 whatever를 써서 완성한다. / buy ~ online: ~을 온라인으로 사다
(2) 스마트폰이 유용한지 묻는 질문에 대한 답을 계속적 용법의 관계대명사 which를 사용해서 완성한다. / log in to: ~에 접속하다
해석 | (1) A: 너는 온라인 쇼핑을 좋아하니?
B: 응. 나는 온라인으로 내가 원하는 것은 무엇이든 살 수 있어.
(2) A: 너는 스마트폰이 유용하다고 생각하니?
B: 응. 스마트폰으로 나는 여러 웹사이트에 접속할 수 있는데, 그것들은 유용해.

14 (1) 계속적 용법의 관계대명사 which가 이끄는 절을 완성한다.
(2) 계속적 용법의 관계부사 where가 이끄는 절을 완성한다.
해석 | 매일 우리는 인터넷을 사용하는데, 그것은 매우 유용하다. 우리는 온라인으로 원하는 것은 무엇이든 검색할 수 있다. 하지만 때로는 그것은 문제들을 일으킨다. 온라인 커뮤니티에서는 실명을 사용하지 않는데, 우리는 나쁜 짓을 저지를 수 있다.

15 문맥에 맞는 복합관계사로 고쳐야 한다. (1) 우리가 식당에 갈 때는 '언제든지(whenever)', (2) 그 음식이 '무엇이든지(whatever)'로 고친다.
해석 | 내 친구 다솜이는 음식 사진 찍는 것을 매우 좋아한다. 우리가 식당에 갈 때마다, 그녀는 자신의 카메라를 가지고 간다. 그 음식이 뭐든지, 그녀는 먼저 그것의 사진을 찍는다. 나는 그녀의 사진들을 좋아하지만, 때때로 기분이 좀 상한다.

CHAPTER REVIEW 2   pp. 50-51

Word Review
1. suddenly   2. mostly   3. post   4. download

Grammar Review
1. who[that]   2. whose   3. which[that]
4. which[that]   5. when   6. where
7. the reason   8. what   9. which
10. who   11. Wherever   12. whatever

Chapter 3 5형식 문장 써먹기

써먹기 구문 | 07
사역동사

해석

수요일에 나는 늘 그렇듯 돈이 다 떨어졌다.
내가 엄마께 돈을 좀 달라고 요청하자, 엄마는 내게 설거지를 시키셨다.
엄마는 또 내게 다른 집안일을 시키셨다.
나는 일주일 용돈의 4분의1을 벌었다!

TRAINING ❶ 기본 형태 연습하기
p. 55

A ❶ keep ❷ earn ❸ buy ❹ play
❺ to help ❻ to move ❼ to stay ❽ do

B ❶ move ❷ save ❸ to pick
❹ (to) do ❺ spend ❻ study
❼ to stay ❽ (to) share

해석

A ❶ 엄마는 내가 나의 지출 내역을 기록하게 시키신다.
❷ 그는 내게 돈을 주는 대신 내가 돈을 벌게 만들었다.
❸ Tara는 우리에게 파티를 위한 음식을 사게 시켰다.
❹ 그 선생님은 수업 중에 우리를 놀게 두지 않으셨다.
❺ 내 큰 언니는 주말에 내가 그녀를 돕게 시킨다.
❻ Jerry가 책상과 의자를 옮기는 것을 도와줄래?
❼ 아빠는 벌로 나를 내 방에 계속 있게 강요하셨다.
❽ 너의 부모님은 네가 숙제를 하는 것을 도와주시니?

B ❶ 그 아이들이 상자들을 옮기게 하지 마라.
❷ 아빠는 내게 미래를 위해 돈을 저축하도록 시키셨다.
❸ 그 남자는 우리에게 거리의 쓰레기를 주우라고 시켰다.
❹ 나는 할머니가 세탁하시는 것을 도와드렸다.
❺ 엄마는 내가 한 번에 많은 돈을 쓰게 허락하지 않으셨다.
❻ 강 선생님은 그녀의 학생들을 스스로 공부하게 시키니?
❼ 누가 너를 방과 후에 교실에 남아 있게 했니?
❽ 그 행사는 우리가 우리의 물건들을 서로 나누도록 도왔다.

TRAINING ❷ 통문장 전환하기
p. 56

❶ The teacher forced us to study for the exam.
❷ Dad gets me to earn my own allowance.
❸ Mom helped me (to) make a bank account and (to) save money.
❹ The police didn't force us to enter the office.
❺ Mr. Han will get you to collect the answer sheets.
❻ Mom makes me fold the laundry.
❼ The teacher lets us play outside after lunch.
❽ Dad had us stay home all day as a punishment.
❾ Daniel doesn't make his brother wait for him.
❿ She won't let you get a part-time job.

해석

예) 내 오빠는 내가 내 방을 치우도록 시켰다.
❶ 그 선생님은 우리가 시험에 대비해 공부하도록 강요하셨다.
❷ 아빠는 내가 내 자신의 용돈을 벌게 시키신다.
❸ 엄마는 내가 은행 계좌를 만들어 돈을 저축하도록 도우셨다.
❹ 경찰은 우리에게 사무실에 들어가라고 강요하지 않았다.
❺ 한 선생님은 너에게 답안지를 걷으라고 시키실 것이다.

예) 그 남자는 내게 앉으라고 시켰다.
❻ 엄마는 내게 빨래를 개라고 시키신다.
❼ 그 선생님은 점심 식사 후 우리가 밖에서 놀도록 하신다.
❽ 아빠는 우리에게 벌로 하루 종일 집에 있으라고 시키셨다.
❾ Daniel은 그의 남동생이 그를 기다리게 하지 않는다.
❿ 그녀는 네가 시간제 일을 구하게 하지 않을 거야.

TRAINING ❸ 영어 문장 완성하기
p. 57

❶ She helped me save some money.
❷ Mom didn't let us watch TV yesterday.
❸ Do your parents get you to do house chores?
❹ The teacher will have you do volunteer work.
❺ Who forced you to write this letter?
❻ run, as, punishment ❼ (to) do the laundry

❽ let, earn money **❾** to keep, record

❿ instead of doing

TEST for Writing

pp. 58-59

01 do   **02** to fold   **03** to tell

04 (to) wash   **05** didn't let me watch

06 made me do the dishes   **07** of

08 the students to pick

09 help me (to) save money   **10** to wait → wait

11 (1) Mom had me clean my room.
(2) The teacher will make us solve the problem.
(3) He helped us (to) do the laundry.

12 (1) [모범 답안] 아빠는 벌로 내가 그 창문들을 청소하게 하셨다.
(2) [모범 답안] 엄마는 내가 그녀에게 돈을 달라고 하지 못하게 하셨다.
(3) [모범 답안] 내가 시간제 일을 하는 것을 도와줄래?

13 (1) [모범 답안] I can help my friends (to) study English.
(2) [모범 답안] As a punishment, my teacher forces us to clean the classroom.

14 (1) clean the store
(2) (to) make the dough
(3) him to cut the bread for the customers

15 (1) to keep → keep   (2) making → make

01 have는 목적어에게 '∼하도록 시키다'라는 의미의 사역동사로 목적격보어로 동사원형을 쓴다.
해석 | 그는 나에게 그의 숙제를 하라고 시켰다.

02 get은 목적어에게 '∼하도록 시키다'라는 의미의 사역동사로 목적격보어로 to부정사를 쓴다.
해석 | 엄마는 내게 빨래를 개라고 시키셨다.

03 force는 목적어에게 '∼하도록 강요하다'라는 의미의 사역동사로 목적격보어로 to부정사를 쓴다.
해석 | 경찰은 그 남자가 진실을 말하도록 강요했다.

04 help는 '목적어가 ∼하는 것을 돕다'라는 의미로 목적격보어로 to부정사 또는 동사원형을 쓴다.
해석 | 나는 나의 아버지가 그의 차를 세차하시는 것을 도왔다.

05 「didn't let + 목적어(me) + 동사원형 목적격보어(watch)」로 쓴다.

06 「사역동사(made) + 목적어(me) + 목적격보어(do the dishes」 순으로 배열한다.
해석 | A: 너는 그 돈을 어떻게 구했니?

B: 엄마가 나에게 설거지를 하게 시키시고 돈을 주셨어.

07 run out of: ∼을 다 써버리다 / instead of: ∼ 대신에
해석 | · 나는 돈을 다 써버려 부족하다.
· 그는 우리에게 음식 대신 꽃을 가져오라고 시켰다.

08 let은 목적격보어로 동사원형을, get은 목적격보어로 to부정사를 취한다.
해석 | 이 선생님은 학생들에게 쓰레기를 주우라고 시키셨다.

09 help + 목적어(me) + 목적격보어((to) save)
해석 | A: 내가 돈을 저축하는 것을 도와줄 수 있니?
B: 물론이지. 먼저 네 지출 내역을 기록해 둬.

10 make는 사역동사로 쓰일 때 목적격보어로 동사원형을 쓴다.
해석 | 그는 현관에서 내가 그를 기다리게 시켰다.

11 「사역동사(have, make, help) + 목적어(사람) + 목적격보어(동사원형/to부정사)」 순으로 쓴다.

12 (1) as a punishment: 벌로
(2) ask A for B: A에게 B를 요청하다
(3) part-time job: 시간제 일자리

13 (1) 친구를 도울 수 있는 일이 무엇인지 묻는 질문에 사역동사를 써서 답한다. (2) 선생님이 벌로 시키시는 일이 무엇인지 묻는 질문에 사역동사를 써서 답한다.
해석 | (1) Q: 너는 네 친구들이 무엇을 하게 도울 수 있니?
(2) Q: 너의 선생님이 너에게 벌로 무엇을 하게 시키시니?

14 (1) 사역동사 have는 목적격보어로 동사원형을 쓴다.
(2) 사역동사 help는 목적격보어로 (to) 동사원형을 쓴다.
(3) 사역동사 get은 목적격보어로 to부정사를 쓴다.
해석 | Jason은 오늘 제과점에서 그의 시간제 일을 했다. 오전 8시에서 9시까지는 주인이 그에게 가게를 청소하라고 시켰다. 오전 9시에서 10시까지 그는 주인이 반죽을 만드는 것을 도왔다. 오전 10시에서 11시까지 주인은 그에게 손님들을 위해 빵을 썰도록 시켰다.

15 사역동사 have와 make는 목적격보어로 동사원형을 쓴다.
해석 | 정 선생님은 우리에게 돈을 저축하기 위해 해야 할 세 가지 일을 가르쳐 주셨다. 첫째, 그녀는 우리에게 지출 내역을 기록하도록 시키셨다. 둘째, 그녀는 우리에게 한 번에 많은 돈을 쓰지 말라고 말씀하셨다. 마지막으로, 그녀는 우리에게 은행 계좌를 만들도록 시키셨다.

써먹기 구문 | 08
지각동사

해석

우리 동네에서 지난 토요일에 노래 대회가 열렸다.
유명한 가수들이 그 행사를 축하하러 왔다.
나는 그들이 무대 위에서 노래하고 춤추는 것을 봤다.
나는 내 심장이 빠르게 뛰는 것을 느꼈다.

TRAINING ① 기본 형태 연습하기

A ① take ② speak ③ sing ④ talking
⑤ play ⑥ dance ⑦ cheering ⑧ moving

B ① cry[crying] ② win[winning]
③ blow[blowing] ④ climb[climbing]
⑤ sing[singing] ⑥ chase[chasing]
⑦ lose[losing] ⑧ take[taking]

해석

A ① 나는 콘서트에서 그 남자가 사진 찍는 것을 보았다.
② 너는 그 대회에서 Fred가 말하는 것을 들었니?
③ 그들은 그 음악가가 직접 노래하는 것을 들었다.
④ 우리는 그 남자가 혼잣말하는 것을 알아채지 못했다.
⑤ 나는 그 거리 음악가가 첼로를 연주하는 것을 들었다.
⑥ 내 부모님은 내가 춤추는 것을 보러 오시지 않을 것이다.
⑦ 우리는 관중들이 우리를 응원하는 것을 들었다.
⑧ 나는 내 몸이 그 신나는 음악에 움직이고 있는 것을 느꼈다.

B ① 우리는 어디선가 아기가 우는 것을 들었다.
② 우리는 그가 대회에서 일등상을 타는 것을 보았다.
③ 그들은 그 광대가 장난감 풍선을 부는 것을 보았다.
④ 그 소녀는 무언가가 그녀의 다리 위로 기어 오르는 것을 느꼈다.
⑤ 나는 그들이 서로 어울려 노래하는 것을 들었다.
⑥ 너는 누군가가 우리 뒤를 쫓는 것을 보았니?
⑦ 우리는 그 팀이 축구 경기에 지는 것을 보았다.
⑧ 그 연예인은 내가 그의 사진을 찍는 것을 알아챘다.

TRAINING ② 통문장 전환하기

① We listened to the choir sing beautifully.
② Tim watched his sister play drums.
③ Craig looked at his mom cheer for him.
④ Mary noticed her dad take a picture of her.
⑤ They watched their children chase after each other.
⑥ The judge listened to us speaking in English.
⑦ Jason felt something climbing up his arm.
⑧ The audience watched the boys holding a parade.
⑨ We heard someone shouting to a participant.
⑩ I watched my brother scoring a goal in the soccer game.

해석

예) 나는 그가 그 축제에서 음악에 맞춰 춤추는 것을 보았다.
① 우리는 그 합창단이 아름답게 노래하는 것을 들었다.
② Tim은 그의 여동생이 드럼을 치는 것을 보았다.
③ Craig는 그의 엄마가 그를 응원하는 것을 보았다.
④ Mary는 그의 아빠가 그녀의 사진을 찍는 것을 알아챘다.
⑤ 그들은 자녀들이 서로 쫓는 것을 보았다.

예) 우리는 그 소녀들이 쿠키를 팔고 있는 것을 보았다.
⑥ 그 심판은 우리가 영어로 이야기하고 있는 것을 들었다.
⑦ Jason은 무언가가 그의 팔로 올라오고 있는 것을 느꼈다.
⑧ 관중은 그 소년들이 퍼레이드 하는 것을 보았다.
⑨ 우리는 누군가가 한 참가자에게 외치는 것을 들었다.
⑩ 나는 내 남동생이 축구 경기에서 골을 넣는 것을 보았다.

TRAINING ③ 영어 문장 완성하기

① She felt her heart beating.
② Greg saw a man making cotton candy.
③ I couldn't hear the band play the music.
④ We noticed him making a mistake.
⑤ Did you watch Jin speak in the contest?
⑥ watched, win[winning], prize
⑦ act[acting] in person
⑧ sing[singing] from somewhere
⑨ noticed, chase[chasing] after
⑩ watch, lose[losing], game

TEST for Writing

01 play[playing] 02 make[making]
03 her walking 04 hear[listen to], sing[singing]
05 hiding 06 watched the children dancing
07 (A) to (B) after 08 felt something climbing up
09 I am[I'm] looking at Brad jump[jumping] high.
10 called → call[calling]
11 (1) I saw the boys play[playing] baseball.
(2) We didn't hear her cry[crying].
(3) They will watch me win[winning].
12 (1) [모범 답안] 그녀는 Terry가 혼잣말하고 있는 것을 알아챘다.

(2) [모범 답안] 엄마는 내가 경주에서 달리는 것을 지켜보셨다.

(3) [모범 답안] 나는 그들이 서로 함께 노래 부르는 것을 보고 싶다.

13 (1) [모범 답안] We saw Sue win[winning] first prize.

(2) [모범 답안] You can listen to her sing[singing] with my smartphone.

14 (1) watched the girls dance[dancing] on the stage

(2) listened to the boys' choir sing[singing]

15 (1) stole → steal[stealing]

(2) to shout → shout[shouting]

---

01 지각동사 see의 목적격보어로 동사원형/현재분사를 쓸 수 있다.

해석 | 나는 그가 어제 농구를 하는 것을 보았다.

02 지각동사 listen to의 목적격보어로 동사원형/현재분사를 쓸 수 있다.

해석 | 우리는 그녀가 연설을 하는 것을 들었다.

03 '걷고 있다'는 진행 중인 동작을 나타낼 때는 현재분사를 쓴다.

04 '듣다'를 뜻하는 지각동사는 hear/listen to이며 목적격보어로 동사원형/현재분사를 쓸 수 있다.

05 목적어인 David와 목적격보어의 관계가 능동이므로 현재분사 hiding을 쓴다.

해석 | 너는 David가 우리에게 무언가를 숨긴다는 걸 알아챘니?

06 「지각동사(watched)+목적어(the children)+목적격보어(dancing)」 순으로 쓴다.

해석 | A: 너는 축제에서 무엇을 했니?
B: 나는 그 아이들이 음악에 맞춰 춤추는 것을 봤어.

07 talk to oneself: 혼잣말을 하다 / chase after: ~을 뒤쫓다

해석 | · 나는 그가 혼잣말을 하는 것을 들었다.
· 우리는 그녀가 그 소년을 뒤쫓는 것을 보았다.

08 「지각동사(felt)+목적어(something)+목적격보어(climbing up)」

해석 | 나는 무언가를 느꼈다. 그것은 내 다리 위를 기어오르고 있었다.
→ 나는 무언가가 내 다리 위를 기어오르고 있는 것을 느꼈다.

09 「지각동사(look at)+목적어(Brad)+목적격보어(jump/jumping)」

해석 | A: 너는 누구를 보고 있니?
B: 나는 Brad가 높이 뛰는 것을 보고 있어.

10 지각동사 hear의 목적격보어로 동사원형 또는 현재분사를 쓴다. 부정어 Didn't로 시작하는 부정 의문문이다.

해석 | 너는 누가 너를 부르는 것을 듣지 못했니?

11 「주어+지각동사+목적어(사람)+목적격보어(동사원형/현재분사)」

12 (1) talk to oneself: 혼잣말을 하다
(3) sing along with: ~와 함께 노래 부르다

13 지각동사 see, listen to를 써서 주어진 우리말에 맞게 쓴다.

해석 | A: 너는 그 노래 대회에 갔니?
B: 응. 우리는 Sue가 일등상을 타는 것을 봤어.
A: 멋지다! 내가 거기 못 가서 아쉬워!
B: 너는 내 스마트폰으로 그녀가 노래 부르는 것을 들을 수 있어.

---

14 (1) (2) 지각동사 다음에는 목적어, 목적격보어(동사원형/현재분사)가 순서대로 온다.

해석 | 도민이는 학교 문화의 날에 무척 재미있었다. 그는 무대에서 소녀들이 춤을 추고 있는 것을 보았다. 그는 그의 몸이 음악에 맞춰 움직이는 것을 느꼈다. 그 후에 그는 소년 합창단이 노래하는 것을 들었다. 그는 그들의 노래에 감동받았다.

15 (1) 지각동사(see)+목적어(a boy)+목적격보어(steal/stealing)

(2) 지각동사(hear)+목적어(the woman)+목적격보어(shout/shouting)

해석 | 한 나이든 남자가 벤치에 앉아서 공원의 사람들을 쳐다보았다. 그는 한 소년이 어떤 여자의 가방을 훔치는 것을 보았다. 경찰은 여자가 소리치는 것을 들었다. 다른 사람들은 경찰이 그 소년의 뒤를 쫓는 것을 보았다.

써먹기 구문 | 09
기타 5형식 동사

해석

나의 오빠는 항상 나에게 체중을 줄이라고 말한다.
슬프게도 나는 스트레스를 받을 때, 점점 더 많이 먹는다.
엄마는 내가 건강에 좋은 음식을 먹길 원하신다.
그녀는 내게 마르지 말고 건강을 유지하라고 충고하신다.

TRAINING 1 기본 형태 연습하기
p. 67

A ① to go ② to take ③ to keep
④ to ride ⑤ to exercise ⑥ to have
⑦ to stay ⑧ to play

B ① to stay ② to take ③ to be
④ to drink ⑤ to play ⑥ not to skip
⑦ not to get ⑧ not to have

해석

A ① 내 친구는 내게 다이어트를 하라고 충고했다.
② 의사는 내게 비타민 D를 섭취하라고 말했다.
③ 그는 그들에게 건강한 식단을 유지하라고 격려했다.
④ Henry는 그의 여동생이 그의 자전거를 타도록 허락했다.
⑤ 너에게 나와 함께 운동하도록 부탁해도 될까?
⑥ 건강한 신체는 우리에게 건강한 마음을 갖도록 요구한다.
⑦ 아빠는 내게 밤에 늦게까지 깨어 있지 말라고 충고하셨다.
⑧ Brown 씨는 그의 아들이 게임을 하지 않기를 기대한다.

B ❶ 요가를 하는 것은 그녀가 건강을 유지할 수 있게 한다.

❷ 우리는 그에게 그의 피부를 가꾸라고 말할 것이다.

❸ 나의 할머니는 내게 긍정적이 되라고 가르치셨다.

❹ 그는 그의 아들이 탄산음료를 마시는 것을 허락하지 않는다.

❺ 너는 그에게 그 게임을 하는 것을 가르쳐 줄 수 있니?

❻ 엄마는 내 어린 여동생에게 식사를 거르지 말라고 말했다.

❼ 그는 나에게 스트레스를 너무 많이 받지 말라고 충고했다.

❽ 나는 나의 아빠가 많은 야식을 드시지 않기를 원한다.

p. 68

TRAINING ❷ 통문장 전환하기

❶ My friend told me to get enough sleep.

❷ I expect him to lose 5 kilograms in a month.

❸ Will you teach the boys to play baseball?

❹ The teacher asked us to drink two liters of water every day.

❺ Dad doesn't allow me to use my smartphone for 3 hours.

❻ My friends wanted me to exercise regularly.

❼ The dentist taught us to brush our teeth after every meal.

❽ I advised my brother not to eat fast food.

❾ A healthy diet will allow you to avoid gaining weight.

❿ My parents want me not to stay up late at night.

해석

예) 나의 엄마는 내가 다이어트를 하길 원하신다.

❶ 내 친구는 내게 잠을 충분히 자라고 말했다.

❷ 나는 그가 한 달에 5킬로그램을 감량하기를 기대한다.

❸ 너는 그 소년들에게 야구하는 것을 가르쳐 줄 거니?

❹ 그 선생님은 우리에게 매일 물 2리터를 마시라고 요청하셨다.

❺ 아빠는 내가 3시간 동안 스마트폰을 사용하는 것을 허락하지 않으신다.

예) Tim은 그녀에게 몇 가지 운동을 하도록 가르쳤다.

❻ 내 친구들은 내가 규칙적으로 운동하는 것을 원했다.

❼ 그 치과 의사는 우리에게 매 식사 후에 양치질을 하라고 가르쳤다.

❽ 나는 내 남동생에게 패스트푸드를 먹지 말라고 충고했다.

❾ 건강한 식이요법은 네가 체중을 느는 것을 면하게 할 것이다.

❿ 나의 부모님은 내가 밤에 늦게까지 깨어 있지 않는 것을 원하신다.

p. 69

TRAINING ❸ 영어 문장 완성하기

❶ She expected me to have late night snacks.

❷ Dad doesn't allow me to get up late.

❸ Jane advised me to do yoga.

❹ He told me not to stay up late at night.

❺ Did you encourage Ben to quit playing the game?

❻ to take care of

❼ to lose weight

❽ to keep, diet

❾ to be positive

❿ not to get stressed

TEST for Writing

pp. 70-71

01 to take   02 to play   03 to do   04 to quit

05 me to swim   06 it requires me to do

07 me not to get up   08 (k)eep

09 expect her to come back in May

10 going → to go

11 (1) I encouraged her to take care of her teeth.
(2) David told me not to watch TV all day.
(3) She asked them not to get stressed.

12 (1) [모범 답안] 나는 그가 건강한 식이요법을 할 수 있게 했다.
(2) [모범 답안] 누가 너에게 테니스 치는 것을 가르쳐 주었니?
(3) [모범 답안] 그는 내게 패스트푸드를 먹지 말라고 말했다.

13 (1) [모범 답안] My parents don't allow me to use my smartphone all day.
(2) [모범 답안] I will advise my friends not to drink soft drinks for their health.

14 (1) to do some exercise   (2) to eat fresh food

15 (1) wash and feed → to wash and (to) feed
(2) walking → to walk

01 advise(충고하다)는 목적격보어로 to부정사를 쓴다.

해석 | 그 의사는 내게 비타민을 섭취하라고 충고했다.

02 want(원하다)는 목적격보어로 to부정사를 쓴다.

해석 | 엄마는 내가 모바일 게임을 하기를 원하지 않으셨다.

03 encourage(격려하다)는 목적격보어로 to부정사를 쓴다.

해석 | 그들은 내가 운동을 좀 하도록 격려했다.

04 advise(충고하다)는 목적격보어로 to부정사를 쓴다.

해석 | Gary는 그들에게 건강에 안 좋은 음식을 먹는 것을 그만두라고 충고했다.

05 「enable + 목적어 + to부정사」: 목적어가 ~할 수 있게 하다

06 「require + 목적어 + to부정사」: 목적어가 ~하는 것을 요구하다
a difficult move: 어려운 동작

07 「tell + 목적어 + not to부정사」: 목적어에게 ~하지 말라고 말하다

해석 | 그녀는 내게 말했다, "늦게 일어나지 마."
→ 그녀는 내게 늦게 일어나지 말라고 말했다.

08 keep healthy: 건강을 유지하다 / keep a(n) ~ diet: ~한 식단을 유지하다

해석 | · 할머니, 저는 할머니가 건강을 유지하시길 원해요.
· 그녀는 내게 좋은 식단을 유지하라고 충고했다.

09 「expect + 목적어 + to부정사 ~」 순으로 쓴다.

해석 | A: 미나가 언제 한국에 돌아올까?

10 allow(허락하다)는 목적격보어로 to부정사를 쓴다.

해석 | 엄마는 내가 밤에 외출하는 것을 허락하지 않으셨다.

11 「5형식 동사 + 목적어 + (not) to부정사」 형태로 쓴다.

해석 | (1) 나는 그녀에게 그녀의 치아를 관리하도록 격려했다.
(2) David는 내게 하루 종일 TV를 보지 말라고 말했다.
(3) 그녀는 그들에게 스트레스를 받지 말라고 당부했다.

12 (1) go on a(n) ~ diet: ~한 식이요법을 하다

13 (1) 부모님이 허락하시지 않는 일을 묻는 질문에 allow를 사용해서 답한다. (2) 친구들에게 건강을 위해 무엇을 충고할지 묻는 질문에 advise를 사용해서 답한다.

해석 | (1) Q: 너의 부모님이 너에게 허락하시지 않는 것은 무엇이니?
(2) Q: 너는 네 친구들에게 그들의 건강을 위해 무엇을 하라고 충고할 거니?

14 (1) 「tell + 목적어 + to부정사」: 목적어에게 ~하라고 말하다
(2) 「advise + 목적어 + to부정사」: 목적어에게 ~하라고 충고하다

해석 | 미라: 소미야, 나는 살을 빼고 싶어. 내가 어떻게 해야 할까?
소미: 너는 운동을 좀 해야 해. 그리고 너는 건강한 식이요법을 해야 해.
미라: 건강한 식이요법을 하라고?
소미: 응. 과일과 채소 같은 신선한 음식을 먹도록 노력해.

15 (1) 「teach + 목적어(me) + 목적격보어(to wash and (to) feed)」
(2) 「expect + 목적어(me) + 목적격보어(to walk)」

해석 | 내 부모님은 내게 우리 개 보리를 잘 돌보라고 말씀하셨다. 그들은 내가 스스로 그를 씻기고 먹이도록 가르쳐 주셨다. 그들은 또 내가 매일 그를 산책시키는 것을 기대하셨다. 나는 보리가 내게 많은 일을 하도록 요구한다는 것을 깨달았다.

Word Review

1. unhealthy   2. moved   3. stressed

Grammar Review

1. do   2. solve   3. to earn   4. to stay
5. call   6. write   7. dancing   8. chasing
9. to lose   10. to have[eat]   11. to get

Chapter 4 수동태와 분사구문 써먹기

써먹기 구문 | 10
3형식 문장의 수동태

해석

이 팬케이크는 Susan에 의해 만들어졌다.
그것은 밀가루, 설탕, 계란, 그리고 버터로 만들어졌다.
그것은 아주 맛있어서, 모든 사람들에게 사랑받을 것이다.
그녀가 자신의 음식을 판다면, 나는 기꺼이 돈을 지불할 것이다.

TRAINING 1 기본 형태 연습하기
p. 77

A ❶ cleaned ❷ was ❸ made ❹ weren't
❺ grown ❻ provided ❼ be ❽ being

B ❶ cooked by ❷ cut, by
❸ prepared by ❹ be cut
❺ be kept ❻ be served
❼ being scrambled ❽ being washed

해석

A ❶ 식탁은 내 여동생이 아니라, 나에 의해 치워졌다.
❷ 그 소스는 올리브오일과 식초가 섞여진 것이었다.
❸ 이 차는 일본에서 만들어졌는데, 맛이 좋다.
❹ 그 꽃들은 Brown 씨에게 배달되지 않았다.
❺ 저 버섯들은 지역 농장에서 재배되지 않는다.
❻ 신선한 샐러드가 전채 요리로 제공될 것이다.
❼ 그 고기는 센 불에서 조리되어야 하나요?
❽ 당신의 음식은 주방에서 준비 중입니다.

B ❶ 닭고기는 그 요리사에 의해 막 조리되었다.
❷ 치즈는 나에 의해 주사위 모양으로 썰어졌다.
❸ 그 선물들은 우리에 의해 준비된 것이었다.
❹ 그 돼지고기는 구이를 위해 썰어질 수 있다.
❺ 그 쇠고기는 잠시 차게 보관되어야 한다.
❻ 주스는 샌드위치와 함께 제공될 것이다.
❼ 달걀은 약한 불에서 팬에서 휘저어지고 있다.
❽ 접시들은 기계 안에서 씻겨지고 있었다.

TRAINING 2 통문장 전환하기
p. 78

❶ The fish was caught and cooked by Dad.
❷ Toppings were added to the pizza by us.
(또는 ~ by us to the pizza.)
❸ Beef salad will be ordered by them for their children. (또는 ~ for their children by them.)
❹ Sandwiches are made by Joe on the weekend.
(또는 ~ on the weekend by Joe.)
❺ A surprise party was prepared by Jenny for her mother. (또는 ~ for her mother by Jenny.)
❻ The table was being cleaned for us (by the waiter).
❼ A variety of desserts are being served to the guests (by them).
❽ The space is being used as a dining room (by us).
❾ A shopping list for groceries was being made (by me).
❿ Organic fruits are being grown on the farm (by the people).

해석

예) 그 애플파이는 Daisy에 의해 만들어졌다.
❶ 그 물고기는 아빠에게 잡혀서 요리되었다.
❷ 우리에 의해 피자에 토핑이 얹혀졌다.
❸ 그들의 아이들을 위해 소고기 샐러드가 그들에 의해 주문될 것이다.
❹ 샌드위치는 Joe에 의해 주말에 만들어진다.
❺ 깜짝 파티는 그녀의 어머니를 위해 Jenny에 의해 준비되었다.

예) (그에 의해) 채소들이 저녁으로 요리되고 있는 중이다.
❻ (그 종업원에 의해) 식탁이 우리를 위해 치워지고 있었다.
❼ (그들에 의해) 다양한 후식이 손님들에게 제공되고 있다.
❽ (우리에 의해) 그 공간이 식당으로 이용되고 있다.
❾ (나에 의해) 식료품 쇼핑 목록이 만들어지고 있었다.
❿ (그 사람들에 의해) 유기농 과일이 농장에서 재배되고 있다.

TRAINING 3 영어 문장 완성하기
p. 79

❶ Today's lunch was paid for by Sera.
❷ The mushrooms weren't grown by Tom.

❸ The restaurant is visited by a lot of foreigners.

❹ Will a soup be served with the main dish?

❺ These apples will be washed by them.

❻ was, made in ❼ cooked, low heat

❽ be cut into ❾ is mixed with

❿ kept, a while

TEST for Writing
pp. 80-81

01 was **02** made **03** is cleaned

04 be eaten **05** is being

06 the seat was taken by someone else

07 will be served **08** (A) of (B) over

09 his books are read by lots of people

10 cutting → cut

11 (1) The cake was made by us for Andy.
[The cake was made for Andy by us.]
(2) The flour will be mixed with milk.
(3) Glasses are not being washed in the machine.

12 (1) [모범 답안] 그 음료는 냉장고에 보관되어야 한다.
(2) [모범 답안] 그 차는 쿠키와 함께 제공되는 중이다.
(3) [모범 답안] 샐러드는 주요리와 함께 제공되지 않는다.

13 (1) [모범 답안] Yes, my room is cleaned by me.
(2) [모범 답안] Cheese toast is made of bread and cheese.

14 (1) was included on the menu
(2) was served as dessert

15 (1) spreading → spread
(2) can eat → can be eaten

01 수동태 「be동사 + 과거분사」로 쓰되, 과거 시제이므로 be동사는 was를 쓴다.
해석 | 그 빵은 어제 구워졌다.

02 수동태 「be동사 + 과거분사」로 써야 하므로 과거분사형 made를 쓴다.
해석 | 이 파이는 영국에서 만들어졌니?

03 수동태 「be동사+과거분사+by 행위자」로 써야 하므로 is cleaned 를 쓴다.
해석 | Jamie는 그 방을 매일 청소한다.
→ 그 방은 Jamie에 의해 매일 청소된다.

04 조동사 수동태 「should + be + 과거분사」로 쓴다.

05 현재진행형 수동태 「be동사 현재형 + being + 과거분사」로 쓴다.

06 수동태가 되도록 「주어 + be동사 + 과거분사 + by 행위자」 순으로 배열한다.
해석 | A: 제가 창가 자리에 앉아도 되나요?
B: 미안합니다만, 자리가 다른 사람에 의해 선점되었어요.

07 dessert(후식)는 '제공되는' 대상이므로, serve는 수동태 be served 로 쓴다.
해석 | 당신이 주요리를 다 먹고 나면 후식이 제공될 것입니다.

08 (A) be made of: ~로 만들어지다 (재료)
(B) over low heat: 약한 불에서
해석 | · 그 피자의 토핑은 햄과 치즈로 만들어졌다.
· 그 콩들은 약한 불에서 익혀지고 있는 중이었다.

09 read는 현재형과 과거분사형의 형태가 같다.
해석 | 그는 유명한 작가이며, 그의 책들은 많은 사람들에 의해 읽혀진다.

10 and 앞의 수동태 were washed와 병렬 구조로 연결되므로 cutting 은 과거분사 cut으로 고쳐야 한다. cut은 현재형과 과거분사형이 같다.
해석 | 그 당근들은 세척되어 잘게 썰어졌다.

11 (1) be동사 + 과거분사 + by 행위자
(2) will be + 과거분사
(3) be동사 현재형 + being + 과거분사
해석 | (1) 그 케이크는 Andy를 위해 우리에 의해 만들어졌다.
(2) 밀가루는 우유와 섞일 것이다.
(3) 유리잔들은 기계 안에서 세척되고 있지 않다.

12 (1) keep A in B: A를 B에 보관하다
(2)(3) serve A with B: B와 함께 A를 제공하다

13 (1) 당신에 의해 방이 청소되는지 묻는 질문에 수동태를 써서 답한 다. (2) 치즈 토스트는 무엇으로 만들어지는지 묻는 질문에 수동태 를 써서 답한다.
해석 | (1) Q: 네 방은 너에 의해 청소되니?
(2) Q: 치즈 토스트는 무엇으로 만들어지니?

14 주어가 각각 A soup or drink, vanilla ice cream이므로 동사 부분 을 수동태로 써야 한다. 과거 시제이므로 「was + 과거분사」로 나타 낸다.
해석 | 나는 오늘 Joseph's 식당에서 점심을 먹었다. 주요리는 치킨 파스 타였다. 수프나 음료가 메뉴에 포함되었다. 나는 수프를 선택했다. 주요 리를 먹고 나서, 바닐라 아이스크림이 후식으로 제공되었다. 그것은 맛있 었다.

15 주어가 각각 a spoon of peanut butter, it이므로 동사는 수동태로 써야 한다. spread의 과거분사형은 spread이다.
해석 | 땅콩 버터 샌드위치는 빵과 땅콩 버터로 만들어진다. 먼저 빵을 얇 게 썬다. 그리고 나서 그것은 토스트기에 구워진다. 마지막으로, 땅콩 버 터가 한 스푼 빵 위에 발라진다. 때때로 그것은 잼과 함께 먹기도 한다.

써먹기 구문 | 11
4,5형식 문장의 수동태

해석

해석

베토벤은 음악에 대한 재능을 부여받았다.
그는 그의 아버지에 의해 음악 교육을 받도록 만들어졌다.
그러나 그는 심각한 청각 장애가 있었다.
그의 장애에도 불구하고, 그는 많은 뛰어난 음악을 작곡했다.

TRAINING ① 기본 형태 연습하기 p. 83

A ❶ was ❷ awarded ❸ shown ❹ are
❺ given ❻ to stay ❼ to give ❽ to enter

B ❶ bought for ❷ was sent
❸ brought to ❹ asked to write
❺ forced to sit ❻ told to practice
❼ encouraged to create
❽ expected to overcome

해석

A ❶ 피카소는 예술에 대한 재능을 부여받았다.
❷ 대회에서 Jim에게 금메달이 수여되었다.
❸ 어제 우리에게 멋진 영화 한 편이 보여졌다.
❹ 일주일에 두 번 학생들에게 음악이 가르쳐진다.
❺ 우리는 그의 그림들을 볼 기회가 주어졌다.
❻ 그 선수는 병원에 계속 입원하라고 말해졌다.
❼ 그 지도자는 연설을 하도록 기대되었다.
❽ 실수에도 불구하고, 나는 그 대회에 나가도록 허락을 받았다.

B ❶ 그 우승자를 위해 약간의 꽃이 구매되었다.
❷ 어제, 그녀에게 전시회 초대장이 보내졌다.
❸ 그 음악가에게 트로피를 가져다주었나요?
❹ 그는 가능한 많은 소설을 쓰도록 요청을 받았다.
❺ 그 어린이들은 콘서트 동안 앉아 있도록 강요받았다.
❻ 그 소년은 비올라를 연습하라고 말해졌다.
❼ 예술가들은 걸작을 만들어 내도록 격려된다.
❽ 그 남자는 어려움들을 극복하도록 기대될 것이다.

TRAINING ② 통문장 전환하기 p. 84

❶ We were shown a lot of interesting photos (by Mr. Won).
❷ He was awarded a trophy for his achievement (by the principal).
❸ A speech will be given to us (by the Nobel Prize winner).
❹ A bunch of roses was brought to the winner (by Nathan).
❺ The movies about Mozart will be shown to children (by them).
❻ He was made to play the music to the end (by the audience).
❼ Edith wasn't advised to stop singing (by the doctor).
❽ Beethoven was expected to be a great musician (by his father).
❾ Steve was seen to run on the track (by the coach).
❿ Helen Keller was taught to touch things and learn them (by Anne).

해석

예) (그녀에 의해) 나는 일주일에 두 번 미술이 가르쳐진다.
❶ (원 선생님에 의해) 우리에게 많은 재미있는 사진들이 보여졌다.
❷ (교장 선생님에 의해) 그에게 그의 업적에 대한 트로피가 수여되었다.
❸ (노벨상 수상자에 의해) 우리에게 연설이 제공될 것이다.
❹ (Nathan에 의해) 한 다발의 장미가 우승자에게 수여될 것이다.
❺ (그들에 의해) 모차르트에 대한 그 영화들은 어린이들에게 상영될 것이다.
예) (엄마에 의해) 나는 피아노 레슨을 받도록 만들어졌다.
❻ (관객들에 의해) 그는 그 음악을 끝까지 연주하도록 만들어졌다.
❼ (의사에 의해) Edith는 노래를 그만두라고 충고받지 않았다.
❽ (그의 아버지에 의해) 베토벤은 훌륭한 음악가가 되도록 기대되어졌다.
❾ (코치에 의해) Steve는 운동장 트랙을 달리는 것이 목격되었다.
❿ (Anne에 의해) Helen Keller는 물건들을 만져서 그것들을 알도록 교육받았다.

TRAINING ③ 영어 문장 완성하기 p. 85

❶ He was taught music by
❷ he was expected to be the president
❸ An invitation was sent to us

❹ She was seen to play the cello

❺ won't be allowed to enter the stadium

❻ to stay, hospital   ❼ was given, speech

❽ to hold, as possible   ❾ was awarded to

❿ Despite, was encouraged

TEST for Writing
pp. 86-87

01 given   **02** to play   **03** given to

04 asked to   **05** was advised

06 was made to practice the piano

07 (A) in (B) to   **08** are expected to get there

09 was encouraged   **10** drawing → to draw

11 (1) She was made to learn to sing.
(2) He was seen to read in the library.
(3) She was encouraged to write novels.

12 (1) Dante was given a gift for writing.
(2) An invitation will be sent to me.
(3) We are taught painting once a week.

13 (1) [모범 답안] I'm told to be quiet during the concert.
(2) [모범 답안] I'm advised to study hard to achieve my goal.

14 (1) to learn to play
(2) to play music
(3) to learn music

15 (1) We were shown the original paintings of Van Gogh.
(2) In the gallery, we were not allowed to take pictures.

01 4형식 문장에서 간접목적어(He)를 주어로 한 수동태로 동사 부분은 「be동사 + 과거분사」로 쓴다.
해석 | 그는 음악을 배울 기회가 주어졌다.

02 지각동사가 있는 5형식 문장의 수동태는 과거분사 뒤에 to부정사를 쓴다.
해석 | 그 젊은 음악가가 피아노를 치는 것이 목격되었다.

03 4형식 문장에서 직접목적어를 주어로 한 수동태는 과거분사 뒤에 「전치사 + 사람」이 와야 한다. give는 전치사 to를 쓴다.
해석 | Ted는 내게 베토벤에 관한 책을 주었다.
= 베토벤에 관한 책이 Ted에 의해 나에게 주어졌다.

04 5형식: ask + 목적어 + 목적격보어(to부정사) → 수동태

05 5형식: advise + 목적어 + 목적격보어(to부정사) → 수동태

06 사역동사(made)가 있는 5형식 문장의 수동태는 과거분사 뒤에 to부정사(to practice)를 쓴다.
해석 | A: 그의 아버지는 그를 위대한 음악가로 만들었어.
B: 맞아. 그는 매일 피아노를 연습하도록 만들어졌어.

07 (A) stay in hospital: 병원에 입원하다
(B) be awarded to: ~에 수여되다
해석 | · 나는 병원에 입원하라는 충고를 받았다.
· 그 메달은 Anne에게 수여되었다.

08 「be expected + to부정사」: ~할 것이 예상[기대]된다
해석 | A: 우리는 강당에 몇 시까지 도착해야 해?
B: 글쎄, 우리는 6시까지는 그곳에 도착하는 것으로 예상돼.

09 5형식: encourage + 목적어 + 목적격보어(to부정사) → 수동태
해석 | 헬렌 켈러는 그녀의 선생님에 의해 어려움을 극복하도록 격려받았다.

10 지각동사가 있는 5형식 문장의 수동태는 과거분사 뒤에 to부정사를 쓴다.
해석 | 그의 병에도 불구하고, 그 화가는 그림을 그리는 것이 목격되었다.

11 각 5형식 문장들을 모두 수동태로 바꿔 쓴다. 「be동사 + 과거분사 + to부정사」
해석 | (1) 그녀는 노래하는 것을 배우도록 만들어졌다.
(2) 그는 도서관에서 책을 읽는 것이 목격되었다.
(3) 그녀는 소설을 쓰도록 격려받았다.

12 (1) 간접목적어 Dante를 주어로 하는 4형식 문장의 수동태
(2) 직접목적어 an invitation을 주어로 하는 4형식 문장의 수동태
(3) 간접목적어 us를 주어로 하는 4형식 문장의 수동태
해석 | (1) 단테는 글 쓰는 재능을 부여받았다.
(2) 한 장의 초대장이 나에게 보내질 것이다.
(3) 우리는 일주일에 한 번 그림 교습을 받았다.

13 (1) 연주회 중에 지켜야 할 일을 묻는 질문에 수동태를 써서 답한다.
(2) 목표를 성취하기 위해 어떤 충고를 받는지 묻는 질문에 수동태를 써서 답한다.
해석 | (1) Q: 너는 연주회 중에 어떻게 하라는 말을 듣니?
(2) Q: 네 목표를 성취하기 위해 너는 무엇을 하라고 충고를 받니?

14 모두 5형식 문장의 수동태로 쓰며, 「be동사 + 과거분사 + to부정사」 형태에 맞게 빈칸을 완성한다.
해석 | 베토벤은 음악에 대한 재능을 부여받았다. 어린 시절, 그는 피아노 연주를 배우도록 만들어졌다. 십대에, 그는 돈을 벌기 위해 음악을 연주하도록 강요받았다. 그는 또한 모차르트와 하이든에게 음악을 배울 기회가 주어졌다. 나중에, 그는 많은 교향곡들을 작곡했다.

15 (1) 4형식 문장의 수동태에서 간접목적어(사람)를 주어로 할 때, 직접목적어(사물)는 그대로 남겨둔다. 전치사 to는 3형식 문장에서 사람 앞에 쓴다.
(2) 5형식 동사 allow의 수동태는 「be allowed + to부정사」 형태로 쓴다.
해석 | 우리는 현장 학습으로 미술관에 갔다. 우리에게 반 고흐의 원작 그림들이 보여졌다. 그것들은 놀라웠다. 미술관에서 우리는 사진을 찍는 것이 허락되지 않았다. 내 친구들은 사진을 몇 장 찍는 것이 목격되었다.

써먹기 구문 | 12

분사구문

해석

길을 걸으면서, 우리는 한 무리의 외국인들을 만났다.
녹색 옷과 모자를 착용하고, 그들은 거리를 행진했다.
깃발에 인쇄되어, 클로버는 종교적인 의미를 상징한다.
성패트릭의 날은 아일랜드 사람들의 전통이다.

TRAINING 1   기본 형태 연습하기

A   ❶ Visiting   ❷ Having   ❸ Decorated
    ❹ Attracted   ❺ Waving   ❻ Known
    ❼ Wearing   ❽ Located

B   ❶ Seeing the parade
    ❷ Celebrating the day
    ❸ Looking for winter activities
    ❹ Learning about other cultures
    ❺ Loved by many people
    ❻ Covered with mud
    ❼ Dressed up as a ghost
    ❽ Surrounded by water

해석

A   ❶ 태국을 방문하면서, 나는 송크란 축제를 즐겼다.
    ❷ 스페인 친구가 있어서, 나는 라토마티나에 대해 안다.
    ❸ 조명들로 장식되어, 그 도시는 밤에 빛났다.
    ❹ 영화들에 매혹되어, 나는 칸느 영화제에 갔다.
    ❺ 녹색 깃발들을 흔들면서, 우리는 성패트릭의 날을 축하한다.
    ❻ 물의 축제로 알려져, 그것은 물 싸움으로 유명하다.
    ❼ 다채로운 의상을 입고, 그 여성들은 춤을 추고 있었다.
    ❽ 갯벌에 위치해서, 그 도시는 진흙 축제를 연다.

B   ❶ 그 퍼레이드를 보면, 너는 놀랄 것이다.
    ❷ 그날을 기념하면서, 우리는 녹색 옷을 입는다.
    ❸ 겨울 활동을 찾는다면, 너는 삿포로에 가 봐야 한다.
    ❹ 다른 문화에 대해 배우면서, 나는 실수를 한다.
    ❺ 많은 사람들의 사랑을 받아서, 그 축제는 오래 지속되었다.
    ❻ 진흙으로 뒤덮였을 때, 나는 시원함을 느꼈다.
    ❼ 유령 복장을 하고, 그는 사람들에게 겁을 주었다.
    ❽ 물로 둘러싸여, 그 도시는 사람들로 북적거린다.

TRAINING 2   통문장 전환하기

❶ Cooking pumpkins, people enjoy the festival.
❷ Going to the light festival, I took many pictures.
❸ Starting as a religious event, the Christmas festival long continued.
❹ Wanting to enjoy Halloween, you can go to the party.
❺ Getting out of the crowd, we were covered with tomatoes.
❻ Covered with snow, we enjoyed the festival.
❼ Born in England, St. Patrick was a religious person.
❽ Celebrated by lots of people, Carnival is the biggest festival in Brazil.
❾ Built in Paris, the Eiffel Tower became a symbol of the city.
❿ Surrounded by green trees, the town is beautiful.

해석

예) 불꽃놀이를 보면서, 그들은 새해를 축하했다.
❶ 호박을 요리하면서, 사람들은 그 축제를 즐긴다.
❷ 그 조명 축제에 가서, 나는 많은 사진을 찍었다.
❸ 종교적인 행사로 시작되어, 크리스마스 축제는 오래 지속되었다.
❹ 핼러윈을 즐기고 싶다면, 너는 그 파티에 갈 수 있다.
❺ 군중에서 나오자, 우리는 토마토 범벅이 되었다.

예) 튤립 축제로 알려져, 그것은 봄에 열린다.
❻ 눈으로 뒤덮여, 우리들은 그 축제를 즐겼다.
❼ 잉글랜드에서 태어나, 성패트릭은 신실한 사람이었다.
❽ 많은 사람들에게 기념되어, 카니발은 브라질의 가장 큰 축제이다.
❾ 파리에서 건설된 후, 에펠탑은 그 도시의 상징이 되었다.
❿ 초록 나무들로 둘러싸여져 있어서, 그 마을은 아름답다.

TRAINING 3   영어 문장 완성하기

❶ Dressed up as a witch   ❷ Wearing a green hat
❸ Decorated with a lot of roses
❹ Traveling in Korea during summer
❺ Known as the snow festival
❻ Known as, popular   ❼ Used, stands for
❽ Looking for, lost   ❾ Making a mistake
❿ Crowded with, busy

TEST for Writing

01 Marching 02 Covered 03 Allowed
04 Watching, took 05 Crowded with
06 Dressed up as a vampire
07 Knocking on the door, 08 for
09 Singing together 10 Knowing → Known
11 (1) Dancing at the festival, I felt hungry.
(2) Covered with mud, he couldn't see well.
(3) Staying in the Netherlands, we experienced the tulip festival.
12 (1) [모범 답안] 바다로 둘러싸여서, 그 나라는 아름답다.
(2) [모범 답안] 실수를 해서, 나는 엄마께 사과드렸다.
(3) [모범 답안] 얼음 축제라고 알려져서, 그것은 겨울에 열린다.
13 (1) [모범 답안] Having lots of snow, it has exciting activities.
(2) [모범 답안] Throwing tomatoes at each other, we can have fun.
14 (1) Started in 1737 (2) a religious meaning
(3) Wearing green clothes
15 (1) Stayed → Staying (2) Covering → Covered

---

01 시간/때를 나타내는 분사구문이 되어야 한다. 주어 I와의 의미 관계가 능동이므로 현재분사 marching을 쓴다.
해석 | 거리를 행진하면서, 나는 내 사촌을 만났다.

02 원인/이유를 나타내는 분사구문이 되어야 한다. 주어 the mountain과의 의미 관계가 수동이므로 과거분사 covered를 쓴다.
해석 | 눈으로 뒤덮여서, 그 산은 멋져 보였다.

03 원인/이유를 나타내는 분사구문이 되어야 한다. 축제에 참가하도록 '허락을 받은' 것이므로 과거분사 allowed를 쓴다.
해석 | 그 축제에 참가하는 것이 허락되어, 나는 무척 신이 났다.

04 앞의 빈칸은 주어와의 관계가 능동이므로 현재분사로 시작하는 분사구문으로 쓴다. 뒤에는 '찍었다'에 해당하는 과거형 동사를 쓴다.
/ take pictures: 사진을 찍다

05 주어와의 관계가 수동이므로 과거분사로 시작하는 분사구문으로 쓴다. / be crowded with: ~로 붐비다

06 과거분사로 시작하는 분사구문으로 쓴다.
해석 | A: 핼러윈에 너는 무엇을 했니?
B: 나는 흡혈귀 복장을 하고, 사람들에게 겁을 줬어.

07 주어 the children과의 의미 관계가 능동이므로 현재분사 knocking으로 시작한다.
해석 | 문을 두드리고 나서, 그 아이들은 사탕을 달라고 요청했다.

08 look for: ~을 찾다 / stand for: ~을 상징하다
해석 | · 그 열쇠를 찾는 도중에 그는 동전을 하나 발견했다.

· 평화를 상징하기 때문에 '브이' 사인은 널리 사용된다.

09 동시동작을 나타내는 분사구문으로 바꿔 쓴다. 접속사와 주어를 생략하고, 동사를 분사로 쓰되, be동사는 생략한다.
해석 | 함께 노래를 부르면서, 그 소녀들은 즐거운 시간을 보냈다.

10 주어와의 의미 관계가 수동이므로 과거분사 Known으로 쓴다.
be known as: ~로 알려지다
해석 | 송크란으로 알려져, 그 물의 축제는 매우 인기 있다.

11 (1) 현재분사로 시작하는 분사구문으로 쓴다.
(2) 과거분사로 시작하는 분사구문으로 쓴다.
(3) 현재분사로 시작하는 분사구문으로 쓴다.
해석 | (1) 축제에서 춤을 추고 나서, 나는 배가 고팠다.
(2) 진흙으로 뒤덮여서, 그는 잘 볼 수 없었다.
(3) 네덜란드에 머물면서, 우리는 튤립 축제를 체험했다.

12 (1) surrounded by: ~로 둘러싸인
(2) make a mistake: 실수를 하다 (3) known as: ~로 알려진

13 (1) 이유를 나타내는 분사구문을 현재분사 having으로 시작해서 쓴다. (2) 동시동작을 나타내는 분사구문을 현재분사 throwing으로 시작해서 쓴다.
해석 | (1) A: 사람들은 왜 그 겨울 축제에 가니?
B: 눈이 아주 많이 있어서, 신나는 활동들이 있기 때문이야.
(2) A: 라토마티나 축제 동안 너는 어떻게 재미있게 놀 수 있니?
B: 서로에게 토마토를 던지면서, 우리는 재미있게 놀 수 있어.

14 (1) 과거분사로 시작하는 분사구문으로 쓴다.
(2)(3) 현재분사로 시작하는 분사구문으로 쓴다.
해석 | 1737년 보스턴에서 시작되어, 성패트릭의 날은 특별하다. 그것은 3월 17일이다. 종교적인 의미를 상징하며, 세 잎 클로버는 어디에나 이용된다. 녹색 옷을 입고, 사람들은 거리를 행진한다.

15 (1) 주어가 '머물고 있었던' 것이므로 능동을 나타내는 현재분사를 쓴다. (2) 주어가 '진흙에 덮여 있던' 것이므로 수동을 나타내는 과거분사 Covered를 쓴다.
해석 | 지난 여름 한국에서 머물면서, 나는 보령에 갔다. 진흙 축제로 유명하기 때문에, 그 해변은 사람들로 붐볐다. 진흙으로 뒤범벅되어, 우리는 멋진 시간을 가졌다. 기회가 있다면, 나는 그 축제를 다시 방문할 것이다.

CHAPTER REVIEW 4

Word Review

1. tradition 2. steamed

Grammar Review

1. cooked 2. by 3. can be 4. being
5. was 6. to 7. to take 8. seen
9. Walking 10. Covered

Chapter 5 to부정사 구문과 강조구문 써먹기

써먹기 구문 | 13
가주어와 진주어

해석

외국인들과 이야기하는 것은 어려워.
짠! 이건 번역기 앱이야.
하지만 앱은 우리에게 문화나 감정들에 대해 가르쳐 주지는 않아.
그래서, 여전히 우리가 영어를 배우는 것은 중요해.

TRAINING ❶ 기본 형태 연습하기   p. 99

A ❶ It   ❷ It   ❸ keep   ❹ to learn
   ❺ translate   ❻ for   ❼ us   ❽ him

B ❶ It, to understand   ❷ It, to download
   ❸ it, to have   ❹ It, them
   ❺ me to communicate   ❻ him to pass
   ❼ us to try   ❽ her to become

해석

A ❶ 한자를 외우는 것은 어렵다.
   ❷ 아프리카에서 당신이 불어로 말하는 것은 도움이 된다.
   ❸ 네 외국인 친구와 연락을 하고 지내는 것이 재미있니?
   ❹ 언어뿐만 아니라 문화를 배우는 것은 매우 좋다.
   ❺ 이탈리아어를 한국어로 번역하는 것은 쉽지 않니?
   ❻ 그들이 누군가와 스페인어로 이야기하는 것은 보통이다.
   ❼ 우리가 공항에서 영어를 사용한 것은 다행이었다.
   ❽ 그가 러시아 번역가를 찾는 것은 힘들었다.

B ❶ 영국 영어 억양을 알아듣는 것은 쉽지 않다.
   ❷ 그 앱을 다운받아 사용하는 것은 간단했다.
   ❸ 번역기 앱이 있으면 유용하니?
   ❹ 그들이 그 문화에 익숙해지는 것은 쉽지 않았다.
   ❺ 내가 인도에서 사람들과 의사소통을 하는 것은 어려웠다.
   ❻ 그가 그 영어 시험을 통과하는 것은 어렵지 않다.
   ❼ 우리가 그들의 문화에 대해 배우려고 노력하는 것은 중요하니?
   ❽ 그녀가 외국인들과 친구가 된 것은 드문 일이었다.

TRAINING ❷ 통문장 전환하기   p. 100

❶ It is helpful to learn a foreign language.
❷ It is not easy to drive in another country.
❸ It is important to know about our own culture.
❹ It is not possible to memorize the alphabet within a day.
❺ It is common to speak Spanish in those countries.
❻ It was hard for Josh to understand Korean culture at first.
❼ It is sometimes difficult for foreigners to communicate at the airport.
❽ It wasn't natural for her to use any language except for English.
❾ Was it helpful for you to have the map application?
❿ Is it unusual for them to invite friends home on the weekend?

해석

예) 외국인과 이야기하는 것은 쉽지 않다.

❶ 외국어를 배우는 것은 도움이 된다.
❷ 다른 나라에서 운전을 하는 것은 쉽지 않다.
❸ 우리 자신의 문화에 대해 아는 것은 중요하다.
❹ 알파벳을 하루에 외우는 것은 가능하지 않다.
❺ 그 나라들에서는 스페인어를 사용하는 것이 보통이다.

예) Tina가 그 영어 시험 결과를 받아들이는 것은 쉽지 않았다.

❻ Josh가 처음에 한국 문화를 이해하는 것은 어려웠다.
❼ 때때로 외국인들이 공항에서 의사소통하는 것은 어렵다.
❽ 그녀가 영어 외에 어떤 언어를 사용하는 것도 자연스럽지 않았다.
❾ 네가 그 지도 어플리케이션을 가지고 있는 것이 도움이 되었니?
❿ 주말에 그들이 집에 친구들을 초대하는 것은 드문 일이니?

TRAINING ❸ 영어 문장 완성하기   p. 101

❶ It isn't easy to become familiar with foreign cultures.
❷ It's difficult for foreigners to read Korean words.

❸ It wasn't easy for them to speak in French.

❹ Is it possible for me to use the app in translation?

❺ Wasn't it useful for you to have a smartphone there?

❻ to learn, as well

❼ to keep in touch

❽ to communicate with

❾ it, to translate, into

❿ to become familiar

TEST for Writing

pp. 102-103

01 to learn　**02** them　**03** It, difficult

04 to memorize　**05** for, to go

06 difficult for me to accept　**07** for him

08 with　**09** for you to use the app

10 What → It

11 (1) It is interesting to make foreign friends.

(2) It was helpful to write an English journal.

(3) It is difficult to download the translation app.

12 (1) [모범 답안] 그들의 감정을 이해하는 것은 쉽지 않다.

(2) [모범 답안] 그 언어뿐 아니라 문화를 배우는 것도 중요하다.

(3) [모범 답안] 네가 우리와 연락을 유지하는 것이 가능하니?

13 (1) difficult for me to learn Chinese

(2) impossible to memorize all the characters

14 (1) very easy to download

(2) to use this app in any foreign country

15 (1) It was difficult for me to understand what he said.

(2) It was easy for her to speak in English.

01 가주어 it, 진주어 to부정사 구문으로 빈칸에 to learn을 쓴다.

해석 | 영어를 배우는 것은 도움이 된다.

02 to부정사 의미상 주어는 「for + 사람(목적격)」의 형태이므로 them을 쓴다.

해석 | 그들이 한국어를 말하는 것은 쉽지 않았다.

03 가주어 it, 진주어 to부정사 구문으로 바꿔 쓴다.

해석 | 외국 문화를 이해하는 것은 어렵다.

04 진주어 부분을 to부정사로 쓴다. '외우다, 암기하다'를 뜻하는 단어는 memorize이다.

05 to부정사 의미상 주어는 「for + 사람(목적격)」의 형태로 쓴다.

06 「형용사+ for 사람(목적격) + 진주어(to부정사)」 순으로 배열한다.

해석 | A: 너는 영어 시험을 봤니?

B: 응, 하지만 내가 그 시험 결과를 받아들이는 것이 어려워.

07 to부정사 의미상 주어는 「for + 사람(목적격)」의 형태로 쓴다.

해석 | 그가 3개월 안에 중국어를 배우는 것이 가능하니?

08 communicate with: ~와 의사소통하다

become familiar with: ~와 친숙해지다

해석 | · 다른 사람들과 의사소통하는 것은 중요하다.

· 새로운 문화에 익숙해지는 것은 어렵지 않니?

09 「for + 사람(목적격) + 진주어(to부정사)」 순으로 쓴다.

해석 | 네가 그 앱을 사용하는 것은 때때로 도움이 된다.

10 가주어 it, 진주어 to부정사 구문으로 What을 It으로 바꾸어야 한다.

해석 | 내가 영어 작문 기술을 배우는 것은 어렵다.

11 가주어 it, 진주어 to부정사 구문으로 바꿔 쓴다.

해석 | (1) 외국인 친구들을 사귀는 것은 재미있다.

(2) 영어 일기를 쓰는 것은 도움이 되었다.

(3) 그 번역기 앱을 다운로드 받는 것은 어렵다.

12 (2) A as well as B: B뿐만 아니라 A도

(3) keep in touch with: ~와 연락을 유지하다

13 (1) 중국어를 배우는 것이 쉬운지 묻는 질문에 대한 부정의 응답을 완성한다. (2) 무엇이 중국어를 배우기 어렵게 하는지 묻는 질문에 대한 답을 완성한다.

해석 | (1) Q: 네가 중국어를 배우는 것은 쉽니?

A: 아니. 내가 중국어를 배우는 것은 어려워.

(2) Q: 무엇이 중국어를 배우기 어렵게 만드니?

A: 모든 글자를 외우는 것은 불가능해.

14 가주어 it, 진주어 to부정사 구문을 써서 각 문장을 완성한다.

해석 | 당신은 더 이상 외국어를 배울 필요가 없습니다. EZ 번역기를 다운받아 사용해 보세요! 그 앱을 다운받는 것은 매우 쉽습니다. 그것은 인간 번역가를 사용하는 것보다 더 저렴합니다. 어떤 외국에서도 이 앱을 사용하는 것은 도움이 될 것입니다.

15 (1) 가주어 it, 진주어 to부정사 구문이므로 to understand가 되어야 한다.

(2) to부정사 의미상의 주어는 「for + 사람(목적격)」의 형태이므로 her로 쓴다.

해석 | 나는 내 친구 수민이와 함께 경복궁에 갔다. 한 외국인이 우리에게 와서 뭐라고 말했다. 내가 그의 말을 이해하는 것은 어려웠다. 하지만 수민이는 그의 말을 알아듣고 알겠다고 말했다. 그녀는 영어로 이야기하는 것이 쉬웠다.

써먹기 구문 | 14
to부정사 구문

해석

나는 내 방학 숙제를 어떻게 할지 몰랐다.
그래서 나는 태국 봉사활동 캠프에 등록했다.
그곳 날씨가 너무 더워서 숨을 쉴 수 없었다.
하지만 내 의지는 안 좋은 기후를 극복할 만큼 강했다!

p. 105

TRAINING 1 기본 형태 연습하기

A ❶ to sign ❷ when ❸ to cook ❹ how to
❺ to ❻ too ❼ to give ❽ to help

B ❶ what to do ❷ how to deal
❸ how to clean ❹ whom to help
❺ far to walk ❻ humid to work
❼ enough to drink ❽ kind, to cheer

해석

A ❶ 우선, 나는 그에게 그 캠프에 어떻게 등록할지 물었다.
❷ 박 선생님은 내게 태국으로 언제 떠나야 할지 알려 주셨다.
❸ 우리는 무료 급식소를 위해 무엇을 요리할지 몰랐다.
❹ 너는 천막을 어떻게 치는지 아니?
❺ 우리는 너무 피곤해서 걸어 다닐 수 없었다.
❻ 그 사람들은 너무 허약해서 일을 할 수 없었다.
❼ 음식은 그들에게 나누어줄 정도로 좋지는 않았다.
❽ 봉사자들은 사람들을 도울 정도로 충분히 적극적이었다.

B ❶ 도착하자마자, 우리는 먼저 무엇을 해야 할지 몰랐다.
❷ Jane은 우리에게 그 상황에 어떻게 대처해야 하는지 가르쳐 주었다.
❸ 너는 진흙을 어떻게 닦아내는지 배웠니?
❹ 나는 누구를 도울지 결정하는 것이 어려웠다.
❺ 그 캠프는 걸어서 가기에는 너무 멀어서, 나는 도움을 요청했다.
❻ 날씨가 너무 습해서 밖에서 일할 수 없었다.
❼ 그 물은 마시기에 충분히 깨끗하지 않았다.
❽ 그들은 나를 격려할 정도로 충분히 친절했다.

p. 106

TRAINING 2 통문장 전환하기

❶ Frank didn't know what he should do in the soup kitchen.
❷ We learned how we should cook food for the children.
❸ The staff taught me when I should pull up the rope.
❹ They knew where they should take the bus to the town.
❺ I wasn't sure whom I should help first in the village.
❻ The children were so poor that they couldn't go to school.
❼ You are so young that you can't participate in the camp.
❽ It's raining so heavily that they can't go camping.
❾ She is so smart that she can remember the word.
❿ The people are so eager that they can build a school building.

해석

예) 우리는 그에게 우리가 태국에서 어디서 머물러야 하는지 물었다.
❶ Frank는 무료 급식소에서 무엇을 해야 할지 몰랐다.
❷ 우리는 그 어린이들을 위해 어떻게 음식을 요리해야 할지 배웠다.
❸ 그 직원은 내게 언제 줄을 끌어올려야 하는지 가르쳐 주었다.
❹ 그들은 그 마을로 가는 버스를 어디서 타야 할지 알고 있었다.
❺ 나는 그 마을에서 내가 누구를 먼저 도와야 하는지 확신하지 못했다.

예) 날씨가 너무 더워서 우리는 밖에서 걸을 수 없다.
❻ 그 어린이들은 너무 가난해서 학교를 갈 수 없었다.
❼ 너는 너무 어려서 그 캠프에 참가할 수 없다.
❽ 비가 심하게 와서 그들은 캠핑을 갈 수가 없다.
❾ 그녀는 정말 영리해서 그 단어를 기억해 낼 수 있다.
❿ 그 사람들은 매우 열성적이라서 학교 건물을 지을 수 있다.

p. 107

TRAINING 3 영어 문장 완성하기

❶ how to get to the village
❷ too humid to dry the laundry
❸ so poor that they couldn't buy the medicine
❹ what I should bring to the camp

⑤ was close enough for us to walk

⑥ to ask for help　　⑦ should cheer, up

⑧ had difficulty, what　　⑨ enough to give out

⑩ At first, to clean

TEST for Writing

pp. 108-109

01 to help　　02 to live　　03 so smart that

04 what to do　　05 too, to go

06 is clean enough to drink　　07 for

08 teach them how to speak English

09 (A) to help　(B) (to) paint

10 should go → to go 또는 we should go

11 (1) She knew how to deal with the situation.

(2) They are so poor that they can't buy new houses.

(3) The wall is so strong that it can block the wind.

12 (1) [모범 답안] 그 마을은 너무 멀어서 시내에서 걸어갈 수 없었다.

(2) [모범 답안] 그녀의 의지는 그 문제들을 극복할 정도로 충분히 강했다.

(3) [모범 답안] 나는 캠프에 무엇을 가져갈지 결정하는 데 어려움을 겪는다.

13 (1) [모범 답안] I'm not sure what to do

(2) [모범 답안] where to sign up for it

14 (1) whom to help　　(2) what to do

(3) how to take

15 (1) But it wasn't <u>delicious enough</u> to give out.

(2) The bottles were <u>too</u> heavy <u>to</u> carry alone.

01 '어떻게 도와야 할지'라는 의미가 되도록 「how+to부정사」를 쓴다.

해석 | 너는 그들을 어떻게 도와야 할지 아니?

02 '너무 작아서 안에서 살 수 없는'이라는 뜻이 되도록 「too + 형용사 + to부정사」 구문으로 쓴다.

해석 | 그 천막은 너무 작아서 안에서 살 수 없었다.

03 「형용사 + enough + to부정사」는 「so + 형용사 + that + 주어 + can + 동사원형」으로 바꿔 쓸 수 있다.

해석 | 그 소녀는 아주 너무 영리해서 우리를 기억할 수 있다.

04 「what + to부정사」: 무엇을 ~해야 할지

05 '너무 ~해서 …할 수 없다'이라는 뜻의 「too + 형용사 + to부정사」 구문으로 쓴다.

06 「be동사 + 형용사 + enough + to부정사」 순으로 배열한다.

해석 | A: 병 속의 물을 마셔도 되나요?

B: 네. 그것은 마실 만큼 충분히 깨끗해요.

07 sign up for: ~을 등록하다 / ask for help: 도움을 요청하다

해석 | · 그녀는 그 캠프에 어떻게 등록해야 할지 안다.

· 제가 어디에서 도움을 구해야 하나요?

08 「teach + 간접목적어(사람) + 직접목적어(how + to부정사)」 형태로 쓴다.

해석 | A: 내가 그 캠프의 아이들을 위해 무엇을 할 수 있을까?

B: 글쎄, 너는 그들에게 영어로 말하는 것을 가르칠 수 있어.

09 (A) 「too + 형용사 + to부정사」

(B) 「help + 목적어 + 목적격보어(to부정사/원형부정사)」 형태로 쓴다.

해석 | 그들은 너무 어려서 우리가 그 벽을 칠하는 것을 도울 수 없었다.

10 「의문사 + to부정사」 구조로 쓰거나 「의문사 + 주어 + should + 동사원형」으로 쓴다.

해석 | 공항에서, 우리는 어디로 가야 할지 알 수 없었다.

11 (1) 「의문사 + 주어 + should 동사원형」은 「의문사 + to부정사」로 바꿔 쓸 수 있다.

(2) 「too + 형용사 + to부정사」는 「so + 형용사 + that + 주어 + can't + 동사원형」으로 바꿔 쓸 수 있다.

(3) 「형용사 + enough + to부정사」는 「so + 형용사 + that + 주어 + can + 동사원형」으로 바꿔 쓸 수 있다.

해석 | (1) 그녀는 그 상황을 어떻게 처리해야 할지 알았다.

(2) 그들은 너무 가난해서 새 집을 살 수 없다.

(3) 그 벽은 매우 튼튼해서 바람을 막을 수 있다.

12 (3) have difficulty (in) –ing: ~하는 데 어려움을 겪다

13 (1) 방학 계획이 있는지 묻는 질문에 대한 응답을 「의문사 + to부정사」를 사용해서 완성한다.

(2) 해외 봉사활동에 관심이 있는지 묻는 질문에 대한 응답을 「의문사 + to부정사」를 사용해서 완성한다.

해석 | (1) Q: 너는 방학을 위한 계획이 있니?

A: 아니. 나는 방학 동안 무엇을 해야 할지 잘 모르겠어.

(2) Q: 너는 해외 봉사활동에 관심이 있니?

A: 응. 하지만 나는 어디서 그것에 등록해야 하는지 모르겠어.

14 의문사 whom, what, how와 to부정사를 사용해서 「의문사 + to부정사」 형태로 빈칸을 채운다.

해석 | 나는 대만의 한 작은 마을에 갔다. 나는 선생님께 누구를 도와야 하는지를 여쭤보았다. 그녀는 내게 지진으로 인해 집을 잃은 사람들을 도우라고 말씀하셨다. 그녀는 내게 무엇을 해야 할지 가르쳐 주셨다. 나는 그 사람들이 텐트를 치는 것을 도왔다. 또, 나는 아이들을 돌보는 법을 배웠다.

15 (1) 「형용사 + enough + to부정사」 순으로 쓴다.

(2) 「too + 형용사 + to부정사」 순으로 쓴다.

해석 | 지난 일요일, 우리는 무료 급식소에서 일했다. 나는 음식을 요리하는 것을 도왔다. 하지만 그것은 나누어줄 만큼 충분히 맛있지 않았다. 내 친구 주호는 물병을 날랐다. 그 병들은 너무 무거워서 혼자 나를 수 없었다. 우리는 그 상황을 어떻게 처리해야 할지 몰랐다. 긴 하루였다.

강조구문

우주의 탄생을 설명하는 것은 빅뱅이론이다.
1946년에 그 이론을 처음 만든 사람은 가모프였다.
많은 다른 과학자들은 그의 이론에 반대했다.
얼마의 시간이 흐른 후, 그의 이론은 가장 대중적인 이론이 되었다.

TRAINING ❶ 기본 형태 연습하기 p. 111

A ❶ It ❷ that ❸ who ❹ when
❺ which ❻ where ❼ do ❽ did

B ❶ is, that[which] ❷ was, that[which]
❸ was, that[when] ❹ wasn't, that[which]
❺ Was, that[where] ❻ Wasn't, that[who]
❼ did wish ❽ does like

해석

A ❶ 러시아 사람들이 그 인공위성을 발사한 것은 1957년이었다.
❷ 우리가 지지하는 것은 그녀의 의견이 아니다.
❸ 그 문제를 처음 제기한 것은 James였다.
❹ 그 우주 비행사가 우주로 간 것은 1961년이었다.
❺ 달에 착륙한 것은 보이저 1호가 아니었다.
❻ 그들이 그 법칙을 발견한 것은 연구실 안이 아니었다.
❼ 우리는 그 우주 박물관으로 가는 여행을 매우 즐긴다.
❽ 그 천문학자는 1946년에 그 이론을 제안했다.

B ❶ 사람들이 그 망원경을 부르는 것은 그의 이름이다.
❷ 우주를 창조한 것은 하나의 큰 폭발이었다.
❸ 그 물리학자가 병으로 사망한 것은 2018년이었다.
❹ 우리가 그 탑에서 관측한 것은 별이 아니었다.
❺ 최초의 비행기가 만들어진 것은 프랑스에서였니?
❻ 빅뱅이론을 제시한 것은 아인슈타인이 아니었니?
❼ 우리는 지난 일요일에 보름달에 소원을 빌었었다.
❽ 그는 그 과학 방송을 매우 좋아해서, 매일 밤 그것을 본다.

TRAINING ❷ 통문장 전환하기 p. 112

❶ It was in the space museum that[where] we watched stars.

❷ It is Mars that[which] has a similar environment to the Earth.
❸ It was in 1879 that[when] Albert Einstein was born in Germany.
❹ It was the birth of the planets that[which] she studied throughout her life.
❺ It was the telescope with his name that[which] he was famous for.
❻ The universe does continue to expand with time.
❼ I do agree with his opinion about the speed of light.
❽ They did support the theory but didn't have evidence for it.
❾ The physicist did make lots of new discoveries.
❿ Hubble's law does help us calculate the age of the universe.

해석

예) David가 관심이 있는 것은 천문학이다.
❶ 우리가 별들을 본 것은 그 우주 박물관에서였다.
❷ 지구와 유사한 환경을 가진 것은 화성이다.
❸ 앨버트 아인슈타인이 독일에서 태어난 것은 1879년이었다.
❹ 그녀가 일생에 걸쳐 연구한 것은 그 행성들의 탄생이었다.
❺ 그에 대해 유명한 것은 그의 이름을 가진 그 망원경이었다.

예) 우리는 빅뱅이론에 대해 정말 많이 알고 있다.
❻ 우주는 확실히 시간과 함께 계속 팽창한다.
❼ 나는 빛의 속도에 관한 그의 의견에 정말 동의한다.
❽ 그들은 그 이론을 매우 지지했지만 그것에 대한 증거가 없었다.
❾ 그 물리학자는 정말 많은 새로운 발견을 했다.
❿ 허블의 법칙은 우리가 우주의 나이를 계산하는 것을 확실히 돕는다.

TRAINING ❸ 영어 문장 완성하기 p. 113

❶ It is Harry that doesn't agree
❷ We did understand the law
❸ in 1969 when he landed on the moon
❹ Was it Neil Armstrong who
❺ Light does travel the fastest in the universe.
❻ that[who] proposed, question
❼ stood up for ❽ that[when], died of
❾ does, are against ❿ by, that[which], call

TEST for Writing

01 that[who]　　02 that[when]

03 It was, that[which]　　04 his opinion that[which]

05 It, in Russia　　06 I do support him.

07 that[when] *Voyager 1* flew to space

08 (A) of　(B) for　　09 where

10 do made → did make

11 (1) It was Hubble that[who] created the law in 1929.
　 (2) It was in 1957 that[when] the satellite was sent into space.
　 (3) The astronomer did travel the universe.

12 (1) [모범 답안] 우리가 그 소식을 들은 것은 그에게서가 아니었다.
　 (2) [모범 답안] 김 선생님이 우리에게 설명하신 게 바로 그 이론이었니?
　 (3) [모범 답안] 그들은 화성이 지구와 비슷한 환경이라는 것을 믿는다.

13 (1) [모범 답안] It is a telescope that I use to see something far away.
　 (2) [모범 답안] It is on Chuseok that I wish on the full moon.

14 (1) It was Hubble　　(2) does expand
　 (3) that[which] made the universe

15 (1) It is → It was　　(2) wished → wish

---

01 It ~ that 강조구문으로 빈칸에는 that 또는 사람을 나타내는 주격 관계대명사 who를 쓴다.

해석 | 달에 처음으로 착륙한 것은 닐 암스트롱이었다.

02 It ~ that 강조구문으로 빈칸에는 that 또는 시간을 나타내는 관계부사 when을 쓴다.

해석 | NASA가 그 우주선을 화성으로 보낸 것은 1980년대였다.

03 the theory를 강조하는 구문으로 쓰되, be동사는 3인칭 단수 과거형 was를 쓴다.

해석 | 그 과학자가 그 이론을 확립했다.
　　　→ 그 과학자가 확립한 것은 그 이론이었다.

04 agree with : ~에 동의하다

05 장소의 부사구 in Russia를 강조하는 구문이 되도록 쓴다.

06 일반동사 support 앞에 강조의 조동사 do를 쓴다.

해석 | A : 네가 가장 좋아하는 과학자는 누구니?
　　　B : 스티븐 호킹이야. 나는 그를 정말 지지해.

07 시간의 부사구를 강조하는 구문으로 that[when] 뒤에 주어, 동사의 어순으로 쓴다.

해석 | 보이저 1호가 우주로 날아간 것은 1977년이었다.

08 (A) die of : ~로 죽다　(B) stand up for : ~을 지지하다

해석 | · 그가 병으로 사망한 것은 작년이었다.
　　　· 많은 과학자들이 그 이론을 지지했다.

09 It ~ that 강조구문에서 강조어가 장소의 부사구이면 that 대신 관계부사 where를 쓸 수 있다.

해석 | 그가 태어난 곳은 미국이었다.

10 과거형 일반동사를 강조할 때는 동사원형 앞에 did를 쓴다.

해석 | Rachel은 그녀가 그 문제를 풀 때 실수를 했다.

11 (1)(2) 강조어를 It ~ that 사이에 쓰고, be동사는 과거형을 쓴다.
　 (3) 과거형 일반동사를 강조할 때는 동사원형 앞에 did를 쓴다.

해석 | (1) 1929년에 그 법칙을 만든 것은 허블이었다.
　　　(2) 그 인공위성이 우주로 보내진 것은 1957년이었다.
　　　(3) 그 천문학자는 우주를 여행했다.

12 (1) from him을 강조하는 구문이다.
　 (2) the theory를 강조하는 구문이다.
　 (3) 일반동사 believe를 강조하는 문장이다.

13 (1) 멀리 있는 물체를 볼 때 무엇을 사용하느냐는 질문에 강조구문을 사용해서 답을 완성한다.　(2) 언제 보름달을 보고 소원을 비는지 묻는 질문에 강조구문을 사용해서 답을 완성한다.

해석 | (1) A : 너는 멀리 있는 무언가를 볼 때 무엇을 사용하니?
　　　　 B : 내가 멀리 있는 무언가를 볼 때 쓰는 것은 망원경이야.
　　　(2) A : 너는 언제 보름달을 보고 소원을 비니?
　　　　 B : 내가 보름달을 보고 소원을 비는 때는 추석이야.

14 (1) 주어 Hubble을 강조하는 It ~ that 구문
　 (2) 동사 expands를 강조하는 do동사
　 (3) 주어 a big explosion을 강조하는 It ~ that 구문

해석 | 아인슈타인에 따르면, 우주는 팽창하지 않는다. 이 생각에 반대한 것은 허블이었다. 그는 "우주는 확실히 팽창한다"라고 말했다. 그의 뒤를 이어, 가모프는 빅뱅이론을 만들어냈다. 이 이론에 따르면, 우주를 만든 것은 하나의 큰 폭발이었다.

15 (1) It ~ that 강조구문에서 that절의 시제가 과거(watched)이므로 It was로 쓴다.　(2) 과거형 동사를 강조할 때 동사원형 앞에 did를 쓰고 뒤에는 동사원형(wish)을 쓴다.

해석 | 나는 가족과 함께 우주 박물관에 갔다. 나의 가족은 밤 하늘에서 별을 관찰하는 것을 좋아한다. 우리가 망원경을 통해 본 것은 유성이었다. 그 순간, 우리는 그 별에 정말 소원을 빌었다. 정말 멋진 밤이었다!

CHAPTER REVIEW 5

Word Review

1. explained　　　　2. translator

Grammar Review

1. It　　　2. to learn　　3. for me　　4. how

5. to take　6. to walk　　7. enough to　8. It

9. that[which]　　　10. did

Chapter 6 완료시제와 가정법 써먹기

써먹기 구문 | 16
완료 시제 1

해석

수년 동안, 아프리카에서 사막이 확대되어 왔다.
동물들은 음식과 물을 구하는 데 어려움을 겪어 왔다.
이 문제를 해결하기 위해, 많은 나무가 그곳에 심어져 왔다.
그들은 사막에 녹색 대장벽을 만들 것이다.

p. 121
TRAINING ❶ 기본 형태 연습하기

A ❶ has ❷ disappeared ❸ haven't
  ❹ Have ❺ planted ❻ rising
  ❼ been ❽ protected

B ❶ have decided ❷ have lost
  ❸ have spent ❹ Have, seen
  ❺ been changed
  ❻ hasn't[has not] disappeared
  ❼ have been working ❽ has been going

해석

A ❶ 그 사막은 점점 더 커져 왔다.
  ❷ 녹지대는 지도에서 사라졌다.
  ❸ 나는 아프리카의 대장벽에 대해 들어 본 적이 없다.
  ❹ 너는 기후 변화에 관심이 있어 왔니?
  ❺ 그들은 얼마나 오래 나무를 심어 왔니?
  ❻ 지구의 기온이 계속 오르고 있다.
  ❼ 사람들은 질병으로 인해 고통받고 있다.
  ❽ 그 동물 종은 보호받지 않아 왔다.

B ❶ 11개국이 조치를 취하기로 결정했다.
  ❷ 기후 변화로 인해 동물들은 집을 잃었다.
  ❸ 그들은 식량 문제를 해결하는 데 많은 노력을 쏟아 왔다.
  ❹ 너는 아프리카의 죽은 동물들을 본 적이 있니?
  ❺ 그 땅은 막 녹지로 바뀌었다.
  ❻ 커져가는 사막들에도 불구하고, 그 호수는 사라지지 않았다.
  ❼ 우리는 녹색 장벽 프로젝트를 진행해 오고 있다.
  ❽ 그 종은 지구에서 멸종되고 있는 중이다.

p. 122
TRAINING ❷ 통문장 전환하기

❶ The Sahara Desert has become bigger and bigger.
❷ They have completed one-third of the wall.
❸ He has gone to Africa to help people.
❹ The animals have suffered from water shortages.
❺ The lake has become smaller and (has) disappeared.
❻ Have you heard of the green policy of the country?
❼ The wall has been built (by them) for years.
❽ The country hasn't[has not] had a lot of rain.
❾ We have been suffering from climate change.
❿ Have the green areas on the map increased?

해석

예) 그들은 조치를 취하기로 결정을 내렸다.
❶ 사하라 사막은 점점 더 커져 왔다.
❷ 그들은 그 장벽의 3분의 1을 완성했다.
❸ 그는 사람들을 돕기 위해 아프리카로 갔다.
❹ 그 동물들은 물 부족으로 고통받아 왔다.
❺ 그 호수는 점점 더 작아져서 사라졌다.

예) 그 프로젝트는 끝나지 않았다.
❻ 너는 그 나라의 녹색 정책에 대해 들어 봤니?
❼ 그 장벽은 그들에 인해 수년째 지어져 왔다.
❽ 그 나라는 많은 비가 내리지 않고 있다.
❾ 우리는 기후 변화로 고통을 겪고 있다.
❿ 지도에서 녹지대가 증가했니?

p. 123
TRAINING ❸ 영어 문장 완성하기

❶ How long has the rain lasted?
❷ We haven't finished the project yet.
  (또는 We haven't yet finished the project.)
❸ They have been thinking about the solution.

❹ Water shortages haven't been solved in Africa. (또는 Water shortages in Africa haven't been solved.)

❺ The species has gone extinct due to climate change.

❻ becoming drier, drier ❼ have, taken measures

❽ In spite of, have ❾ been changed into

❿ haven't[have not] spent, planting

TEST for Writing

pp. 124-125

01 died　02 been　03 disappeared　04 growing

05 has become worse and worse

06 has increased the green areas

07 in[In]　08 has been continuing

09 they have gone extinct

10 taken → taking (또는 been 삭제)

11 (1) We have planted trees on the mountain.
(2) They have been suffering from food shortages.
(3) The Green Wall has been completed (by them).

12 (1) [모범 답안] 너는 '녹색 대장벽'에 대해 들어 본 적 있니?
(2) [모범 답안] 우리는 이미 학교 과제를 끝냈다.
(3) [모범 답안] 그들은 그 문제를 해결하기 위해 노력해 오는 중이다.

13 (1) I've[I have] heard about it
(2) has been caused by climate change

14 (1) have lost their homes
(2) have suffered from food shortages
(3) been hunted by humans

15 (1) took → taken　(2) planted → planting

01 현재완료는 「have + 과거분사」 형태로 쓴다.
해석 | 많은 사람들이 질병으로 죽었다.

02 현재완료 수동태는 「have been + 과거분사」 형태로 쓴다.
해석 | 그 장벽은 수년째 지어져 오고 있다.

03 현재완료 문장이므로 과거분사인 disappeared를 쓴다.
해석 | 그 녹지대는 지도에서 사라지지 않았다.

04 현재완료 진행형은 「have been + 동사원형 -ing」 형태로 쓴다.
해석 | 아프리카에서 그 사막은 커져가는 중이다.

05 become + 비교급 and 비교급: 점점 더 ~해지다

06 「has + 과거분사(increased) + 목적어(the green areas)」 순으로 쓴다.
해석 | A: 그 녹색 정책 어떻게 진행되고 있니?
B: 그것은 사막에 녹지대를 증가시켜 왔어.

07 spend effort in -ing: ~하는 데 노력을 쏟다
in spite of: ~에도 불구하고
해석 | · 그들은 나무를 심는 데 노력을 쏟아 왔다.
· 지구 온난화에도 불구하고, 그 식물들은 살아 있다.

08 과거의 특정 시점(last year)부터 현재까지 계속 진행되고 있는 일이므로 현재완료 진행형 「have been + 동사원형 -ing」 형태로 쓴다.
해석 | 그 프로젝트는 작년에 시작되었다. 그것은 지금 계속되는 중이다.
= 그 프로젝트는 작년 이후로 계속되어 오고 있다.

09 이미 완료된 일을 나타낼 때, 현재완료는 「have + 과거분사」 형태를 쓴다. go의 과거분사는 gone이다.
해석 | A: 그 종들에게 무슨 일이 있었니?
B: 음, 그들은 멸종되어 버렸어.

10 주어 They와 능동의 의미 관계이므로, 수동태가 아니라 현재완료 진행형에 맞게 taken을 taking으로 쓴다.
해석 | 그들은 물 부족에 대비하는 조치를 취해 왔다.

11 (1) 「have + 과거분사」 (2) 「have been + 동사원형 -ing」
(3) 「have been + 과거분사 (+ by 행위자)」
해석 | (1) 우리는 산에 나무를 심어 왔다.
(2) 그들은 식량 부족으로 고통을 겪어 오고 있다.
(3) 그 녹색 장벽은 그들에 의해 완성되었다.

12 (1) 현재완료 '경험' (2) 현재완료 '완료' (3) 현재완료 '계속'(현재완료 진행형)을 나타낸다.

13 (1) 사막 증가에 대해 들어 본 적이 있는지 묻는 질문에 현재 완료를 사용해서 답을 완성한다.
(2) 사막 증가의 원인을 묻는 질문에 현재완료 수동태를 사용해서 답을 완성한다.
해석 | (1) Q: 사막 증가에 대해 들어 봤니?
(2) Q: 무엇이 사막 증가를 일으켰니?

14 현재완료 시제를 사용해 각 동물들이 처한 상황을 묘사한다.
(3) 현재완료 수동태 「have been + 과거분사」로 쓴다.
해석 | 아프리카의 동물들은 여러 이유로 위기에 처해 왔다. 치타는 그들의 서식지를 잃어버렸다. 아프리카 펭귄은 먹이 부족으로 고통을 겪어 왔다. 검은 코뿔소는 사람들에게 사냥을 당해 왔다. 우리는 그들을 보호하는 데 노력을 쏟아야 한다.

15 (1) took는 과거형으로 현재완료에는 과거분사 taken을 쓴다.
(2) 현재완료 진행형이 되도록 「동사원형 -ing」 형태인 planting을 쓴다.
해석 | 사막 증가는 아프리카에서 큰 문제가 되어 왔다. 아프리카의 11개국이 2007년 이래로 조치를 취해 왔다. 그들은 세네갈에서 에티오피아까지 나무를 심어 오고 있다. 그것이 녹색 대장벽이다. 그 장벽의 3분의 1이 완성되었다.

완료 시제 2

해석

나는 학교 가는 길에 내 스마트폰을 잃어버렸다.
학교에 도착했을 때, 나는 내가 그것을 버스에 두고 왔다는 것을 알았다.
누군가가 그것을 가져갔을 수도 있다. 아, 나는 더 주의했어야 했는데!

TRAINING ① 기본 형태 연습하기
p. 127

A ❶ had ❷ left ❸ hadn't[had not]
❹ been ❺ fought ❻ been
❼ have ❽ made

B ❶ had been ❷ had got[gotten]
❸ hadn't heard ❹ had wanted
❺ have seen ❻ have woken
❼ have thought ❽ have taken

해석

A ❶ 그녀는 자신이 엉뚱한 버스를 탔다고 생각했다.
❷ 내가 정류장에 도착했을 때, 버스는 떠나고 없었다.
❸ 나는 내가 내 티켓을 가져오지 않았다는 것을 몰랐다.
❹ 우리가 오기 전에 그 공원에 가 본 적이 있었니?
❺ 그들은 서로 싸웠을 수도 있다.
❻ 그녀가 결코 웃지 않으니, 화가 난 것이 틀림없다.
❼ 우리는 열차 시간표를 확인했어야 했다.
❽ 나는 이런 큰 실수를 하지 말았어야 했는데.

B ❶ 나는 내가 10살 때까지 유령을 무서워했다.
❷ 우리는 네가 곤경에 처했던 걸 몰랐다.
❸ 그들은 TV를 보기 전까지는 그 뉴스를 듣지 못했었다.
❹ 그녀는 그녀의 일을 그만두길 원했었다고 말했다.
❺ 우리는 그 수업에서 서로를 봤을 수도 있다.
❻ 우리가 문을 두드렸을 때, 그는 깨어 있었던 게 틀림없다.
❼ 그들은 다르게 생각했어야 했다.
❽ Jake는 러시아워에 택시를 타지 말았어야 했다.

TRAINING ② 통문장 전환하기
p. 128

❶ The train had gone away when we got to the station.

❷ We hadn't[had not] had lunch before we went to the cinema.

❸ Had you been in London before you traveled to New York?

❹ He had quit his job when I met him again.

❺ I had lost my wallet before I got on the subway.

❻ They might have seen us looking for a restaurant.

❼ Mike shouldn't have gone fishing last weekend.

❽ Jessie must have woken up late this morning.

❾ We should have taken a bus to the airport.

❿ I shouldn't have listened to Ami and turned left at the corner.

해석

예) 나는 졸업하기 전에 학교에서 너를 본 적이 있다.
❶ 우리가 역에 도착했을 때, 기차는 가 버리고 없었다.
❷ 우리는 영화관에 가기 전에 점심을 먹지 않았다.
❸ 네가 뉴욕으로 여행 가기 전에 런던에 있었니?
❹ 내가 그를 다시 만났을 때는 그는 일을 그만뒀다.
❺ 나는 지하철을 타기 전에 내 지갑을 잃어버렸다.

예) 우리는 버스 시간표를 확인했어야 했다.
❻ 그들은 우리가 식당을 찾는 것을 봤을 수도 있다.
❼ Mike는 지난 주말에 낚시를 가지 말았어야 했다.
❽ Jessie는 오늘 아침에 늦게 일어난 것이 틀림없다.
❾ 우리는 공항까지 버스를 탔어야 했다.
❿ 나는 Ami의 말을 듣고 모퉁이에서 왼쪽으로 돌지 말았어야 했다.

TRAINING ③ 영어 문장 완성하기
p. 129

❶ We shouldn't have taken the bus at rush hour.

❷ He had been to the park before then.

❸ the show hadn't yet finished
(또는 the show hadn't finished yet)

❹ Where had you lived

❺ The man must have been your uncle.

❻ quit his job ❼ had knocked on

❽ taken, at rush hour ❾ been afraid of

❿ made such, big mistake

TEST for Writing

01 lost　02 hurried　03 had left　04 have been

05 had　06 had bought last weekend

07 (A) into　(B) of　08 shouldn't have played

09 I had lived in L.A.　10 had → have

11 (1) They hadn't had lunch yet.
   (2) Had we met somewhere before?
   (3) The girl next to Terry must have been his sister.

12 (1) [모범 답안] 너는 그녀가 집에 가 버린 것을 알아챘니?
   (2) [모범 답안] 우리는 오늘 일찍 일어났어야 했다.
   (3) [모범 답안] 나는 그 여행 전에는 중국에 간 적이 없었다.

13 (1) You had used it
   (2) You might have lost it in the subway.

14 (1) been sold out
   (2) have booked the tickets
   (3) should have gone to the station earlier

15 (1) should → might[must]
   (2) wrote → written

01 특정 과거 시점보다 더 이전에 일어난 일을 언급할 때 과거완료 「had + 과거분사」를 쓴다.
   해석 | 나는 내가 지갑을 잃어버린 것을 몰랐다.

02 「should have + 과거분사」는 '~했어야 했는데'의 뜻으로 과거에 하지 못한 일에 대한 후회나 유감을 나타낸다.
   해석 | 너는 학교로 서둘러 갔어야 했어.

03 결과 용법의 과거완료 「had + 과거분사」를 쓴다.

04 과거에 대한 강한 추측을 나타낼 때 「must have + 과거분사」를 쓴다.

05 주절(과거)보다 더 앞선 시제를 나타내므로 「had + 과거분사」를 쓴다.
   해석 | 너는 네 돈이 도난당한 걸 언제 알았니?

06 관계대명사절의 주어 I 뒤에 「had + 과거분사 + 부사구(last weekend)」 순으로 쓴다.
   해석 | A: 너는 소풍에 무엇을 입었니?
   B: 나는 지난 주말에 샀던 티셔츠를 입었어.

07 (A) get into trouble: 곤란에 빠지다
   (B) be afraid of: ~을 두려워하다
   해석 | · 그는 곤경에 처했을지도 몰라.
   · 나는 그 전에는 수영하는 것을 두려워하지 않았어.

08 「shouldn't have + 과거분사」는 '~하지 말았어야 했는데'의 뜻으로 과거에 한 일에 대한 후회나 유감을 나타낸다.
   해석 | 나는 내가 어젯밤 늦게까지 게임을 한 것이 유감이다.
   = 나는 어젯밤 늦게까지 게임을 하지 말았어야 했다.

09 특정 과거 시점보다 더 이전에 일어난 일을 언급할 때, 과거완료 「had + 과거분사」를 쓴다.
   해석 | A: 너는 LA를 잘 아니?
   B: 응. 나는 여기로 이사 오기 전에 LA에 살았었어.

10 과거에 대한 강한 추측을 나타낼 때 「must have + 과거분사」를 쓴다. had를 have로 고쳐야 한다.
   해석 | 그는 오늘 학교에 늦었음이 틀림없다.

11 (1) 과거완료 부정문 「hadn't + 과거분사」
   (2) 과거완료 의문문 「Had + 주어 + 과거분사 ~?」
   (3) 「must have + 과거분사」
   해석 | (1) 그들은 아직 점심을 먹지 않고 있었다.
   (2) 우리가 전에 어디서 만났었던가요?
   (3) Terry 옆의 소녀는 그의 여동생임에 틀림없다.

12 (1) 과거완료 결과　(2) 「should have + 과거분사」는 '~했어야 했는데'의 뜻으로 과거에 하지 못한 일에 대한 후회나 유감을 나타낸다.　(3) 과거완료 경험

13 (1) 과거완료 「had + 과거분사」
   (2) 과거 일에 대한 약한 추측 「might have + 과거분사」
   해석 | A: 오, 이런! 나는 내 휴대전화를 잃어버렸어.
   B: 저런! 너는 우리가 지하철을 타기 전에 그것을 사용했었어.
   A: 나는 승강장에서 그것을 사용했어.
   B: 너는 지하철 안에서 그것을 잃어버렸는지도 몰라.
   A: 다시 역으로 가 보자.

14 (1) 과거완료 「had + 과거분사」
   (2)(3) 「should have + 과거분사」
   해석 | Dona의 가족은 지난 일요일에 등산을 갈 계획이었다. 그들이 버스 정류장으로 갔을 때는 티켓이 다 팔리고 없었다. 그들은 티켓을 예약했어야만 했다. 그렇지 않으면 그들은 더 일찍 역으로 갔어야 했다. 그날 그들은 산에 갈 수 없었다. 대신에, 공원에 소풍을 갔다.

15 (1) 추측을 나타내는 것이므로 「might[must] have + 과거분사」를 쓴다. (2) might have 뒤에는 과거분사가 와야 하므로 written을 쓴다.
   해석 | 네가 분실물을 주웠을 때는 그 장소를 먼저 둘러봐라. 바로 그곳에 있는 누군가가 그것을 떨어뜨렸을 수 있다. 그리고 나서, 그 물건을 자세히 살펴봐라. 주인이 그것 위에 자신의 이름과 전화번호를 써 놓았을 수도 있다.

써먹기 구문 | 18
가정법

해석

A: 나는 내 미래에 대해 너무 걱정이 돼.
B: 내가 너라면, 나는 학교 상담 선생님을 찾아가겠어.
A: 글쎄, 나는 내가 15년 후에 뭐가 될지 알 수 있다면 좋을 텐데.
B: 그건 불가능해! 우리는 아직 중학생들이라고.

TRAINING ① 기본 형태 연습하기

A ❶ were ❷ would ❸ wouldn't
❹ had met ❺ had been ❻ have bought
❼ could ❽ speak

B ❶ were, would donate ❷ were, would think
❸ were, wouldn't make ❹ had kept, been
❺ had, have been
❻ would have got[gotten]
❼ wish, could become ❽ wish, could turn

해석

A ❶ 내가 우주 비행사라면, 우주로 날아갈 텐데.
❷ 내가 너라면, 경주에서 최선을 다할 것이다.
❸ 내가 그 소녀라면, 혼자 해외로 가지 않을 텐데.
❹ 내가 그 선생님을 만났었더라면, 더 열심히 공부했을 텐데.
❺ Ben이 한국에 있었다면, 그는 우리와 함께 지냈을 텐데.
❻ 그가 많은 돈을 가졌었더라면, 그는 그 차를 샀을 텐데.
❼ 내가 그 영화 캐릭터를 직접 만날 수 있으면 좋을 텐데.
❽ 내가 원어민처럼 영어를 말할 수 있다면 좋을 텐데.

B ❶ 우리가 부자라면, 우리는 자선단체에 돈을 기부할 텐데.
❷ 내가 너라면, 내 미래 직업에 대해 생각할 텐데.
❸ 내가 교장 선생님이라면, 그런 결정을 내리지 않을 텐데.
❹ 내가 계속 운동을 했었더라면, 나는 건강했을 텐데.
❺ 우리에게 그 차가 있었더라면, 우리 삶이 멋졌을 텐데.
❻ 우리가 그 소년을 만나지 않았더라면, 우리는 길을 잃었을 것이다.
❼ 나는 내가 나의 아버지보다 키가 클 수 있으면 좋겠다.
❽ 나는 어린 시절로 돌아갈 수 있다면 좋겠다.

TRAINING ② 통문장 전환하기

❶ I would listen to the counselor
❷ If I had a brother or sister
❸ we would have had fun with you
❹ I wouldn't have got[gotten] a bad score
❺ If we hadn't won the soccer game
❻ I wish I could become good at playing basketball.
❼ I wish I could be a pilot and fly all around the world.
❽ I wish I could talk with my cat and dog.

❾ I wish I could speak Chinese well like Wei.
❿ I wish I could go to the idol group's concert.

해석

예) 내가 그 소년이라면, 열심히 공부할 텐데.
❶ 내가 너라면, 그 상담 선생님 말씀을 들을 텐데.
❷ 나에게 형제나 자매가 있다면, 가끔 외롭지 않을 텐데.
❸ 우리가 작년에 뉴욕에 있었더라면, 너와 재미있게 보냈을 텐데.
❹ 내가 시험에서 최선을 다했더라면, 나쁜 점수를 받지 않았을 텐데.
❺ 우리가 축구 시합에서 이기지 않았더라면, 상으로 그 트로피를 받지 않았을 것이다.

예) 내가 그 영화의 배우들을 만날 수 있다면 좋겠다.
❻ 나는 농구를 잘하게 될 수 있다면 좋겠다.
❼ 나는 파일럿이 돼서 세계 곳곳을 비행할 수 있으면 좋겠다.
❽ 나는 내 고양이와 개와 이야기할 수 있으면 좋겠다.
❾ 나는 Wei처럼 중국어를 잘할 수 있으면 좋겠다.
❿ 나는 그 아이돌 그룹의 콘서트에 갈 수 있으면 좋겠다.

TRAINING ③ 영어 문장 완성하기

❶ If we owned a spaceship
❷ I would have donated it to the poor
❸ If I were good at physics
❹ I wish I could understand animals' languages.
❺ we would have missed the train
❻ wouldn't be worried ❼ could go abroad
❽ meet, in person ❾ done our best
❿ would donate, to

TEST for Writing

01 had 02 hurried 03 could 04 have had
05 could know 06 If I had wings
07 I could meet the singer
08 (A) about (B) on
09 I would talk about it with the counselor
10 be → have been
11 (1) If I had money, I would buy the clothes.

(2) If we hadn't[had not] been late, we would have seen the concert.

(3) I wish I could go abroad to study English.

12 (1) [모범 답안] 내가 너라면, 나는 파일럿이 될 텐데.

(2) [모범 답안] 내가 Ted와 싸웠더라면, 내가 그에게 먼저 사과했을 텐데.

(3) [모범 답안] 내가 Stella처럼 스페인어를 잘 할 수 있다면 좋겠다.

13 (1) [모범 답안] If I were an adult, I would go on a trip to Europe alone.

(2) [모범 답안] Yes, I wish I could go to L.A. to meet my favorite actor.

14 (1) had studied for the exam

(2) our team wouldn't have lost it[the game]

15 (1) I wish I <u>could</u> go back to my childhood.

(2) If she got old slowly, we <u>would spend</u> more time together.

---

01 현재 사실의 반대를 가정하는 가정법 과거의 if절은 「If + 주어 + 과거형 동사 ~,」로 쓴다.

해석 | 내게 차가 있다면, 나는 많은 장소로 운전해서 갈 텐데.

02 과거 사실의 반대를 가정하는 가정법 과거완료의 if절은 「If + 주어 + had + 과거분사 ~,」로 쓴다.

해석 | 우리가 역에 서둘러 갔다면, 우리는 열차를 탔을 텐데.

03 현재 이룰 수 없는 소망은 「I wish I could + 동사원형 ~.」을 써서 표현한다.

해석 | 내가 영어를 잘 말할 수 있다면 좋을 텐데.

04 가정법 과거완료의 주절은 「주어 + would have + 과거분사 ~」로 쓴다.

해석 | 내가 Charlie를 더 일찍 만났더라면, 나는 그와 더 많은 시간을 보냈을 텐데.

05 현재 이룰 수 없는 소망은 「I wish I could + 동사원형 ~.」을 써서 표현한다.

06 「If + 주어 + 과거형 동사 ~,」 순으로 배열한다.

해석 | A: 너는 하늘을 날기를 원하니?
B: 응. 내게 날개가 있다면, 나는 하늘을 날 텐데.

07 I wish 뒤에 「I could + 동사원형 ~」을 쓴다.

해석 | 나는 그 가수를 직접 만날 수 없다.
= 내가 그 가수를 직접 만날 수 있다면 좋겠다.

08 (A) be worried about: ~에 대해 걱정하다
(B) keep on –ing: ~하는 것을 계속하다

해석 | ·내가 너라면, 그것에 대해 걱정하지 않을 텐데.
·내가 계속 그림을 그렸더라면, 예술가가 되었을 텐데.

09 가정법 과거의 주절은 「주어 + would + 동사원형 ~」으로 쓴다.

해석 | A: 나는 내가 대학에서 무엇을 공부해야 할지 모르겠어.
B: 내가 너라면, 상담 선생님과 그것에 대해 이야기를 나누겠어.

---

10 가정법 과거완료의 주절은 「주어 + would have + 과거분사 ~」로 쓰므로 be를 have been으로 바꿔야 한다.

해석 | 내가 그 소식을 들었더라면, 나는 놀랐을 것이다.

11 (1) 「If + 주어 + 과거형 동사 ~, 주어 + would + 동사원형 ….」

(2) 「If + 주어 + hadn't + 과거분사 ~, 주어 + would have + 과거분사 ….」

(3) 「I wish I could + 동사원형 ~.」

해석 | (1) 나에게 돈이 있다면, 그 옷을 살 텐데.
(2) 우리가 늦지 않았더라면, 그 콘서트를 봤을 텐데.
(3) 내가 영어를 공부하러 해외에 갈 수 있다면 좋겠다.

12 (1) 가정법 과거 (2) 가정법 과거완료 / apologize to: ~에게 사과하다 (3) I wish 가정법 / like: ~처럼

13 (1) 어른이라면 먼저 할 일을 가정법 과거를 써서 답한다.

(2) 할 수 없는 일을 소망하는 I wish 가정법을 써서 답한다.

해석 | (1) Q: 네가 어른이라면, 너는 무엇을 하겠니?
(2) Q: 너는 네가 실제로 할 수 없는 일을 하기를 소망하니?

14 (1) 가정법 과거완료의 if절 「If + 주어 + had + 과거분사 ~,」

(2) 가정법 과거완료의 주절 「주어 + would have + 과거분사 …」

해석 | 오늘은 운이 나쁜 날이었다. 오전에 나는 영어 시험을 통과하지 못했다. 만약 내가 시험을 대비해 공부를 했더라면, 나는 그것을 통과했을 것이다. 오후에는 우리팀이 축구 경기에서 졌다. 내가 경기에 최선을 다했더라면, 우리 팀이 경기에서 지지 않았을 것이다.

15 (1) 「I wish I could + 동사원형 ~.」

(2) 가정법 과거이므로 「would + 동사원형(spend)」을 써야 한다.

해석 | 만약 타임머신이 있다면, 나는 시간을 여행할 것이다. 나는 내 어린 시절로 돌아갈 수 있으면 좋겠다. 그 시절에 나는 항상 Coco와 함께 있었다. 그녀는 귀여운 강아지였다. 하지만 지금 그녀는 매우 나이가 들었다. 그녀가 천천히 나이 든다면, 우리는 더 많은 시간을 함께 보낼 텐데.

CHAPTER REVIEW 6

Word Review

1. booked
2. owned
3. impossible
4. carefully

Grammar Review

1. has
2. been
3. trying
4. has been
5. had lived
6. have known
7. shouldn't have
8. were
9. have fought
10. could write

정답 및 해설 **37**

WORKBOOK 정답

써먹기 구문 | 01
pp. 02-04

A ❶ While ❷ As soon as ❸ after
❹ When ❺ because[since/as] ❻ until
❼ because[since/as] ❽ While
❾ before ❿ because[since/as]

B ❶ When I was 7, I rode a horse for the first time.
❷ While I was cooking brunch, my sister was setting the table.
❸ As soon as we entered the stadium, the baseball game started.
❹ Rick was nervous because he didn't study hard for the exam.
❺ After Yuri graduated from college, she became a teacher.
❻ Since Mom traveled to Europe, Dad and I did the housework.
❼ Before they took the class, they were not good at swimming.
❽ As I want to be a scientist, I will join the science club.

C ❶ before → after ❷ until → when
❸ soon → as soon as ❹ will pass → pass
❺ himself → herself ❻ Since → While
❼ until → while ❽ after → before
❾ Before → Since[Because/As]
❿ so → because[since/as]

D ❶ Before I took the class,
❷ While I was cooking dinner,
❸ After Greta graduated from law school,
❹ As soon as we entered middle school,
❺ because you look so sick
❻ as the bus didn't come on time
❼ since we wanted to help Mom
❽ as I was interested in it

E ❶ 영화가 시작하기 전에, 네 휴대전화 전원을 꺼라.
❷ 내가 아주 어렸을 때, 나는 조부모님 댁에서 살았다.
❸ 우리가 말을 타는 동안, 그는 우리 사진을 찍었다.
❹ 그들은 그 가수가 무대에 나올 때까지 계속 기다렸다.
❺ 그 동아리에 가입하자마자, 나는 많은 친구를 사귀었다.
❻ 우리는 역사를 좋아하니까, 그 수업을 듣는 것이 좋겠다.

❼ 대학을 졸업한 후에, 너는 무엇을 할 거니?
❽ 네가 나가 있는 동안에, 나 혼자 집을 청소했다.
❾ Before I went to bed, I took a shower.
❿ As we are students, we should listen to the teacher.
⓫ While we were playing soccer, he was sitting on the bench.
⓬ Keep silent until the teacher comes.
⓭ When he graduates from college, he will become a pilot.
⓮ When Mark was 10, both of his parents worked.
⓯ It is because I looked like a boy.
⓰ Andy will be late, since he woke up late.

써먹기 구문 | 02
pp. 05-07

A ❶ If ❷ Unless
❸ Although[Even though/Though]
❹ While ❺ as long as ❻ Once

B ❶ If you are willing, you can join the volunteer work group.
❷ Unless you can donate money, you can donate your talent.
❸ Though they are not rich, they can help the poor.
❹ As long as they stay in the hospital, the older patients will need help.
❺ While they taught math, we taught English to kids. (또는 They taught math while we taught English to kids.)
❻ Although they are in the hospital, they want to watch the show.
❼ Once you begin the volunteer program, you will enjoy it.
❽ Even though she is tired, she volunteers every week.

C ❶ If → Though[Even though/Although]
❷ Although → Once ❸ with → for[to]
❹ If → Unless ❺ As → While
❻ don't have → have ❼ Though → If
❽ As long → As long as
❾ Because → Though[Even though/Although]
❿ to → in

D ❶ If someone helped you,

② Unless you want to donate money,

③ Once we participate in the sharing event,

④ If they don't work as a team,

⑤ Although you don't need the item,

⑥ Even though we are not rich,

⑦ Though it may be little money,

⑧ While I'm good at playing the piano,

E **①** 그들은 매우 부자이지만, 가난한 사람들을 돕지 않는다.

② 만약 네가 기부할 돈이 없다면, 네 재능을 기부할 수 있다.

③ 우리는 많은 물건을 공유하는 반면, 차나 집을 나눠 쓰지는 않는다.

④ 네가 영어를 못하더라도, 아이들에게 단어들을 가르칠 수 있다.

⑤ 절실한 사람들이 있는 한, 나는 그들을 도울 것이다.

⑥ 나는 그 의사와 만날 일정을 잡았지만, 그를 볼 수 없었다.

⑦ 너는 한번 선행을 하면, 그것을 계속할 것이다.

⑧ 우리가 한 팀으로 일하지 않는다면, 그 목표를 성취할 수 없다.

⑨ Even though they stay in the hospital, they want to learn.

⑩ As long as we help others, others will help us.

⑪ Once they share things, they will want to do it again.

⑫ Although she tried her best, she failed the test.

⑬ Unless we do good things, nothing will change.

⑭ Although we have many members, we need extra hands.

⑮ Once you apply for the job, you'll get more information.

⑯ If you don't make an appointment, you can't meet him.

써먹기 구문 | 03   pp. 08-10

A **①** if[whether]   **②** that   **③** that   **④** whether
  ⑤ why   **⑥** who   **⑦** how   **⑧** why

B **①** Our teacher explained that the Earth rotates by itself.

② I want to know when we can see the supermoon.

③ We learned that today is the shortest day of the year.

④ She asked me whether or not Tim went to the space museum.

⑤ Do you know how far Pluto is from the Sun?

⑥ I'm not sure if people agreed with his opinion or not.

⑦ We wonder why climate change happens.

⑧ I don't know whether we can see a shooting star tonight.

C **①** to → of   **②** whether → that   **③** to → of
  ④ if → whether (또는 if I know the fact or not)
  ⑤ who → why   **⑥** whom → who   **⑦** if → that
  ⑧ are stars → stars are   **⑨** what → that
  ⑩ who the Americas discovered
      → who discovered the Americas

D **①** that the Sun rotates by itself

② whether or not she passed the exam

③ if I can see the North Star tonight

④ who made the scientific theory

⑤ why he agrees with that opinion

⑥ where she found the information

⑦ when we can see the red moon

⑧ how long people lived a thousand years ago

E **①** 어제 너에게 무슨 일이 일어났는지 내게 말해 줘.

② 너는 왜 낮과 밤이 발생하는지 아니?

③ 우리는 왜 계절이 바뀌는지 궁금하다.

④ 사람들은 콜럼버스가 아메리카를 발견했다고 믿는다.

⑤ 진실은 그가 대서양을 횡단했다는 것이다.

⑥ 사람들은 결국에 그가 옳았다는 것에 동의했다.

⑦ 너는 태양이 우주의 중심이라는 것을 알았니?

⑧ 우리는 그 행성들이 스스로 회전한다는 것을 배웠다.

⑨ I wondered how they got rid of the waste.

⑩ The fact is that all planets turn around the Sun.

⑪ He asked whether we know the fact or not.

⑫ Do you know how far the Sun is from the Earth?

⑬ We didn't know why he agreed with that opinion.

⑭ Do you know if the spaceship can go to Pluto or not?

⑮ Did you learn how fast the Earth is rotating by itself?

⑯ People believed that they couldn't go across the sea.

Review Test 1 [01-03]   p. 11

01 ④   02 ③   03 ②, ⑤
04 because[since/as]
05 Although[Though/Even though]
06 Though[Although/Even though]   07 As[as]
08 While he speaks English well,
09 did people name → people named
10 Before, that, While

A ❶ who[that] ❷ whom ❸ which[that]
    ❹ whom[that] ❺ whose ❻ which[that]
    ❼ whose ❽ who[that] ❾ which[that]
    ❿ who[that]

B ❶ Maggie is a strong girl who is good at riding her bike.
    ❷ I also have the same scarf which you are wearing.
    ❸ They are the famous group whom I want to meet.
    ❹ He loves his new laptop that is very fast and handy.
    ❺ Did you see the book whose cover is yellow?
    ❻ I miss the sandwiches which you made for me.
    ❼ Sean is my best friend whom I can tell everything.
    ❽ Do you remember the words that I said yesterday?

C ❶ whose → who[that] ❷ whom → which[that]
    ❸ who → whom[that] ❹ whose → which[that]
    ❺ who → whom[that] ❻ that → whose
    ❼ whom → whose ❽ was → were
    ❾ whose → which[that] ❿ were → was

D ❶ who was good at basketball
    ❷ whom I wanted to meet
    ❸ whose last name was Grey
    ❹ who are interested in cooking
    ❺ that I'm wearing now
    ❻ that Andrew wanted to have
    ❼ which is very popular with teens
    ❽ which I read last month

E ❶ 그곳에서 우리는 미소가 환한 한 소녀를 만났다.
    ❷ Andy는 그의 말을 들어줄 누군가가 필요하다.
    ❸ 너는 오늘 싸운 친구에게 사과하지 않았다.
    ❹ 그 선생님은 좋은 우정에 관한 책 한 권을 우리에게 추천하셨다.
    ❺ 우리는 공통점이 많은 가장 친한 친구이다.
    ❻ 그녀는 내가 보내준 선물에 대해 감사했다.
    ❼ 너는 너와 관심사가 같은 친구들을 사귈 수 있다.
    ❽ 그는 긴 갈색 머리의 소녀를 찾고 있니?
    ❾ Is he looking for the man who is wearing a black jacket?
    ❿ Thank you for the help that you gave us.
    ⓫ The girl who was sitting next to me is my sister.
    ⓬ I made friends with those whose interest is games.
    ⓭ Terry sent a text to the friend who borrowed his bike.
    ⓮ Did you say sorry to the boy whom you fought with?
    ⓯ They'll move into the house whose rooms are big enough.
    ⓯ I'm looking for a friend whom I can share many things with. (또는 I'm looking for a friend with whom I can share many things.)

A ❶ where ❷ what ❸ why ❹ What
    ❺ when ❻ why ❼ what ❽ the way[how]
    ❾ where ❿ the way[how]

B ❶ He told us the reason for which he left for India.
    ❷ We won't forget the days when we stayed in Tokyo.
    ❸ I remember the hotel in which I could see the Eiffel Tower.
    ❹ You should change how you think.
    ❺ The river in which swans were swimming was beautiful.
    ❻ We visited the town where Mozart wrote the music.
    ❼ I can't forget my last holiday during which I was in London.
    ❽ We like this city where we can see many old buildings.

C ❶ how → why ❷ what → where[in which]
    ❸ are → is ❹ the way → the reason
    ❺ That → What ❻ why → how[the way]
    ❼ when → where ❽ which → where[in which]
    ❾ how → when
    ❿ the way how → the way 또는 how

D ❶ when I was in Rome
    ❷ why he left home
    ❸ how the Spanish people spoke
    ❹ where Van Gogh painted "Sunflowers"
    ❺ in which the train would leave
    ❻ for which he was late
    ❼ in which she took pictures
    ❽ in which most students go on field trips

E ❶ 그는 버스를 타야 할 시간에 도착하지 못했다.
    ❷ 너는 선생님께 네가 늦은 이유를 설명했니?
    ❸ 우리가 피크닉을 할 수 있는 장소로 가자.
    ❹ 네가 여행 동안 무엇을 하고 싶은지 생각해 봐.
    ❺ 셰익스피어가 태어난 마을은 작았다.

⑥ 그녀는 여동생이 알람을 설정한 방법을 모른다.

⑦ 그녀는 베트남에서 있을 날들을 위한 계획을 짜는 중이다.

⑧ 나는 여행을 위해 무엇을 준비해야 할지 모르겠다.

⑨ The way she cooks the food is amazing.

⑩ This is a place where people can get lost.

⑪ What I need for the trip is a map of Europe.

⑫ Don't tell him the reason for which I was absent.

⑬ The ticket was what I wanted to buy for a long time.

⑭ What I need now is a little money and a car.

⑮ This is the way we make plans for holidays.

⑯ What I want to say is to realize your dream.

써먹기 구문 | 06　　　　　　　pp. 18-20

A ① which ② Wherever ③ where ④ Whenever
⑤ which ⑥ which ⑦ Whoever ⑧ Whatever

B ① Whatever you look for, you can find it online.
② We like going to that café, where we can use free WiFi.
③ Wherever she goes, she takes a picture of the place.
④ I have a friend called Jay, whose interests are also movies.
⑤ Whomever you meet online, try to be polite.
⑥ Dad bought me a game, which made me very happy.
⑦ Whenever I find good restaurants, I post them on social media.
⑧ The girl, whom I met online, could be my friend.

C ① who → whom　　② which → who
③ Whomever → Whoever　　④ whom → which
⑤ Whenever → Wherever　　⑥ that → which
⑦ What → Whatever
⑧ The shoes which → The shoes, which
⑨ Whoever → Whenever　　⑩ that → which

D ① which she puts on her refrigerator
② where people can be rude
③ whose social media was popular
④ which he used for 7 years
⑤ Whomever you meet,
⑥ Whatever you need,
⑦ Whenever I have free time,
⑧ Whenever they're in class,

E ① 나는 내 스마트폰을 사용할 때마다 눈이 아프다.
② 네가 온라인에서 무엇을 읽든, 그것은 사실이 아닐 수 있다.
③ 우리는 도서관으로 갔는데, 그곳에서 우리는 인터넷을 사용할 수 있었다.
④ 스마트폰은 유용한데, 때때로 학교에서 문제들을 일으킨다.
⑤ 네가 필요할 때는 언제든 그 단어들을 사전에서 검색해라.
⑥ 우리는 Sam과 친구가 되었는데, 그의 블로그는 유명하다.
⑦ 우리가 지나쳐 간 그 남자들은 배우들임에 틀림없다.
⑧ 우리는 네티켓에 대해 배웠는데, 그것은 오늘날 중요하다.
⑨ Whenever you need my help, I'll help you.
⑩ Her mom didn't buy her whatever she wanted.
⑪ Wherever the place is, I can find it online.
⑫ She likes social media, which is very popular.
⑬ She has a son named Ken, who is a musician.
⑭ Look up words in the online dictionary, which is fast.
⑮ Whatever you tell me, I will keep it a secret.
⑯ Whatever you search for online, you'll get a lot of results.

Review Test 2 [04-06]　　　　　　p. 21

01 ②	02 ③	03 ①, ④
04 where	05 when	06 whose
07 Whenever	08 where we can use free WiFi	
09 That → What	10 where, whose, which	

써먹기 구문 | 07　　　　　　　pp. 22-24

A ① let ② forced ③ had[made]
④ helped ⑤ made[had] ⑥ let ⑦ got
⑧ made ⑨ had[made] ⑩ help

B ① Mom got me to water the plant.
② Our homeroom teacher makes us study hard.
③ My parents force me to save money.
④ My brother helped me (to) solve a difficult problem.
⑤ I will have her move the tables and chairs.
⑥ They won't let you skip breakfast.
⑦ She got us to go to bed before 10.
⑧ The police helped me (to) find the bus stop.

C ① to pick → pick　　② for → of
③ do → to do　　④ of → for

⑤ finish → to finish   ⑥ to do → do
⑦ playing → to play   ⑧ riding → (to) ride
⑨ cooked → (to) cook   ⑩ keep → to keep

D ❶ My brother got me to clean my room.
  ❷ Mom helped me to save money.
  ❸ The teacher forced us to study for the exam.
  ❹ Mr. Han will get you to collect the answer sheets.
  ❺ Mom makes me fold the laundry.
  ❻ She won't let you get a part-time job.
  ❼ Dad had us stay home all day as a punishment.
  ❽ The teacher lets us play outside after lunch.

E ❶ 그는 내게 그 가방을 가지고 오라고 시켰다.
  ❷ 너희 부모님은 네게 집안일을 하게 시키시니?
  ❸ 그 선생님은 네가 봉사활동을 하게 하실 거야.
  ❹ 누가 너에게 이 편지를 쓰도록 강요했니?
  ❺ 엄마는 내가 그 음식을 한 번에 다 먹게 하지 않으신다.
  ❻ 나는 지난 주말에 언니가 빨래하는 것을 도왔다.
  ❼ 그녀는 내게 설거지를 하는 대신, 식탁을 차리도록 시켰다.
  ❽ 그 선생님은 내게 운동장 트랙을 뛰게 하셨다.
  ❾ Mom didn't let me ask her for money.
  ❿ He had me do his homework.
  ⑪ I helped my father (to) wash his car.
  ⑫ Teachers will let us clean the hallway.
  ⑬ Dad helped me (to) solve math problems.
  ⑭ Mom made me keep a record of my spending.
  ⑮ The man got us to pick up the garbage on the street.
  ⑯ The event helped us (to) share our things with each other.

써먹기 구문 | 08   pp. 25-27

A ❶ felt   ❷ do[doing]   ❸ hear   ❹ watched
  ❺ sing[singing]   ❻ notice   ❼ saw
  ❽ win[winning]   ❾ play[playing]
  ❿ make[making]

B ❶ He noticed the police officer chasing after him.
  ❷ Can you feel the fever get hotter and hotter?
  ❸ I watched the kids dancing to music.
  ❹ Everybody saw Ella perform on the stage.
  ❺ She couldn't listen to the boy sing her favorite song.

❻ They heard people cheering for them.
❼ Ian looked at his brother taking a picture of him.
❽ Nobody noticed the boy crying in the crowd.

C ❶ moved → move[moving]   ❷ for → in
  ❸ to take → take[taking]   ❹ slept → sleep[sleeping]
  ❺ to play → play[playing]   ❻ be dancing → dancing
  ❼ to → after   ❽ to talk → talk[talking]
  ❾ cheered → cheer[cheering]
  ❿ moves → move[moving]

D ❶ We listened to the choir sing beautifully.
  ❷ They watched their children chase after each other.
  ❸ Mary noticed her dad take a picture of her.
  ❹ I saw him dance to the music at the festival.
  ❺ Jason felt something climbing up his arm.
  ❻ We heard someone shouting to a participant.
  ❼ The judge listened to us speaking in English.
  ❽ The audience watched the boys holding a parade.

E ❶ 그녀는 그녀의 심장이 빠르게 뛰고 있는 것을 느꼈다.
  ❷ 나는 그 악단이 음악을 연주하는 것을 듣지 못했다.
  ❸ 우리는 그가 실수하고 있는 것을 알아챘다.
  ❹ Greg은 한 남자가 솜사탕을 만들고 있는 것을 보았다.
  ❺ 우리는 누군가가 노래하는 것을 어디선가 들었다.
  ❻ 너는 어제 우리 팀이 경기에 지는 것을 봤니?
  ❼ 나는 그 여배우가 연기하는 것을 직접 보지 못했다.
  ❽ 그들은 경찰이 그 여자를 뒤쫓는 것을 알아챘다.
  ❾ I want to see them sing[singing] along with each other.
  ❿ Mom watched me running in the race.
  ⑪ She noticed Terry talking to himself.
  ⑫ I heard Mom call[calling] me from the crowd.
  ⑬ We watched the singers dancing to the music.
  ⑭ They heard the musician sing[singing] in person.
  ⑮ Did you see someone chasing after us?
  ⑯ I felt my body moving to the exciting music.

써먹기 구문 | 09   pp. 28-30

A ❶ to eat[have]   ❷ to listen   ❸ to lose
  ❹ not to stay   ❺ to pass   ❻ to use
  ❼ not to get   ❽ to be   ❾ not to play   ❿ to do

B ❶ I wanted my sister to exercise with me.
  ❷ The doctor asked Mary to take vitamin D every day.

❸ We will teach you to swim in the sea.

❹ Mom won't allow us to watch TV all day.

❺ They are expecting John to leave the hospital soon.

❻ Regular exercise enables you to think positively.

❼ She advised him to go to see a doctor.

❽ My family encouraged me to join the tennis club.

C ❶ having → to have ❷ exercise → to exercise
❸ washed → to wash ❹ to being → to be
❺ be going → to go ❻ played → to play
❼ to not skip → not to skip ❽ eating → eat
❾ feed → to feed ❿ giving → to give

D ❶ My mom wanted me to go on a diet.

❷ I expect him to lose 5 kilograms in a month.

❸ My friend told me to get enough sleep.

❹ Will you teach the boys to play baseball?

❺ Tim advised her to do some exercises.

❻ My parents want me not to stay up late at night.

❼ A healthy diet will allow you to avoid gaining weight.

❽ I asked my brother not to eat fast food.

E ❶ Jane은 나에게 조깅을 하러 가라고 충고했다.

❷ 아빠는 내가 늦게 일어나는 것을 허락하지 않으신다.

❸ 너는 Ben이 그 게임을 그만두도록 격려했니?

❹ 우리는 그녀에게 건강한 식단을 유지하라고 말했다.

❺ Kelly는 그녀의 딸에게 긍정적이 되라고 가르쳤다.

❻ 나는 Hanna가 체중을 줄일 수 있도록 격려했다.

❼ 그 의사는 우리에게 건강을 돌보라고 충고했다.

❽ 그는 자신의 아버지가 건강을 유지하길 원한다.

❾ Who taught you to play tennis?

❿ I enabled him to go on a diet.

⓫ He told me not to eat fast food.

⓬ Mom wants me to eat three meals a day.

⓭ He taught us not to break the rules.

⓮ A sound body requires us to have a sound mind.

⓯ We will tell him to take care of his skin.

⓰ He advised me not to get too stressed.

Review Test 3 [07-09]   p. 31

01 ⑤   02 ②   03 ②, ④
04 play[playing]   05 to water   06 win[winning]
07 (h)ad   08 make me do the laundry
09 get → to get   10 to sleep, to eat, to be, (to) keep

써먹기 구문 | 10   pp. 32-34

A ❶ was baked ❷ is loved ❸ were washed
❹ be mixed ❺ be served ❻ is being cooked
❼ can be cut ❽ aren't grown
❾ is being moved ❿ be prepared

B ❶ This mushroom pasta was made by Alex.

❷ Some toppings can be added to the ice cream by me. (또는 Some toppings can be added by me to the ice cream.)

❸ The beef steak will be served by the waiter.

❹ The dining room is being cleaned by us.

❺ The pork and vegetables were grilled by Dad.

❻ Some food was being prepared by him.

❼ Some sandwiches are being made by Erica.

❽ That Japanese restaurant is loved by many visitors.

C ❶ of → in ❷ will steamed → will be steamed
❸ wasn't → weren't ❹ prepare → prepared
❺ keep → kept ❻ for → of
❼ were → was ❽ ate → eaten
❾ bake → baked ❿ washing → washed

D ❶ The apple pie was made by Daisy.

❷ The fish was caught and cooked by Dad.

❸ Beef salad will be ordered by them.

❹ Toppings were added to the pizza.

❺ The table was being cleaned for us.

❻ The space is being used as a dining room.

❼ The vegetables are being cooked for dinner.

❽ Organic fruits are being grown on the farm.

E ❶ 그 버섯들은 Tom에 의해 길러진 것이 아니었다.

❷ 그 식당은 많은 외국인들에 의해 방문되어진다.

❸ 주요리와 함께 수프가 제공되나요?

❹ 그 생선은 그날 내에 조리되어야 한다.

❺ 이 수프는 소고기와 양파로 만들어졌다.

❻ 밀가루는 물과 섞여서 반죽으로 만들어진다.

❼ 채소들은 약한 불에서 조리되어야 한다.

❽ 닭고기는 주사위 모양으로 썰어져야 하니?

❾ This waffle was cooked by Susan.

❿ Your order is being processed in the kitchen.

⓫ I'm willing to pay for it.

⓬ The sauce was mixed with olive oil and vinegar.

⓭ The beef should be kept cold for a while.

⓮ Should the meat be cooked over high heat?

⑮ The cheese was cut into cubes by me.

⑯ Eggs are being scrambled over low heat.

써먹기 구문 | 11
pp. 35-37

A ❶ to draw　❷ was made　❸ to give
❹ was awarded　❺ was given　❻ to overcome
❼ were sent　❽ Were, given　❾ to be
❿ to play

B ❶ They were shown a touching movie.
❷ You will be sent an invitation to a talk show.
❸ A trophy was awarded to the best team.
❹ She was encouraged to be a great painter.
❺ The player will be advised to stop playing tennis.
❻ She was made to sing the song to the end.
❼ Kevin was taught to overcome his problem.
❽ I was expected to be a famous ballerina.

C ❶ practice → to practice　❷ me → to me
❸ asking → to ask　❹ Judy → to Judy
❺ written → to write　❻ speaking → speak
❼ Despite of → Despite　❽ took → to take
❾ playing → to play　❿ were → was

D ❶ A speech will be given to us.
❷ I am taught art twice a week.
❸ He was awarded a trophy for his achievement.
❹ We were shown a lot of interesting photos.
❺ Steve was seen to run on the track.
❻ Edith wasn't advised to stop singing.
❼ I am made to take piano lessons.
❽ Beethoven was expected to be a great musician.

E ❶ 그는 모차르트에 의해 음악을 교수 받았다.
❷ 그는 위대한 화가가 되도록 격려 받았다.
❸ 지난주 월요일에, 우리에게 한 장의 초대장이 보내져 왔다.
❹ 모네에게는 예술에 대한 재능이 주어졌다.
❺ 청중들에게 그녀의 인생에 관한 훌륭한 연설이 들려졌다.
❻ 그는 가능한 많은 연주회를 열 것이 요구되었다.
❼ 그 상은 청각 장애를 가진 그 소녀에게 주어졌다.
❽ 그 모든 어려움에도 불구하고, 그는 대통령이 될 것으로 기대되었다.
❾ Artists are encouraged to create masterpieces.
❿ A medal was awarded to Jim in the competition.
⓫ The students are taught music twice a week.
⓬ The leader was expected to give a speech.

⑬ The man will be expected to overcome the difficulties.

⑭ The athlete was told to stay in the hospital.

⑮ He was asked to write as many novels as possible.

⑯ Despite his problem, he wrote lots of music.

써먹기 구문 | 12
pp. 38-40

A ❶ Marching　❷ Having　❸ Covered　❹ Waving
❺ Dressed　❻ Decorated　❼ Traveling
❽ Visiting　❾ Surrounded　❿ Preparing

B ❶ Seeing the parade, you'll be surprised.
❷ Participating in the parade, we wore green T-shirts.
❸ Loved by many people, the festival continued for years.
❹ Watching the fireworks, I welcomed a new year.
❺ Surrounded by old buildings, the city is amazing.
❻ Finding the four-leaf clover, they believed they were lucky.
❼ Making a mistake, she apologized to her friend.
❽ Covered with mud, we enjoyed the festival.

C ❶ Sing → Singing　❷ of → for
❸ Dressing → Dressed　❹ Knew → Known
❺ Stayed → Staying　❻ I watching → Watching
❼ Was allowed → Allowed
❽ Covered → Covered with
❾ Using → Used　❿ Look → Looking

D ❶ Going to the light festival,
❷ Wanting to enjoy Halloween,
❸ Starting as a religious event,
❹ Getting out of the crowd,
❺ Covered with snow,
❻ Surrounded with green trees,
❼ Known as Halloween,
❽ Celebrated by lots of people,

E ❶ 마녀 복장을 하고, 나는 그 핼러윈 파티에 갔다.
❷ 행운을 상징하기에, 네 잎 클로버는 사랑받는다.
❸ 눈의 축제로 알려져, 그것은 많은 사람들을 삿포로로 오게 한다.
❹ 여름에 한국에서 여행을 하는 동안, 그들은 진흙 축제에 가길 원한다.
❺ 방문객들로 붐벼서, 그 성은 주중에 혼잡하다.
❻ 그녀의 친구를 찾다가, Tara는 군중 속에서 길을 잃었다.

❼ 아름다운 의상을 입고, 그들은 거리를 행진했다.

❽ 수많은 장미들로 장식되어져, 그 축제는 6월에 열린다.

⑨ Surrounded by the sea, the country is beautiful.

⑩ Marching down the street, we waved the flags.

⑪ Known as the water festival, it's famous for water fights.

⑫ Located in the mudflats, the city holds the mud festival.

⑬ Learning about other cultures, I make a mistake.

⑭ Attracted by films, I went to Cannes Film Festival.

⑮ Celebrating the day, we wear green.

⑯ Loved by many people, the festival lasted long.

Review Test 4 [10-12]　　　　p. 41

01 ③　　02 ④　　03 ①, ③　　04 to be
05 Used　　06 are booked　　07 are washed
08 She was made to practice skating every day.
09 cooking → cooked
10 Known, to take, to stop, Having

써먹기 구문 | 13　　　　pp. 42-44

A ❶ to speak ❷ to learn ❸ for me ❹ to use
　❺ to understand ❻ to meet ❼ for you
　❽ to speak ❾ for her ❿ to become

B ❶ It is helpful to use map apps in a foreign country.
　❷ It will be interesting for me to learn French.
　❸ It was very simple to download the translation app.
　❹ It was exciting for Jane to read Japanese comic books.
　❺ It is unnatural to learn any language without culture.
　❻ Was it good for you to experience Indian culture?
　❼ It is not easy to memorize Chinese characters.
　❽ It is common for him to see foreign people here.

C ❶ learning → to learn　　❷ help → helpful
　❸ she → her　　❹ passed → to pass
　❺ This → It　　❻ to → for
　❼ making → to make　　❽ that → it
　❾ introduce → to introduce　　❿ he → him

D ❶ It is helpful to learn a foreign language.
　❷ It is important to know about our own culture.
　❸ It is common to speak Spanish in those countries.
　❹ It is not easy to drive in another country.
　❺ Was it helpful for you to have the map application?
　❻ It was hard for Josh to understand Korean culture at first.
　❼ Is it unusual for them to invite friends home?
　❽ It is difficult for foreigners to communicate at the airport.

E ❶ 외국 문화에 친숙해지는 것은 쉽지 않다.
　❷ 내가 번역에 그 앱을 사용하는 것이 가능하니?
　❸ 그곳에서 네가 스마트폰을 가진 것이 유용하지 않았니?
　❹ 그들의 감정을 이해하는 것이 중요하다.
　❺ 온라인으로 외국인 친구들과 연락을 유지하는 것은 쉽다.
　❻ 일본어를 한국어로 번역하는 것은 쉽니?
　❼ 그 사전 앱을 다운로드 받는 것은 쉽다.
　❽ 너는 그들과 영어로 의사소통하는 것이 가능하니?
　❾ It is helpful for you to speak French in Africa.
　❿ It was unusual for her to become friends with foreigners.
　⑪ It is important to communicate with others.
　⑫ It is difficult to memorize Chinese characters.
　⑬ Is it fun to keep in touch with your foreign friend?
　⑭ It wasn't difficult for Hojin to speak in English.
　⑮ It is important to learn the culture as well as the language.
　⑯ Isn't it easy for them to learn the Korean language?

써먹기 구문 | 14　　　　pp. 45-47

A ❶ to do ❷ to set ❸ to deal ❹ to ask
　❺ to teach ❻ to leave ❼ to get ❽ to help
　❾ to sign ❿ to decide

B ❶ The village is so far that we can't walk there.
　❷ I asked them how I should get there.
　❸ The child is so young that he[she] can't help us.
　❹ They will tell you what to prepare for the camp.
　❺ The man was so weak that he couldn't move his own body.
　❻ I didn't know whom I should ask the question.

⑦ She is so kind that she can help people in need.

⑧ We learned how to paint the wall.

C ① to → too　　　**②** when sign → when to sign

③ enough willing → willing enough

④ building → to build　**⑤** should → could

⑥ go → to go (또는 I should go)

⑦ nicely → nice　　　**⑧** treats → to treat

⑨ give → to give　　　**⑩** they → it

D ① what he should do in the soup kitchen

② where we should stay in Thailand

③ whom I should help first in the village

④ when I should pull up the rope

⑤ The people are eager enough to build a school building.

⑥ The weather is too hot for us to walk outside.

⑦ You are too young to participate in the camp.

⑧ She is so smart that she can remember the word.

E ① 그는 그 마을에 어떻게 가야 하는지 우리에게 알려 주었다.

② 너는 봉사활동을 어디서 등록하는지 아니?

③ 그곳 날씨는 너무 습해서 빨래를 말릴 수 없다.

④ 그 캠프는 우리가 시내에서 걸어가도 될 만큼 충분히 가까웠다.

⑤ 우리는 무슨 일을 먼저 할지 결정하는 데 어려움을 겪었다.

⑥ 너는 내가 그를 어떻게 위로해야 할지 아니?

⑦ 내 음식은 그 아이들에게 나누어줄 정도로 맛있지가 않았다.

⑧ 그는 누구에게 도움을 청해야 할지 몰랐다.

⑨ The child is too hungry to walk.

⑩ The boy is strong enough to carry the box.

⑪ Do you know how to set up a tent?

⑫ On arriving, we didn't know what to do first.

⑬ I had difficulty in deciding whom to help.

⑭ Jane taught us how to deal with the situation.

⑮ They were kind enough to cheer me up.

⑯ Volunteers were willing enough to help people.

써먹기 구문 | 15　　　　　　　　pp. 48-50

A ① It　　　**②** that[which]　　**③** that[who]

④ do　　**⑤** did　　**⑥** that[whom]　**⑦** that[who]

⑧ that[which]　**⑨** did　　**⑩** do

B ① It is an astronaut that[which] Jamie wants to be.

② It was the Big Bang Theory that[which] Gamow created.

③ It was Yuri Gagarin that[who] flew into space for the first time.

④ We did solve the most difficult problem.

⑤ It was on the moon that[which] Neil Armstrong landed.

⑥ He does enjoy watching stars through a telescope.

⑦ It is with Hubble's law that[which] we calculate the age of the universe.

⑧ Many scientists did stand up for his theory.

C ① What → It　　　**②** do became → did become

③ who → that[when]　**④** when → that[which]

⑤ does worked → did work　**⑥** what → that[which]

⑦ use → used　　　**⑧** do wishes → does wish

⑨ launch → launched　**⑩** participated → participate

D ① It was at the space museum that we watched the stars.

② It is astronomy that David is interested in.

③ It was in 1879 when Albert Einstein was born in Germany.

④ It is Mars which has a similar environment to the Earth.

⑤ I do agree with his opinion about the speed of light.

⑥ The physicist did make lots of new discoveries.

⑦ The universe does continue to expand with time.

⑧ We do know a lot about the Big Bang Theory.

E ① 내 의견에 동의하지 않는 사람이 바로 Harry다.

② 우주의 탄생을 설명해 주는 것은 바로 그 이론이다.

③ 최초로 달에 착륙한 사람은 닐 암스트롱이었니?

④ 빛은 확실히 우주에서 가장 빠르게 이동한다.

⑤ 그 설명에 대해 문제를 제기한 사람은 Sara였다.

⑥ 몇몇 과학자들은 빅뱅이론에 확실히 반대했다.

⑦ 그 과학자가 병으로 죽은 것은 1955년이었다.

⑧ 그녀는 그 프로젝트를 확실히 지지하지만, 다른 사람들은 그것에 반대한다.

⑨ It was the law that Edwin Hubble discovered in 1929.

⑩ It was in 1957 that Russians launched the satellite.

⑪ It was a big explosion that created the universe.

⑫ It is by his name that people call the telescope.

⑬ We did wish on the full moon last Sunday.

⑭ It wasn't from him that we heard the news.

⑮ Was it the theory that Mr. Kim explained to us?

⑯ The astronomer did suggest the theory in 1946.

Review Test 5 [13-15]   p. 51

01 ⑤	02 ②	03 ②, ③	04 to study
05 to leave	06 did	07 too old to	
08 how to read English words			
09 me → for me	10 help, to cook, to give, do		

써먹기 구문 | 16   pp. 52-54

A ❶ become ❷ gone ❸ been ❹ losing
❺ been ❻ heard ❼ working ❽ completed
❾ suffering ❿ been

B ❶ Many countries have taken measures for climate change.
❷ The species hasn't[has not] gone extinct on Earth.
❸ Icebergs have been melting due to global warming.
❹ The problem hasn't been solved (by them).
❺ The lake has been changed into a desert.
❻ They haven't[have not] made efforts to stop the growing desert.
❼ Animals have been leaving for their new homes.
❽ The extinction of the species has been caused by climate change.

C ❶ wait → waiting ❷ rain → rained
❸ Have → Has
❹ growing → been growing (또는 grown)
❺ have → had ❻ worked → working
❼ make → made ❽ hasn't → haven't
❾ took → taken
❿ been suffered → been suffering (또는 suffered)

D ❶ The Sahara Desert has become bigger and bigger.
❷ They have decided to take measures.
❸ The animals have suffered from water shortages.
❹ They have completed one-third of the wall.
❺ The wall has been built for years.
❻ Have the green areas increased on the map?
(또는 Have the green areas on the map increased?)
❼ The country hasn't had a lot of rain.
❽ The project hasn't been completed.

E ❶ 그 비가 얼마나 오랫동안 지속되었니?
❷ 전 세계에 지구 온난화가 계속되어 왔다.
❸ 그들은 해결책에 대해 생각해 오는 중이다.

❹ 그 종은 기후 변화로 인해 멸종되고 말았다.
❺ 그들은 오랫동안 질병들로 고통받아 왔다.
❻ 그들은 막 그 문제를 바로잡기 위한 조치를 취했다.
❼ 우리의 노력들에도 불구하고, 사막은 증가하고 있다.
❽ 그들은 나무를 심는 데 많은 돈을 들이지 않아 왔다.
❾ Have you heard about the Great Green Wall?
❿ We have already finished the school project.
⓫ They have been trying to solve the problem.
⓬ In spite of growing deserts, the lake hasn't disappeared.
⓭ The land has just been changed into a green area.
⓮ African people have suffered from hunger.
⓯ Due to climate change, animals have lost their homes.
⓰ The species has been going extinct on the Earth.

써먹기 구문 | 17   pp. 55-57

A ❶ had ❷ Had ❸ have ❹ lost
❺ lived ❻ should ❼ been ❽ shouldn't
❾ quit ❿ hadn't

B ❶ When I arrived at the airport, the flight had left.
❷ I hadn't heard the news before you told me.
❸ Wendy might have lost weight.
❹ You must have been afraid of horror movies.
❺ I had read the famous story before then.
❻ Mike realized that he had got[gotten] into trouble.
❼ I should have taken the KTX to Busan.
❽ We shouldn't have eaten raw fish yesterday.

C ❶ leave → had left (또는 left) ❷ Have → Had
❸ has → have ❹ took → taken
❺ were → been ❻ pass → passed
❼ hurried → have hurried (또는 hurry)
❽ had knock → had knocked (또는 knocked)
❾ has → have ❿ thinking → thought

D ❶ I had seen you at school
❷ He had quit his job
❸ Had you been in London
❹ We hadn't had lunch
❺ We should have checked the bus schedule.
❻ They might have seen us looking for a restaurant.
❼ Jessie must have woken up late this morning.
❽ Mike shouldn't have gone fishing last weekend.

E **①** 나는 그 돈을 길에서 잃어버렸다는 것을 깨달았다.

② 너는 서울로 이사 오기 전에 어디에 살았었니?

③ 그 남자는 네 삼촌임이 틀림없다.

④ 그는 그 전에 그 공원에 갔던 적이 있다.

⑤ 나는 그날 집에 가는 도중에 그를 만났었다.

⑥ 너는 교통 혼잡 시간대에 지하철을 타지 말았어야 했다.

⑦ 그는 이 회사에서 일하기 전에 그의 직장을 그만두었었다.

⑧ Jane은 그 방에 혼자 있는 게 두려웠을 수도 있다.

⑨ We should have hurried to the airport.

⑩ Nathan shouldn't have gone climbing that day.

⑪ I had been afraid of ghosts until I was ten.

⑫ We didn't know that you had got[gotten] in trouble.

⑬ They should have thought in a different way.

⑭ Jake shouldn't have taken a taxi at rush hour.

⑮ Harry remembered that he hadn't taken his wallet.

⑯ They might have been late for the class.

써먹기 구문 | 18   pp. 58-60

A **①** were **②** were **③** had **④** could
⑤ failed **⑥** meet **⑦** gone **⑧** were

B **①** If I were you, I wouldn't[would not] tell lies to the teacher.

② If Craig had been at the festival, he would have had fun.

③ I wish I could speak English like Jennifer.

④ If I were the player, I would score a goal.

⑤ If I had known the truth, I would have apologized to you.

⑥ I wish I could go on a summer vacation.

⑦ If you had sent me a text, we would have had lunch together.

⑧ I wish I could donate lots of money to a charity.

C **①** can → could   **②** am → were
③ have → would have   **④** been → be
⑤ would get → would have got[gotten]
⑥ wouldn't made → wouldn't have made
⑦ wished → wish   **⑧** felt → feel
⑨ have → would have   **⑩** bought → buy

D **①** I would listen to the counselor
② If I had a brother or sister,
③ I wouldn't have got a bad score

④ If we hadn't won the soccer game,

⑤ I wish I could meet the actors of the film.

⑥ I wish I could talk with my cat and dog.

⑦ I wish I could speak Chinese well like Wei.

⑧ I wish I could go to the idol group's concert.

E **①** 내가 너라면, 그 선생님께 조언을 구하겠어.

② 내게 많은 돈이 있었다면, 나는 가난한 사람들에게 그것을 기부했을 텐데.

③ 우리에게 우주선이 있다면, 화성으로 날아갈 텐데.

④ 나는 동물들의 언어를 알아들을 수 있다면 좋겠다.

⑤ 내가 그곳에 있었다면, 나는 그녀에게 사과했을 것이다.

⑥ 내가 외국어를 공부하기 위해 해외로 갈 수 있다면 좋겠다.

⑦ 내가 너라면, 미래에 대해 걱정하지 않을 텐데.

⑧ 내가 나의 영웅을 직접 만날 수 있다면 좋겠다.

⑨ If I owned an airplane, I would fly all around the world.

⑩ I wish I could see my future boyfriend.

⑪ If I were you, I would do my best in the race.

⑫ I wish I could speak English like a native speaker.

⑬ If I had kept on exercising, I would have been healthy.

⑭ I wish I could meet the singer in person.

⑮ If I had known the fact, I would have apologized to him.

⑯ I wish I could turn back time to childhood.

Review Test 6 [16-18]   p. 61

01 ③   **02** ⑤   **03** ②, ④   **04** completed
05 eaten   **06** to   **07** shouldn't have told
08 They have been going extinct.
09 got → have got[gotten]
10 could talk, been, knew

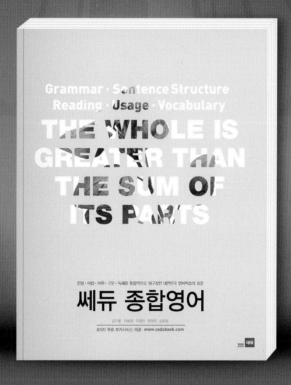